O DESENVOLVIMENTO DA CRIANÇA E DO ADOLESCENTE

Guia Básico Para Auto-Instrução

SIDNEY A. MANNING
Departamento de Psicologia da Universidade do Distrito de Columbia
(ex-Federal City College), Washington, D. C.

O DESENVOLVIMENTO DA CRIANÇA E DO ADOLESCENTE

GUIA BÁSICO PARA AUTO-INSTRUÇÃO

Tradução de
Heloysa de Lima Dantas

EDITORA CULTRIX
São Paulo

Título do original:
CHILD AND ADOLESCENT DEVELOPMENT
A basic self-instructional guide

Edição		Ano
5-6-7-8-9-10-11-12-13-14	O primeiro número à esquerda indica a edição, ou reedição, desta obra. A primeira dezena à direita indica o ano em que esta edição, ou reedição, foi publicada.	00-01-02-03-04-05-06

Direitos de tradução para a língua portuguesa
adquiridos com exclusividade pela
EDITORA CULTRIX LTDA.
Rua Dr. Mário Vicente, 374 – 04270-000 – São Paulo, SP
Fone: 272-1399 – Fax: 272-4770
E-mail: pensamento@cultrix.com.br
http://www.pensamento-cultrix.com.br
que se reserva a propriedade literária desta tradução.

Impresso em nossas oficinas gráficas.

SUMÁRIO

PREFÁCIO

Este livro explica os fatos e teorias fundamentais referentes à maneira pela qual se desenvolvem as crianças, da infância até a maturidade. O desenvolvimento da criança e do adolescente constitui um campo de estudo bastante novo. Até os primórdios do século XX, poucos cientistas consideravam o comportamento das crianças como sendo um tema de pesquisa importante — ou mesmo significativo.

Atualmente, isto tudo mudou. Hoje em dia, um curso sobre o desenvolvimento da criança, ou "psicologia do desenvolvimento" (como é muitas vezes chamado), constitui uma parte essencial de uma educação em muitas áreas diferentes: economia doméstica ("ecologia humana"), enfermagem, educação e psicologia.

À medida que for avançando na leitura, o leitor há de adquirir noções relacionadas com assuntos que também fazem parte da biologia, da psicologia, da medicina e de outras disciplinas. Os tópicos são variados, pois muitas disciplinas têm uma contribuição qualquer a dar à nossa melhor compreensão do assunto. O desenvolvimento de uma criança — primeiro dentro do útero e depois como um indivíduo em crescimento — compõe uma história fascinante. Em cada etapa estão implicados muitos processos: maturação física, desenvolvimento contínuo das capacidades perceptivas, e formação dos poderes intelectuais. O resultado final é um fenômeno espantoso, tido geralmente como certo: o desdobramento de uma personalidade humana nova e única.

■ Utilização deste livro

O leitor provavelmente achará este livro muito diferente da maioria dos manuais por ele já lidos.

Não se trata de um "texto de revisão", nem de um livro "facilitado". É um texto básico. *Cada um de seus módulos, ou segmentos do texto, apresenta os pontos principais relativos a um ou dois tópicos básicos — os fatos e noções fundamentais que o leitor terá de aprender para se familiarizar com o assunto. E já que estão sendo focalizados os tópicos essenciais, acelera-se o processo de aprendizado.*

Alguns tópicos talvez já sejam familiares ao leitor, enquanto outros lhe hão de parecer bastante novos. A compreensão de certos módulos lhe parecerá relativamente simples, enquanto outros exigirão de sua parte mais tempo e aplicação. Poderá passar por alto alguns módulos que não lhe interessem (caso esteja estudando independentemente) ou porque os mesmos não façam parte de seu pro-

grama (se estiver inscrito num curso). O leitor deverá, entretanto, poder dominar o material de cada módulo — *aprendê-lo inteiramente — se se dispuser a fazer o necessário esforço.*

■ As características autodidáticas

O subtítulo deste livro é "Guia Básico Para Auto-Instrução". Fica com isto enfatizada logo sua característica principal: o leitor deverá usar este livro ativamente, não se limitando a absorver o material de uma maneira passiva. Ao terminar a leitura de cada módulo, ele encontrará um breve conjunto de questões para revisão. Elas lhe permitirão avaliar rapidamente se aprendeu ou não aquilo que acaba de ler. Se é capaz de responder a todas as perguntas. Se não puder, o leitor deverá percorrer novamente as últimas páginas e fixar na mente de maneira mais firme os pontos essenciais. Só se deve passar de um módulo para outro depois de estar bem certo de ter aprendido tudo que ele pode ensinar.

Após cada capitulo do texto, vem um teste de revisão *mais longo, contendo 30 perguntas. O leitor deverá sentar-se, com papel e lápis na mão, e encontrar as respostas. Muitas perguntas se assemelham às de revisão dos módulos. Outras, entretanto, são elaboradas a partir de vários módulos diferentes do capítulo. São perguntas muito importantes porque, para poder responder a elas, o leitor terá de utilizar os conhecimentos que já adquiriu, ajustando elementos anteriores de informação a novos esquemas. As três últimas questões de cada teste forçam o leitor a redigir breves ensaios. Cada uma delas o compele a escrever algumas sentenças acerca do assunto que acaba de aprender. São essas as questões mais importantes. Levam-no a* criar *alguma coisa — a construir um argumento ou a condensar um grupo de idéias com suas próprias palavras. Dessa maneira, estas questões o convidam a rever, criticamente, o que acaba de aprender e até que ponto o aprendeu realmente.*

■ Revisão do material

No fim do livro, o leitor encontrará as respostas para os testes de revisão. Após cada resposta, o leitor encontrará também, entre parênteses, um ou mais números. Esses números remetem aos módulos de onde foram extraídas as questões. Se não puder responder a alguma das questões, o leitor deverá reestudar o módulo ou módulos onde foram encontradas as respostas. E, repetimos, tal como fez com os módulos separadamente, o leitor só deverá abandonar um capítulo quando se certificar de ter aprendido tudo que há nele contido.

Encontrará também, distribuídos em pontos escolhidos do livro, diversos testes gerais de revisão, abrangendo material colhido em vários capítulos do texto. Esses testes gerais são semelhantes aos de revisão dos capítulos, apresentando, porém, uma diferença: as cinco últimas perguntas, e não as três últimas, exigem respostas em forma de ensaio. As respostas a esses testes também serão encontradas na parte final do livro.

Os testes de revisão geral podem ser utilizados para revisões periódicas de segmentos maiores do material. O leitor poderá usá-los assim que chegar a eles, ou talvez prefira reservá-los para uma revisão ante-

rior aos exames. Em ambos os casos, esses testes constituem outro precioso instrumento de aprendizado, e deverão ser utilizados pelo leitor para avaliar seu grau de domínio do material.

■ Leituras indicadas

Como se trata de um texto básico, foram eliminadas as notas de pé de página, tendo-se reduzido também ao mínimo as referências técnicas. A muitos leitores, porém, há de parecer que sua curiosidade vai além do que lhes será dado aprender apenas neste livro. Para orientá-los, acrescentou-se no fim do texto uma lista de leituras recomendadas.

Algumas delas são materiais de fonte original, que poderão levar o leitor a uma melhor compreensão técnica. Outras são mais gerais e informais, e foram escolhidas com o intuito de aperfeiçoar sua maneira de "sentir" um ou mais tópicos. Em ambos os casos, incluiu-se na lista uma breve descrição a fim de ajudar o leitor a fazer sua escolha entre os títulos indicados. Recorra a algumas dessas leituras para suplementar seu estudo básico, o que lhe permitirá desenvolver bem depressa uma compreensão mais forte e mais segura do assunto em pauta.

■ Agradecimentos

Algumas pessoas fazem jus a um agradecimento pela colaboração que deram à criação deste livro, particularmente Edward Cutler, Eva Holzer e Gwen Martinson, que se incumbiram de preparar partes substanciais do texto. David Guthwin e Joanna Stuart contribuíram fornecendo muitas das questões dos testes e revisões.

Peter Salwen, editor das séries BSIG, desenvolveu e coordenou o projeto desde os seus primeiros estágios, e Sahron Rule, na função de editora, prestou uma ajuda preciosa quando preparou o livro para a publicação.

SIDNEY A. MANNING

Capítulo I

DESENVOLVIMENTO PRÉ-NATAL E NASCIMENTO

Idéias diretrizes:

- *A hereditariedade é produto dos genes no crescimento e desenvolvimento de uma pessoa.*
- *Muitas características importantes — inclusive alguns distúrbios — são transmitidos através da hereditariedade.*
- *O ambiente pré-natal — inclusive o comportamento da futura mãe — afeta intensamente a saúde da criança que se está desenvolvendo.*
- *Após cerca de 266 dias de gravidez, tanto a mãe como o feto estão preparados para o processo do parto.*
- *Depois do nascimento, os mecanismos reguladores da criança se desenvolvem rapidamente.*
- *Os recém-nascidos passam grande parte de seu tempo dormindo, ou sonolentos; eles também possuem uma diversidade de reflexos e de capacidades sensoriais que os ajudam a sobreviver.*

Módulo 1.

MECANISMOS DA HEREDITARIEDADE

Qual o fator mais importante para se determinar de que maneira um ser humano irá desenvolver-se a partir da concepção, no decorrer de toda a sua vida? É a pessoa limitada pelas qualidades herdadas dos pais, ou assemelha-se o recém-nascido a uma informe massa argilosa — uma coisa qualquer que terá de ser moldada pelo ambiente? Os cientistas vêm discutindo esta questão central desde os primórdios do estudo do desenvolvimento humano. Alguns, como John Locke, John B. Watson e B. F.

Skinner, afirmam que não existem predisposições inatas nos recém-nascidos. Suas pesquisas têm procurado demonstrar que as experiências da vida são os únicos fatores responsáveis pela modelagem de um ser humano. Outros cientistas têm sustentado, pelo contrário, que aos fatores hereditários cabe o papel crucial na determinação do curso do desenvolvimento.

Os estudos modernos sobre o desenvolvimento levam em conta esses dois pontos de vista. A maioria dos cientistas acredita hoje que nossos *genes* (os portadores da hereditariedade) nos fornecem o potencial para o crescimento, e que as circunstâncias de nossas vidas ajudam a modelar esse potencial enquanto vamos amadurecendo. Por conseguinte, para compreender o desenvolvimento humano, devemos examinar de que maneira a hereditariedade e o ambiente interagem para dar uma forma às características de um indivíduo.

Examinemos em primeiro lugar como são transmitidos os traços hereditários dos pais para o novo organismo.

Pode-se colocar o início da vida no momento da concepção, quando um esperma masculino e um óvulo feminino se unem para formar um *zigoto.* Um zigoto humano é um ovo fertilizado unicelular que contém quarenta e seis *cromossomos* (vinte e três provenientes do esperma do pai e vinte e três do óvulo da mãe).

Os cromossomos compõem-se de uma substância conhecida como ADN. O ADN contém, desenvolvido em sua própria estrutura, o código genético que determina a hereditariedade do novo ser humano. A molécula do ADN é uma espiral dupla, trançada, como uma corrente imensamente longa, constituída de diversos componentes que se podem distribuir em diversas seqüências diferentes.

A seqüência específica dos componentes de cada molécula de ADN forma um conjunto de instruções codificadas — instruções essas que são transportadas pelas proteínas nas células do corpo. São as proteínas que formam outras estruturas celulares e corporais, ou que regulam a atividade das mesmas. Aquilo a que damos o nome de "gene" é uma diminuta porção da cadeia do ADN, responsável pela transmissão de uma única instrução codificada. A forma assumida pela molécula de ADN é exclusiva para cada indivíduo. Por conseguinte, cada um de nós (excetuando-se os gêmeos idênticos, que vêm de um zigoto único), nasce com uma herança genética exclusivamente sua.

Um traço hereditário típico é determinado pela combinação de dois genes, sendo um herdado da mãe e o outro do pai. Por vezes, aos dois genes cabe transmitir instruções diferentes. Nesses casos, um deles pode ser um gene *dominante,* ou mais forte, enquanto o outro é mais fraco, ou *recessivo.* Nessas situações, o gene dominante determina que característica terá a criança, enquanto as instruções do gene recessivo não são reveladas. Por exemplo: se uma criança recebe de um dos progenitores um gene para olhos castanhos, e do outro um gene para olhos azuis, o gene mais forte, o dos "olhos castanhos", predominará e a criança terá olhos castanhos. A herança da cor dos olhos constitui um exemplo de *dominância completa*; vale dizer: um dos genes é inteiramente responsável pela atribuição de uma característica específica à criança. Dentre os demais traços humanos determinados pelos genes dominantes incluem-se a pressão sangüínea elevada, as alergias, os tipos sangüíneos A e B e AB, assim como o fator Rh positivo do sangue. Um traço recessivo só aparecerá na criança se ambos os progenitores tiverem contribuído com um gene recessivo responsável pelo traço em questão. Em outras palavras: as instruções dos genes recessivos só chegam a realizar-se quando a criança possui dois genes que transmitem a mesma instrução (um de cada progenitor). Um menino terá olhos azuis, se tiver recebido um gene de "olhos azuis" do pai e outro gene de "olhos azuis" da mãe. Outras características recessivas são cabelos louros, visão normal, e lóbulos de orelhas grudados à cabeça.

Todavia, a maioria das características humanas não é determinada de maneira assim tão simples. Por vezes, nenhum dos genes é dominante, e a criança terá uma mistura de características. Nos humanos, as características mistas incluem os cabelos ondulados e a coloração mediana da pele. Mais freqüentemente, dois ou mais pares de genes contribuem para determinar um só traço singular, como a forma do corpo ou a estrutura óssea. Os caracteres desse tipo são chamados *poligênicos*. Até mesmo no caso da cor dos olhos, muitos *genes modificadores*, pertencentes a diferentes pares de genes, podem contribuir para determinar a tonalidade exata da cor. Graças à ação desses genes, olhos geneticamente "azuis" podem, na realidade, parecer cinzentos ou verdes, e olhos geneticamente "castanhos" podem parecer negros.

A maioria das características físicas são determinadas por genes herdados de ambos os progenitores, mas o sexo de uma pessoa depende do tipo de esperma que fertiliza o óvulo. Todas as células humanas carregam *cromossomos do sexo* especializados, denominados cromossomos *X* e *Y*. Cerca de metade das células espermáticas contém o cromossomo X e as restantes contêm o cromossomo Y, menor. Todas as células do óvulo contêm o cromossomo X. Quando um esperma, contendo o cromossomo X, se une a um óvulo, o resultado é uma combinação XX; produz-se um zigoto que se desenvolverá dando uma criança do sexo feminino. Quando um esperma, contendo um cromossomo Y, se une a um óvulo que contenha um cromossomo X, o zigoto XY resultante cresce dando uma criança do sexo masculino. Por motivos não inteiramente esclarecidos, a concepção tem como resultado mais freqüente um zigoto XY; o número de recém-nascidos do sexo masculino é ligeiramente mais elevado que o dos recém-nascidos do sexo feminino.

Antes de passar adiante...

1. O que determina as características de um ser humano, na opinião de psicólogos como B. F. Skinner?
2. O que é um zigoto?

3. Quantos cromossomos existem num zigoto humano normal?
4. Que parte do zigoto transporta o código genético?
5. O que é dominância completa?
6. Que nome damos a um traço determinado por dois ou mais pares de genes?
7. Qual o sexo de uma criança que tenha a combinação XY de cromossomos?

Respostas:

1. As experiências da vida.
2. Zigoto é um óvulo fertilizado unicelular.
3. Um zigoto humano contém 46 cromossomos.
4. O que transporta o código genético é o ADN dos cromossomos.
5. Existe dominância completa quando um gene determina exclusivamente um traço.
6. Poligênico.
7. Masculino.

Módulo 2.

INFLUÊNCIAS GENÉTICAS

Ao tentar descobrir quais são as características humanas herdadas, os cientistas estudam muitas vezes *gêmeos idênticos* ou *univitelinos*. A composição genética dos gêmeos idênticos é a mesma, já que eles se desenvolvem a partir de um único zigoto que se divide em dois indivíduos. Aos pesquisadores pareceu particularmente proveitoso comparar gêmeos idênticos que tenham sido criados separadamente com outros que tenham sido criados juntos. Quando gêmeos idênticos são educados em meio a circunstâncias diferentes mas apresentam alguns caracteres comuns, esses caracteres são considerados como sendo de origem *genética*. A informação obtida será ainda mais completa se os gêmeos idênticos criados separadamente forem comparados a (1) gêmeos fraternos, desenvolvidos a partir de dois zigotos diferentes e (2) outros irmãos (filhos dos mesmos pais) que não sejam gêmeos, mas que tenham sido criados juntos. Quando os gêmeos idênticos se parecem mais um com o outro do que os gêmeos fraternos e outros irmãos, podemos supor que as semelhanças são devidas a fatores genéticos.

■ Caracteres físicos

A hereditariedade exerce uma grande influência sobre as características físicas de uma pessoa. Os genes são os principais determinantes da altura da pessoa, de seu arcabouço corporal, da cor de seus olhos, da textura de seu cabelo, da cor de sua pele e de suas feições fisionômicas. Os gêmeos idênticos se parecem, quer vivam juntos ou separados. Houve um caso no qual gêmeos idênticos, tendo vivido separados desde o nascimento, acabaram se encontrando quando um deles foi tomado pelo outro. Tem-se verificado também que gêmeos idênticos se assemelham quanto à altura e ao peso, embora o peso tenda a ser menos parecido entre gêmeos que não tenham vivido juntos do que entre os que tenham sido criados no mesmo lar.

A reação corporal aos estímulos também pode ser geneticamente determinada. A pressão sangüínea dos gêmeos univitelinos, o ritmo de suas pulsações, de sua respiração, sua salivação e sua transpiração tendem a ser mais parecidos que os dos gêmeos fraternos ou falsos gêmeos e outros irmãos.

Até a idade para as alterações das funções físicas é a mesma entre os gêmeos univitelinos. Por exemplo: o primeiro período menstrual de duas meninas gêmeas verdadeiras ou univitelinas tende a ocorrer com uma diferença de uma para outra que nunca vai além de dois meses. Num estudo ficou comprovado que gêmeos verdadeiros com mais de sessenta anos de idade apresentavam alterações semelhantes em seus corpos, trazidas pelo passar do tempo. Sua visão, o estado de seus dentes e até o número de cabelos brancos constituem apenas algumas das características que eles têm em comum. Além disso, há mais probabilidade de os gêmeos verdadeiros virem a morrer com a mesma idade, do que os falsos gêmeos.

■ Hereditariedade, comportamento e inteligência

Certos fatores da personalidade são de origem genética. O *New York Longitudinal Study* indicou que os bebês aparentemente nascem dotados de um temperamento definido, que estabelece provavelmente o padrão de seu comportamento durante a infância e a adolescência.

Estudos relativos a gêmeos verdadeiros criados longe um do outro registraram que o comportamento dos mesmos mais tarde na vida é espantosamente semelhante. Esses gêmeos tendem a apresentar atitudes, hábitos e estilos de vida semelhantes. Outros estudos chegaram à conclusão de que os gêmeos verdadeiros tendem a revelar inclinações semelhantes com referência ao alcoolismo, à hiperatividade, à extroversão contraposta à introversão, à angústia, à depressão e à obsessão.

Já se sugeriu que certos comportamentos criminosos talvez tenham também uma base genética. Num estudo dos habitantes de uma prisão de homens, todos eles com mais de 1,80 m de altura, os pesquisadores verificaram que 10% deles possuíam um cromossomo Y (masculino) a mais. Só 1% dos elementos de uma amostra de indivíduos não criminosos daquela mesma categoria de altura possuía um cromossomo Y extra. O comportamento criminoso talvez seja devido ao nível de inteligência geralmente mais baixo que costuma acompanhar a composição cromossômica XYY.

A qualidade a que damos o nome de *inteligência* pode ser definida de diversas maneiras. Inclui muitas aptidões diferentes, entre as quais a criatividade, o pensamento lógico e a capacidade de resolução de problemas. Algumas, embora nem todas essas aptidões, podem ser medidas pelos testes de *QI* (quociente de inteligência). A despeito das limitações desses testes, muitos cientistas neles têm confiado para provar que a inteligência é geneticamente controlada. Os investigadores verificaram que há mais probabilidade de que os gêmeos verdadeiros (univitelinos) obtenham resultados bem mais parecidos que os dos falsos gêmeos, mesmo que tenham sido criados separadamente. Outros estudos compararam os resultados obtidos por filhos adotivos ou de criação, em testes de QI, aos pontos conseguidos por seus pais naturais e pelos adotivos. Os desempenhos dos filhos nos testes de QI apresentaram freqüentemente relações mais estreitas com os dos pais naturais, que os filhos não podiam sequer conhecer, do que com os dos pais adotivos ou de criação em cuja companhia viviam.

As provas colhidas nesses estudos indicam claramente que as características físicas, o comportamento e a inteligência têm origem hereditária. Todavia, não se devem ignorar as influências ambientais. Há menos probabilidade de que os caracteres físicos sejam alterados pelas experiências da vida do que o comportamento ou a inteligência, mas as doenças e os acidentes são evidentemente capazes de provocar modificações. Entretanto, o temperamento inato de um indivíduo e sua capacidade intelectual não são igualmente estáveis. São potenciais suscetíveis de serem modificados de diferentes maneiras e em diferentes graus, dependendo das experiências de vida da pessoa.

Até mesmo os gêmeos verdadeiros, criados juntos no mesmo lar, podem desenvolver-se de maneira diferente de acordo com o modo com que são tratados. Por exemplo: se um dos gêmeos é maior que o outro, o menor será muito provavelmente superprotegido pelos pais e dominado pelo gêmeo maior. Nesse caso, o maior pode se tornar o líder enquanto o menor passa a ser o submisso.

Antes de passar adiante...

1. Por que motivo os gêmeos verdadeiros, ou univitelinos, constituem sujeitos particularmente recomendáveis para a pesquisa genética?
2. Como são geralmente determinados os caracteres físicos?
3. Qual é possivelmente uma das causas de uma disposição para a criminalidade entre os homens?
4. O que é um teste de QI?
5. Num resultado de teste de QI, um filho adotivo tem mais probabilidade de se assemelhar a seus pais naturais ou aos adotivos?
6. Qual o tipo de característica hereditária que tem mais probabilidade de ser afetado pelas influências ambientais?

Respostas:

1. Porque eles possuem a mesma composição genética.
2. Os caracteres físicos são poderosamente influenciados pela hereditariedade.
3. Um cromossomo Y a mais.
4. Supõe-se que um teste de QI sirva para medir a inteligência.
5. Os pais naturais.
6. O temperamento e a capacidade intelectual podem ser muito modificados pelas experiências de vida de uma pessoa.

ETAPAS DA GESTAÇÃO

A partir do momento da fertilização, quando um esperma e um óvulo se unem para formar o zigoto unicelular, até o momento do parto, aproximadamente nove meses mais tarde, o desenvolvimento de um bebê obedece a um intrincado padrão. Há muito tempo atrás, as pessoas imaginavam que o esperma masculino continha um ser humano em miniatura que era implantado no útero feminino, onde iria crescer até se tornar suficientemente grande para sobreviver no meio externo. Nós hoje sabemos que a união de um esperma e de um óvulo desencadeia um processo a que damos o nome de *gestação* e que geralmente dura 266 dias. O período de gestação não constitui simplesmente um tempo de crescimento. É um tempo durante o qual uma célula (o zigoto) se divide e se desenvolve, dando os 200 bilhões de células que compõem um ser humano.

Durante sua vida no útero, o bebê vai amadurecendo e passa por três fases. A primeira etapa do desenvolvimento, conhecida como *etapa do ovo,* dura de 10 a 14 dias. Enquanto começa a se dividir em novas células, o zigoto também vai viajando pela trompa de Falópio (onde ocorreu a fertilização) para chegar ao útero da mãe. Ali, ele se prepara para ficar ligado à parede uterina. O óvulo fertilizado é agora uma bola oca de células denominada *blastócito.* Continuando a se dividir, as células começam a se diferenciar em grupos. Cada um desses grupos se desenvolverá até constituir um sistema diferente do corpo. Enquanto um grupo de células vai começar a formar o sistema digestivo, outro aglomerado de células vai começar a se desenvolver para dar o sistema circulatório ou o respiratório. A este processo através do qual as células se agrupam para formar diferentes tipos de órgãos, damos o nome de *diferenciação celular.*

Através desse processo de diferenciação, as células do blastócito formam uma camada interna e uma camada externa. As células internas se aglomeram numa das extremidades do blastócito para formar a massa celular a partir da qual se desenvolverá o bebê. O grupo externo de células vai constituir os órgãos que abrigam e alimentam o bebê dentro do útero: a placenta, o cordão umbilical e a bolsa amniótica.

A segunda fase do crescimento pré-natal é conhecida como *etapa embriônica.* Este período tem início quando o blastócito se implanta na parede uterina. A massa interna de células formada no blastócito é agora conhecida como *embrião.* No decorrer das seis semanas deste estágio, as células do embrião formam três camadas, e começam a se diferenciar e a se agrupar em órgãos. A camada mais externa (*ectoderma*) vai constituir a pele exterior, os cabelos, as células sensoriais e o sistema nervoso. A camada do meio (*mesoderma*) vai constituir a camada interna da pele, os músculos, o esqueleto, o sangue e sistemas excretores. A camada interna (*endoderma*) desenvolver-se-á formando o sistema digestivo, os pulmões e a glândula tiróide.

A placenta é um órgão em forma de disco que funciona como filtro entre o sangue da mãe e o sangue da criança. Suas membranas semipermeáveis permitem que as substâncias nutrientes e imunizadoras — oxigênio, açúcares, gorduras, água, minerais, proteínas e anticorpos — passem da mãe para o filho. Os produtos residuais, como a uréia, o dióxido de carbono, passam de volta para a mãe pelo crivo da placenta. Mas as moléculas maiores de sangue não podem atravessar essa membrana, de modo que as duas correntes sangüíneas se mantêm separadas. A placenta também produz hormônios que preparam o corpo da mãe para o crescimento, nascimento e nidação do bebê.

Este fica ligado à placenta pelo *cordão umbilical*, preso à sua parede abdominal. O cordão contém duas artérias, cada uma das quais transporta nutrientes da mãe para o filho, e uma veia destinada a remover os resíduos. O bebê flutua dentro de uma membrana cheia de fluido, denominada *bolsa amniótica* que o protege contra os choques e lhe proporciona um nível constante de temperatura.

O embrião é altamente suscetível de sofrer os efeitos nocivos de substâncias químicas, hormônios e vírus recebidos da mãe. Os sistemas vitais do bebê estão agora se desenvolvendo muito rapidamente e o crescimento só se processará normalmente se o ambiente for favorável. De um modo particular, a maturação contínua do embrião depende do desenvolvimento adequado dos sistemas nervoso e circulatório. A cabeça do embrião é do tamanho do resto do corpo, indicando que o cérebro está crescendo muito depressa. Se a mãe contrair uma doença como a rubéola, ou se alguma substância química nociva penetrar na corrente sangüínea do embrião durante este estágio, o desenvolvimento do cérebro poderá ficar prejudicado, e a criança talvez venha a nascer mentalmente deficiente. O sistema circulatório também está se desenvolvendo depressa. O coração cresce tão rapidamente nesta fase embriônica que se projeta para fora da região torácica. Um mês depois da concepção, ele já está suficientemente desenvolvido para bombear o sangue através de artérias rudimentares. Este funcionamento precoce do sistema circulatório é importante para o transporte do alimento para os sistemas do corpo que só agora começam a se desenvolver.

Oito semanas após a concepção, o bebê (agora chamado *feto*) ingressa na terceira etapa: o *estágio fetal*. Durante as trinta semanas seguintes, as partes rudimentares do corpo do embrião vão sendo aperfeiçoadas e elaboradas, até se tornarem capazes de funcionar fora do útero quando o bebê nascer. No quarto mês de gravidez a mãe habitualmente começa a perceber os movimentos fetais, e as batidas cardíacas do feto podem ser ouvidas com o auxílio de um estetoscópio. Neste momento, o cérebro está tão bem desenvolvido que o feto já é capaz de reagir a estímulos através de movimentos como os de chupar ou dar pontapés.

Embora no fim do sexto mês todos os sistemas vitais do feto estejam desenvolvidos, seria quase impossível para a criança sobreviver fora do útero nesse momento. Durante os três últimos meses de vida uterina, amadurecem o sistema respiratório e

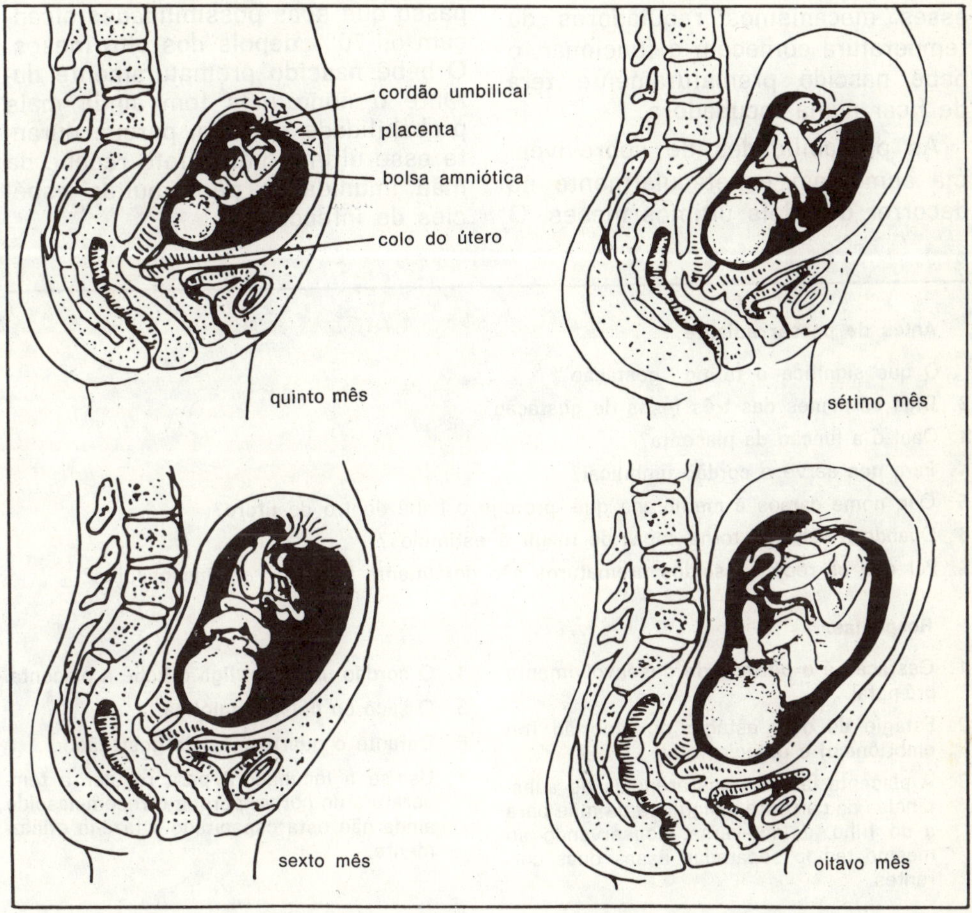

Quatro estágios do desenvolvimento fetal. No quinto mês, o feto pesa somente cerca de meio quilo, mas todos os órgãos internos importantes já estão desenvolvidos. Ao terminar o sexto mês, todos os sistemas vitais do feto estão bem desenvolvidos, mas a vida fora do corpo materno ainda não é possível. Durante os três últimos meses de gestação, os sistemas respiratório e de regulação da temperatura amadurecem. No oitavo mês, o feto pesa de dois quilos e trezentos gramas a três quilos e seiscentos gramas aproximadamente e pode viver independentemente da mãe.

os mecanismos reguladores da temperatura. Durante as últimas semanas de vida fetal, a criança começa a acumular os tecidos gordurosos que irão isolar seu corpo do frio, e o hipotálamo (parte do cérebro que controla a temperatura do corpo) torna-se funcional. Nesta mesma época abrem-se as glândulas sudoríparas. Até que esses mecanismos reguladores da temperatura comecem a funcionar, o bebê nascido prematuramente terá de ficar numa incubadora.

As probabilidades de sobrevivência aumentam espetacularmente no decorrer dos dois últimos meses. O bebê nascido no sétimo mês de vida fetal tem somente cerca de 10% de probabilidade de sobreviver, ao passo que suas possibilidades alcançam os 70% depois dos oito meses. O bebê nascido prematuramente durante o nono mês tem ainda mais probabilidade de vida, porque durante esse último mês o feto recebe da mãe imunidades para muitas espécies de infecções.

Antes de passar adiante...

1. O que significa o termo "gestação"?
2. Diga os nomes das três fases de gestação.
3. Qual é a função da placenta?
4. Para que serve o cordão umbilical?
5. Que nome damos à membrana que protege o bebê dentro do útero?
6. Quando o bebê se torna capaz de reagir a estímulos?
7. Por que os recém-nascidos prematuros são geralmente mantidos em incubadoras?

Respostas:

1. Gestação é o período de desenvolvimento pré-natal.
2. Estágio do ovo, estágio do embrião (ou embriônico) e estágio fetal.
3. A placenta faz as transferências de substâncias da corrente sangüínea da mãe para a do filho, e vice-versa, conservando ao mesmo tempo separadas essas duas correntes.
4. O cordão umbilical liga o bebê à placenta.
5. O saco ou bolsa amniótica.
6. Durante o quarto mês de gestação.
7. Usa-se a incubadora para regular a temperatura do corpo, porque o recém-nascido ainda não está capacitado a fazê-lo eficazmente.

Módulo 4. INFLUÊNCIAS AMBIENTAIS PRÉ-NATAIS

Uma criança que se está desenvolvendo acha-se geralmente bem protegida no interior do útero materno. Dentro da bolsa amniótica, o feto fica isolado de qualquer dano potencial — particularmente dos choques físicos e das grandes alterações de temperatura. Existem, entretanto, muitas substâncias capazes de atravessar a placenta e de alterar o curso do desenvolvimento fetal. As substâncias a que a mãe fica exposta durante a gravidez podem influir no desenvolvimento do filho. É importante lembrar que a interação de dois fatores — hereditariedade e ambiente — é o que determina de que maneira a criança vai-se desenvolver dentro do útero. Cientistas pesquisadores passaram a admitir que muitos defeitos de nascença resultam de doenças da mãe, estresse, exposição a medicamentos, substâncias químicas ou radiação, ou mesmo alimentação inadequada durante a gravidez. Esses defeitos são inatos, ou *congênitos*, muito embora não sejam hereditários.

■ Teratogênicos

As substâncias capazes de afetar danosamente o desenvolvimento pré-natal são qualificadas de *teratogênicas*. Os teratogênicos podem provocar anomalias tanto mentais como físicas. Acredita-se que certas doenças, quando contraídas por uma mulher grávida, sejam teratogênicas. Um vírus causador de uma doença pode passar da corrente sangüínea da mãe para a da criança, desde que seja suficientemente pequeno para passar pelo crivo da placenta.

A rubéola é a principal responsável pelas deformidades congênitas. É uma doença particularmente nociva durante os quatro primeiros meses de gravidez. O vírus da rubéola pode provocar anomalias no sistema nervoso, deficiências de audição ou visão, doenças cardíacas ou retardamento mental na criança ainda não nascida. Ocasionalmente, outros vírus passam do sangue da mãe para o do feto e este contrai a doença. Entre esses vírus, contam-se o da catapora, o da caxumba, o da poliomielite, o do sarampo, o da varíola, o da malária, o da escarlatina, e o da gripe.

As infecções bacterianas também podem atravessar o crivo da placenta. Uma dessas infecções, a *toxoplasmose*, foi recentemente responsabilizada por determinados casos de lesões cerebrais congênitas ou de cegueira. A toxoplasmose é provocada por uma bactéria encontrada por vezes na carne crua e nas fezes dos gatos. As mulheres grávidas deveriam, por conseguinte, evitar todo contato com a cama dos gatos e prestar muita atenção para só comer carne bem cozida.

A sífilis é outra doença materna capaz de produzir deformidades congênitas, abortos e natimortos. A progenitura de uma mãe sifilítica tende a apresentar uma forma qualquer de deficiência física ou mental. Entretanto, os efeitos da sífilis poderão ser evitados se a mãe receber um tratamento adequado logo nos primeiros tempos da gravidez.

Certos medicamentos e substâncias químicas também podem atravessar a placenta, passando para a corrente sangüínea do feto. Muitos desses teratogênicos podem causar anomalias no sistema particular que se esteja desenvolvendo no momento da exposição. Mais uma vez, o risco é maior durante as fases iniciais da gravidez, quando o desenvolvimento se está processando mais rapidamente. No início da década de 1960, um certo número de mulheres deu à luz filhos malformados. Descobriu-se que elas tinham usado, durante a gravidez, um tranqüilizante denominado *talidomida*, com resultados desastrosos. Alguns desses "bebês da talidomida" nasceram com tocos de braços e pernas, outros nem isso tinham. Muitos tinham deficiências de visão e audição, enquanto a outros faltavam também os olhos e os ouvidos.

Suspeita-se que muitos outros medicamentos provoquem malformações nos fetos. Os antibióticos tomados pela mãe podem provocar surdez ou defeitos no esqueleto e nos dentes do bebê. A mãe dependente de uma droga qualquer, como a heroína por exemplo, pode provocar dependência no feto, o qual, conseqüentemente, está sujeito a sofrer os efeitos da privação de tal droga, logo depois do nascimento. Os bebês nascidos de mulheres dependentes da heroína são freqüentemente prematuros e lhes falta a força necessária para sobreviver aos graves sintomas da privação da droga (convulsões, febre, vômitos).

Admite-se que a nicotina dos cigarros contrai os vasos sangüíneos no útero e na placenta. Isso interfere no fornecimento de oxigênio e nutrientes ao feto. Os pesquisadores comprovaram que, depois de ter uma mulher grávida fumado um cigarro, há uma aceleração das batidas do coração do feto. Descobriram também, nas mulheres que fumam muito, uma tendência a gerar filhos de peso muito baixo por ocasião do parto. Surpreendentemente, existem indícios de que os pais que fumam muito e mães não-fumantes também podem ter filhos menores que a média.

Alguns agentes só são prejudiciais à criança ainda não nascida, quando a mãe fica exposta a doses muito grandes, como no caso do álcool e da radiação. Consumido em doses moderadas, o álcool provavelmente não provoca efeitos negativos. Mas quando a mãe bebe excessivamente, é bem provável que ela gere um bebê pequenino, com desenvolvimento motor retardado.

A pequena quantidade de radiação utilizada em medicina nos raios X não traz provavelmente nenhum prejuízo para o feto em desenvolvimento. Entretanto, tem-se verificado que as quantidades aumentadas de radiação produzem diversos defeitos fetais, assim como alterações cromossômicas. Depois do lançamento das bombas atômicas no Japão, soube-se que a maioria das mulheres grávidas que viviam nas vizinhanças das explosões deram à luz bebês com anomalias congênitas.

■ O fator Rh

O sangue da maioria dos seres humanos contém uma substância conhecida como *fator Rh.* Entretanto, cerca de 15% das pessoas nos Estados Unidos têm sangue Rh negativo, o que significa que elas não herdaram esse componente. Uma mulher com sangue Rh negativo pode estar grávida de um feto com sangue Rh positivo (isto é, que tenha herdado do pai o gene de Rh dominante). As proteínas, denominadas *antígenos,* são transportadas nas células vermelhas do sangue (hemácias) e podem passar do sangue do bebê para o da mãe pelas pequeninas falhas do crivo da placenta. O sangue da mãe reage, começando a produzir anticorpos para combater os antígenos invasores. Esses anticorpos raramente se formam com rapidez suficiente para prejudicar o primeiro filho. Entretanto, se uma mulher de sangue Rh negativo se tornar novamente grávida de um segundo filho com Rh positivo, os anticorpos resultantes da primeira gravidez podem atacar os antígenos Rh do bebê, destruindo suas células vermelhas. Este estado é conhecido sob o nome de doença do Rh. As hemácias são responsáveis pelo transporte do oxigênio através de todo o corpo. Se essas células forem destruídas pelos anticorpos da mãe, o sangue do bebê não levará oxigênio suficiente aos sistemas que se estão desenvolvendo. Disso poderão resultar uma lesão cerebral, uma paralisia ou mesmo a morte.

Felizmente, a doença do Rh deixou de constituir uma ameaça tão séria nos últimos anos. Desde 1968, pode-se recorrer a uma vacina eficaz. É agora possível injetar essa vacina numa mulher com Rh negativo depois que ela dá à luz uma criança com Rh positivo, evitando-se assim a incompatibilidade dos Rh para os próximos filhos. Uma criança nascida com a doença do Rh ainda poderá ser ajudada, se receber reiteradas transfusões de sangue imediatamente após o parto.

■ A dieta da mãe

O tipo de dieta de uma mulher grávida exerce um efeito dramático sobre a condição física e mental do filho. Julgava-se outrora que o alimento ingerido por uma mulher grávida ia alimentar primeiro a criança e que o sistema da mãe recebia o que sobrasse. Mas os pesquisadores modernos demonstraram que a mãe é provavelmente menos afetada por uma subnutrição que a criança em gestação. De um modo particular, o desenvolvimento do cérebro parece vulnerável a uma dieta pobre em proteínas. As células do cérebro se desenvolvem durante a gestação e por um breve período após o nascimento; e elas precisam de proteína para um desenvolvimento adequado. Alguns pesquisadores acreditam que a privação de proteínas durante o desenvolvimento pré-natal pode ter como resultado uma criança com deficiências mentais. As deficiências de vitaminas e sais minerais na dieta da gestante podem ser responsáveis por fraquezas no feto. Cálcio e fósforo em quantidades insuficientes podem acarretar um menor desenvolvimento dos ossos e dos dentes. A anemia dos recém-nascidos pode ser atribuída à carência de ferro na dieta das gestantes.

Estudos científicos já demonstraram que as mulheres adequadamente alimentadas durante a gravidez apresentam uma incidência mais baixa de abortos e natimortos, que o trabalho dos partos se faz em menos tempo, e que são menos numerosas as complicações relacionadas com os partos. Os bebês das mães bem alimentadas também tendem a pesar mais quando nascem. Depois do parto, eles são menos propensos a doenças como pneumonia, anemia e bronquite.

■ O estado emocional da mãe

O nível de atividade de um feto no útero e o temperamento do recém-nascido talvez tenham alguma relação com as proporções da tensão emocional da mãe durante a gravidez. Quantidades maiores de hormônios e outras substâncias químicas são liberadas na corrente sangüínea de uma pessoa que esteja se sentindo extremamente zangada, assustada ou angustiada. Evidentemente, essas substâncias podem passar da mãe para o filho através da placenta. As emoções que alteram a composição química do sangue de uma gestante podem afetar temporariamente a criança. Um pesquisador observou que o nível de atividade de um feto era mais elevado quando a gestante estava emocionalmente perturbada.

Outros pesquisadores descobriram uma conexão entre o estado emocional de uma mulher grávida e o comportamento pós-natal do filho. Se o estado emocional de uma mãe permanece instável depois do parto, sua tensão pode se comunicar ao bebê Na opinião de alguns cientistas, a dificuldade do trabalho do parto também tem relação com o nível de tensão da mãe durante os meses anteriores.

Antes de passar adiante...

1. O que é um "teratogênico"?
2. Como os vírus penetram no corpo de um feto?
3. Por que é tão perigoso para uma mulher grávida contrair rubéola?
4. Cite algumas doenças da mãe suscetíveis de terem algum efeito sobre o desenvolvimento pré-natal.
5. Qual a substância muito comum, capaz de provocar a contração dos vasos sangüíneos na placenta?
6. O que é que destrói as hemácias num feto com a doença do Rh?
7. Como reagem muitos fetos à tensão materna?

Respostas:

1. Teratogênico é a substância do ambiente capaz de prejudicar o desenvolvimento pré-natal.
2. Através da placenta, vindo do sangue da mãe.
3. A rubéola pode provocar defeitos no feto.
4. Catapora, caxumba, poliomielite, sarampo, varíola, escarlatina, gripe, toxoplasmose e sífilis; todas essas doenças podem ser muito perigosas.
5. A nicotina.
6. Os anticorpos que podem ter sido produzidos pelo sangue materno.
7. A atividade fetal muitas vezes aumenta, em resposta às tensões da mãe.

Módulo 5. O PROCESSO DO NASCIMENTO

Quase todos os bebês são saudáveis quando nascem e bem poucos apresentam efeitos negativos de uma hereditariedade desfavorável ou de influências ambientais hostis. A expansão da ciência médica tornou relativamente pouco prováveis as complicações do parto e trouxe soluções para muitas das que ainda ocorrem.

Quando começa o trabalho do parto, mãe e filho já vêm sendo preparados há cerca de 266 dias para o instante do nascimento. Os sistemas vitais do feto amadureceram e se tornaram cada vez mais capazes de funcionar por sua própria conta. Ao mesmo tempo, o corpo da mãe passou por transformações que facilitarão o processo da expulsão.

Geralmente, durante o quinto mês de gravidez, muitas mulheres começam a passar por períodos de leves contrações uterinas. Essas contrações indolores (denominadas contrações de "Braxton-Hicks") contribuem provavelmente para o fortalecimento dos músculos pélvicos e permitem que o colo do útero (entrada do útero) se torne mais achatado e menos espesso. Durante as últimas semanas antes do parto, um hormônio secretado pelos ovários amolece a cartilagem que liga os ossos da pélvis, permitindo que eles se separem ligeiramente. Isso dá mais espaço para a passagem do bebê durante o parto. Enquanto isso, o feto vai-se tornando cada vez mais ativo. Quando vai-se aproximando a época do parto, ele geralmente adota uma posição de cabeça para baixo dentro do útero, voltado para o lado direito da mãe.

■ O trabalho do parto e nascimento

As contrações do trabalho do parto têm início provavelmente com as alterações ao nível dos hormônios placentários. Essas contrações são a princípio irregulares e muito espaçadas. Pouco depois, elas adquirem um padrão regular, com intervalos que se vão tornando cada vez mais curtos. O primeiro indício seguro de que o trabalho do parto realmente começou costuma ser um ligeiro sangramento.

Com o prosseguimento das contrações durante esse primeiro estágio das dores do parto, o canal cervical se *dilata* ou se alarga até se tornar suficientemente amplo para permitir a passagem da cabeça do bebê. A este estágio dá-se com freqüência o nome de *fase da dilatação*. Dura geralmente de 7 a 18 horas, sendo habitualmente mais prolongado durante o parto de um primogênito.

Durante o segundo estágio do trabalho, a *fase da expulsão*, as contrações uterinas continuam a impelir a cabeça do bebê pela abertura do colo do útero. As membranas amnióticas se rasgam, deixando fluir o líquido amniótico. A mãe sente uma necessidade intensa de empurrar e expelir o feto com seus músculos abdominais. Isso impele o bebê para fora do útero, fazendo-o entrar no canal do parto formado pelo colo do útero dilatado e pela vagina, e finalmente para fora do corpo materno.

Quando a cabeça do bebê emerge do canal do parto, termina a parte mais difícil do trabalho. O resto do corpo segue rapidamente. Durante a expulsão, o cordão umbilical fica comprimido e deixa de fornecer oxigênio ao bebê. Um reflexo faz agora com que ele tome sua primeira respiração.

O estágio final do trabalho do parto, a *fase placentar*, começa quase imediatamente depois. Há uma breve pausa e então recomeçam as contrações uterinas e é expulsa a placenta. Novas contrações farão com que os músculos uterinos fiquem mais retesados. Isso interrompe o sangramento e faz com que o útero se contraia, formando um bolo compacto dentro do abdome.

Avalia-se muitas vezes a saúde do recém-nascido, aplicando-se o Sistema de Avaliação Apgar. Medem-se o pulso, a respiração, o tono muscular, os reflexos e a coloração. Os resultados finais, numa escala de 1 a 10, dão uma boa idéia das probabilidades de sobrevivência para o recém-nascido; uma contagem inferior a 4 geralmente significa que se faz necessária uma assistência médica especial.

■ Complicações do trabalho do parto e da expulsão

Podem ocorrer de vez em quando alguns problemas durante o processo do parto. Entretanto, as modernas técnicas médicas conseguem enfrentar com êxito a maioria das complicações, de modo que em geral é possível evitar danos para a mãe e para a criança.

Quando a criança deixa de se colocar de cabeça para baixo antes do parto, as nádegas poderão se apresentar primeiro. Esta *apresentação de nádegas* prolonga muitas vezes o trabalho do parto e não é tão segura quanto a do parto mais comum, ou seja, da cabeça em primeiro lugar. A bacia (pelve) da mãe pode não ser suficientemente ampla para esse parto de nádegas, sendo preciso muito mais tempo para a cabeça passar pelo colo do útero.

Se o parto vaginal normal parecer apresentar algum perigo para a mãe ou para o filho, talvez seja necessário realizá-lo através de um método cirúrgico denominado *operação cesariana*. Faz-se uma incisão no abdome e no útero e por ali se retira a criança.

Por vezes, as contrações uterinas cessam antes do aparecimento da cabeça do bebê, ou então elas não são suficientemente fortes para impeli-lo sem ajuda. Nesses partos difíceis, pode-se usar o *fórceps* — um instrumento parecido com uma tenaz — para guiar a cabeça da criança no canal do parto e até puxá-la um pouco, se necessário.

■ Anoxia

Durante o parto, o cérebro da criança pode ficar temporariamente privado de oxigênio, condição conhecida como *anoxia*. A anoxia pode ter várias causas diferentes. Durante um parto pelas nádegas, por exemplo, o bebê pode deixar de receber oxigênio pelo cordão umbilical antes de começar a respirar independentemente. Julga-se que as formas brandas de anoxia são responsáveis por determinados tipos de dificuldades de aprendizado, por problemas de comportamento, pouca coordenação motora e lapsos curtos de atenção nas crianças. Nos casos mais graves, a anoxia provoca danos nas células nervosas que controlam os movimentos musculares. A criança afetada pode ficar parcialmente paralisada, incapaz de falar, ou sofrer espasmos musculares incontroláveis. Esses sintomas compõem o quadro da chamada paralisia cerebral.

■ Prematuridade

As crianças nascidas antes de 37 semanas após a concepção são denominadas *prematuras*. Mas mesmo os bebês que completam o período normal de gestação precisam de cuidados especiais quando pesam, ao nascer, menos de dois quilos e meio. Quase todos os prematuros são insuficientemente desenvolvidos para sobreviver sem ajuda médica. Seus mecanismos reguladores da temperatura podem estar incompletos, eles talvez não tenham recebido de suas mães imunidade suficiente para combater as infecções, e seus sistemas respiratórios podem não estar ainda bastante amadurecidos para lhes permitir respirar sem ajuda. Os bebês prematuros em geral ficam em incubadoras que mantêm sua temperatura corporal, que os isolam de contatos com germes, e permitem o controle do oxigênio que recebem, o qual poderá ser suplementado se assim for necessário.

Devido a sua fragilidade, os prematuros não costumam ser tão manipulados quanto a maioria dos outros bebês, e muitas vezes recebem pouca estimulação sensorial. Podem ser forçados a permanecer durante algum tempo nas maternidades, ficando assim privados dos benefícios de um contato estreito com suas mães. Esta falta de estimulação talvez seja, pelo menos parcialmente, responsável por sua tendência a se desenvolver mais lentamente que os bebês nascidos a termo. Na maioria dos casos, entretanto, quando chega o momento de começarem a freqüentar a escola primária, as crianças prematuras já conseguiram superar seu atraso no desenvolvimento cognitivo e motor.

Os bebês prematuros, cujo peso ao nascerem se aproxima dos dois quilos e meio, estão mais bem equipados para sobreviver e têm menos probabilidade de apresentar defeitos de nascença e certas deficiências como as lesões cerebrais. Muitas vezes, o desempenho insuficiente das crianças nascidas com peso abaixo do normal não se deve a deficiências inatas e sim à falta de atenção adequada a que já nos referimos. Pesquisadores provaram que, se receberem carícias físicas e estimulação sensorial suficientes, os bebês prematuros podem se desenvolver tão rapidamente quanto os nascidos a termo.

■ Parto induzido

A maioria das drogas destinadas a diminuir as dores do parto atravessam a barreira da placenta e penetram na corrente sangüínea da criança. Quando a mãe recebe doses muito grandes de sedativos, seu filho se mostra freqüentemente menos ativo e menos atento durante os primeiros dias depois do parto. Para evitar esses efeitos, e também para que as mães possam participar mais ativamente da experiência do nascimento, muitos casais preferem atualmente o parto induzido ou natural. Os propugnadores deste método acreditam que o preparo antecipado da mãe para esse momento reduz sua ansiedade e, conseqüentemente, seu desconforto. Os futuros progenitores assistem a cursos que os informam dos aspectos fisiológicos do parto, e os treinam na utilização da respiração e dos exercícios técnicos capazes de aliviar as dores do parto. Em muitas maternidades, os maridos são autorizados a permanecer ao lado das esposas durante o trabalho do parto e até mesmo no momento da expulsão do bebê. Muitas mulheres que, de outra maneira, teriam receado essa hora sentem-se mais tranqüilas devido tanto ao preparo antecipado, quanto à presença de seus maridos. Com a redução de sua tensão emocional, freqüentemente diminui também seu desconforto físico.

Antes de passar adiante...

1. Que posição assume a maioria dos bebês dentro do útero antes do parto?
2. Cite as três etapas do trabalho do parto.

3. O que é uma "apresentação de nádegas"?
4. Como se realiza uma operaçção cesariana?
5. O que são fórceps?
6. De que maneira pode a anoxia afetar o bebê?
7. Como pode uma sedação excessiva da mãe afetar um recém-nascido?

Respostas:

1. A posição de cabeça para baixo.
2. Fase da dilatação, fase da expulsão e fase placentar.
3. Parto no qual as nádegas se apresentam primeiro.
4. Efetuando-se um corte no útero da mãe para retirar o bebê.
5. São instrumentos semelhantes a tenazes usados para puxar a criança para fora do útero.
6. A anoxia pode provocar uma lesão cerebral.
7. O recém-nascido pode se mostrar menos ativo e menos atento.

Módulo 6.

CARACTERÍSTICAS FÍSICAS E COMPORTAMENTO DO RECÉM-NASCIDO

Ao ver seu filhinho recém-nascido pela primeira vez, a mãe pode se sentir claramente desapontada. O *neonato*, como é conhecido durante seu primeiro mês de vida, não é o "bebezinho cheio de saúde" que a maioria das pessoas esperam ver. Para que ele tenha uma pele macia e atraente, torne-se gordinho ou adquira um lindo sorriso, é preciso esperar algum tempo.

De início, a pele do recém-nascido quase não tem pigmentação. Até mesmo os filhos de pessoas pertencentes a raças de pele escura são muito claros, quando nascem. Todavia, depois dos primeiros haustos de ar, quase todos os recém-nascidos adquirem uma cor avermelhada que vai desaparecendo gradualmente durante os dias seguintes.

Quase todos os bebês, sobretudo os nascidos prematuramente, têm a pele coberta de penugem baixa denominada *lanugem*. Suas cabeças podem estar completamente calvas, cobertas de cabelos longos e felpudos, ou apresentar um aspecto qualquer entre esses dois extremos. O recém-nascido é também recoberto de uma camada com aspecto de queijo, cuja função é proteger sua pele durante a vida aquática pré-natal no interior do útero.

Proporcionalmente ao resto do corpo, a cabeça do recém-nascido é muito grande. Pode parecer alongada ou assimétrica devido à compressão durante a expulsão, quando ela atravessa o canal do parto. Este "modelamento" do crânio do bebê é possível porque os ossos separados do crânio ainda não estão soldados uns aos outros. Existem seis *fontanelas*, ou moleiras, onde os ossos irão se soldar gradualmente à medida que o bebê amadurecer. Entrementes, as fontanelas ficam encobertas por uma resistente membrana protetora.

Os recém-nascidos de ambos os sexos têm freqüentemente seios que podem secretar uma pequena quantidade de um fluido parecido com leite. Um bebê do sexo feminino pode apresentar durante algum tempo uma descarga sanguinolenta através da vagina. Essas secreções temporárias são devidas aos hormônios que passaram da corrente sangüínea da mãe para a do bebê através da placenta, antes do nascimento. A maioria dos recém-nascidos são relativamente magros, pois eles ainda não desenvolveram suficientemente os tecidos adiposos que lhe darão um aspecto bem recheado.

■ Funções fisiológicas

O bebê muitas vezes começa a chorar assim que sua cabeça emerge do canal do parto, antes mesmo de o resto do corpo estar para fora. Este choro indica que o recém-nascido tomou sua primeira respiração. Quando ele não começa imediatamente a respirar, é preciso estimulá-lo artificialmente. Às vezes as passagens bronquiais ficam cheias de muco ou fluido amniótico, e o bebê tem então de fazer um grande esforço para respirar até desobstruí-los. Essa congestão, somada à relativa imaturidade dos músculos respiratórios, pode ser responsável pela respiração inicialmente ruidosa de muitos recém-nascidos.

Quando o recém-nascido deixa de receber alimentação por intermédio da placenta, torna-se-lhe necessário aprender a receber o alimento pela boca. O feto, mesmo antes de nascer, já possui o *reflexo de sucção*, e esse reflexo capacita o recém-nascido a ingerir o leite do seio ou da mamadeira. Seu trato gastrintestinal pode produzir a maioria das enzimas indispensáveis à digestão do alimento. Entretanto, alguns recém-nascidos apresentam uma deficiência quanto a uma enzima do fígado conhecida com o nome de *transferase* ou *bilirrubina.* Acredita-se que essa deficiência seja a responsável por um caso brando de icterícia, caracterizada pelo tom amarelado da pele. A maioria dos casos de icterícia são sem gravidade. Todavia, em alguns casos raros, ela pode ser um sintoma de *eritroblastose fetal*, que pode levar a uma lesão cerebral ou à morte. Essa condição resulta de uma incompatibilidade entre o sangue da criança e o da mãe.

Para o recém-nascido, é difícil conservar uma temperatura corporal constante. A produção de calor no recém-nascido chega a ser 30% menor que no adulto, já que o "termostato" que regula, no cérebro, a temperatura ainda não está funcionando inteiramente e falta geralmente ao bebê uma camada espessa de gordura isolante. As glândulas sudoríparas do bebê ainda não estão suficientemente amadurecidas para manter seu corpo fresco. Por conseguinte, os recém-nascidos ficam na dependência das outras pessoas para regular a temperatura de seu ambiente.

■ Estados de atividade

O recém-nascido passa a maior parte do dia dormindo. Logo após o nascimento, observam-se dois tipos de sono. O *sono regular* se caracteriza pelos olhos fechados, pela respiração lenta e regular e pela pouca freqüência dos movimentos corporais. É possível, quando existe pouca ou nenhuma estimulação externa ou interna. Por outro lado, durante o *sono irregular* há um padrão mais errático de respiração e de contrações musculares. O bebê pode até mesmo responder a alguns estímulos, sem acordar. A *sonolência* é um estado intermediário entre o despertar e o sono. Os olhos do bebê se abrem e fecham e ele oferece alguma reação à estimulação. Depois de atendidas as suas necessidades (de alimento, calor, etc.), o bebê geralmente fica num estado agradável denominado *inatividade alerta.* Os olhos permanecem abertos, fixando os objetos que caem sob suas vistas. Se houver alguma coisa interessante para olhar, o bebê poderá agitar os braços e pernas, alegremente.

Quando sente algum desconforto, o bebê começa a dar pontapés e a fazer outros movimentos bruscos. A respiração se torna irregular e a criança começa a chorar. Esta *atividade de despertar* e de choro geralmente se manifesta quando o recém-nascido sente fome, frio ou alguma dor.

■ Reflexos

O recém-nascido é dotado de vários *reflexos* inatos. Os reflexos são respostas involuntárias à estimulação ambiental. Os médicos descobriram que o grau de reação de um recém-nascido aos estímulos é uma indicação do nível de desenvolvimento de seu sistema nervoso.

Certos reflexos do recém-nascido são importantes para sua sobrevivência. Por exemplo, o *reflexo da busca* o ajuda a localizar a fonte do alimento. Quando a bochecha do recém-nascido entra em contato com algum objeto, sua cabeça se volta para o estímulo. O *reflexo de sucção* implica numa coordenação dos músculos do rosto e da língua para espremer o bico do seio ou da mamadeira. Quando o leite penetra na boca, o bebê começa a engolir.

Certos reflexos inatos parecem precursores de futuras habilidades. Como exemplo temos o *reflexo de andar.* Quando erguemos um recém-nascido e ficamos a segurá-lo nessa posição, com os pés tocando uma superfície dura, ele começa a fazer movimentos semelhantes a passos. A natureza desses movimentos pode indicar a maturidade da criança. O bebê prematuro "anda" nas pontas dos pés, enquanto o recém-nascido bem desenvolvido o faz apoiando-se nas plantas dos pés. Pode-se provocar num recém-nascido o *reflexo de nadar*, colocando-se seu abdome na água, enquanto se mantém sua cabeça bem apoiada, ou segurando-o no ar numa posição de estômago para baixo. O recém-nascido reagirá estendendo os braços e as pernas, dando a impressão de estar fazendo movimentos de natação. Na realidade, os recém-nascidos são freqüentemente capazes de nadar bastante bem durante curtos períodos, embora essa capacidade pareça ir diminuindo com o passar do tempo.

Alguns cientistas vêem uma relação entre certos reflexos inatos e a evolução dos seres humanos a partir de outros primatas. Por exemplo, quando a palma de um recém-nascido é estimulada por um objeto qualquer, como um bastão ou uma haste, a criança reage agarrando com força o objeto. A força por ela aí aplicada pode ser tão grande que o bebê será capaz de sustentar seu próprio peso durante um breve instante, se o bastão ficar suspenso no ar. O *reflexo darwiniano*, ou reflexo de agarrar, assemelha-se ao comportamento dos filhotes de macacos e outros primatas que se penduram com força ao pelo de suas mães. A *reação de Moro* é outro reflexo que parece encontrar paralelo entre os primatas não-humanos. Ocorre quando um recém-nascido é assustado por um ruído alto, ou por uma súbita mudança de posição: ele então arqueia as costas, estende os braços e os dedos e depois dobra os braços como em busca de auxílio. Na maioria das crianças, o reflexo de Moro desaparece por volta do sétimo mês. Quando persiste após o décimo mês de vida, poderá ser um indício de que o sistema nervoso da criança está prejudicado.

Outro reflexo, a *reação de Babinski*, pode ser observado quando se toca na sola do pé. O recém-nascido reage estirando e separando os artelhos e virando-os para cima. Mais tarde, essa mesma estimulação faz com que os artelhos se virem para dentro e não mais para cima. A reação de Babinski também deve diminuir por volta dos seis meses de idade. Sua persistência num bebê de mais idade pode ser um indício de lesão cerebral.

■ Percepção e capacidades sensoriais

Os órgãos dos sentidos de um recém-nascido normal já são capazes de perceber sinais vindos do ambiente. Todavia, a verdadeira percepção só ocorre quando o cérebro transforma esses sinais em informação útil. Essa distinção é importante. O recém-nascido vê, ouve, sente, percebe o gosto e o cheiro de muitas coisas, mas ele ainda não as percebe de fato porque seu cérebro ainda não é capaz de processar a informação.

Visão. Os recém-nascidos são sensíveis à luz e, logo depois do nascimento, a maioria dos bebês são capazes de acompanhar com os olhos objetos em movimento. Eles também parecem preferir as formas interessantes e os objetos que se assemelham ao rosto humano. A princípio, segundo parece, um recém-nascido só pode ver com clareza os objetos colocados a cerca de vinte centímetros de distância de seus olhos. Depois de um mês, os olhos do bebê começam a focalizar os objetos situados em outras distâncias e, por volta do quarto mês de vida, essa capacidade está bem desenvolvida.

Ouvido. A princípio, os recém-nascidos só reagem aos sons altos, mas eles aprendem logo cedo a reagir ao som de uma voz humana. Alguns começam a voltar a cabeça para a fonte do som pouco depois do nascimento.

Sentido do tato. Os recém-nascidos são sensíveis à dor, à pressão e aos toques. Aconchegá-los no colo produz um efeito calmante, enquanto uma dor provoca choro e agitação de todo o corpo. Os recém-nascidos também são sensíveis às mudanças de temperatura. Muitos se tornam mais ativos quando estão com frio, tentando aparentemente aumentar a temperatura de seu corpo.

Olfato e paladar. Os recém-nascidos reagem a certos odores mas não apresentam nenhuma reação a outros. Parecem perceber apenas os odores intensos como os da amônia e do vinagre. Isto implica no fato de que o sentido do olfato não está inteiramente desenvolvido por ocasião do nascimento. Reagem positivamente ao gosto adocicado do leite e negativamente aos que são muito pronunciados e amargos. Por outro lado, seu sentido do paladar parece pouco desenvolvido. Entretanto, por volta do segundo mês de vida, as papilas gustativas passam a determinar, pelo menos em parte, quais os alimentos que serão aceitos ou rejeitados.

■ Diferenças individuais

Esses padrões de comportamento são típicos da maioria dos recém-nascidos. Não obstante, eles não nos fornecem um guia muito rígido pelo qual nos possamos pautar, tomando-o como medida para todos os bebês. Cada criança é um indivíduo, e o comportamento humano varia desde o nascimento. Cada bebê nasce com um tipo peculiar de temperamento, produzido por uma interação única da hereditariedade e do ambiente pré-natal. Os recém-nascidos diferem quanto a seus índices de atividade, aos padrões de sono, à intensidade de suas reações, à interação com outros, à atenção e à sensibilidade aos estímulos. Embora, aparentemente, a maioria dos recém-nascidos apresentem certos padrões de comportamento comuns, o grau em que cada bebê exibe um padrão qualquer em particular depende de sua própria natureza individual.

Antes de passar adiante...

1. O que são fontanelas?
2. Como é que o médico sabe quando o bebê começa a respirar?
3. Por que é perigoso expor um recém-nascido a flutuações extremas de temperaturas?
4. Cite os cinco estados de atividade observados nos recém-nascidos.
5. O que é um reflexo?
6. Cite alguns reflexos precursores de futuras atividades.
7. O recém-nascido é sensível à luz logo depois do nascimento?

Respostas:

1. Fontanelas são pontos moles na cabeça de um recém-nascido, onde os ossos ainda não se soldaram.
2. Ao tomar sua primeira respiração, o bebê começa a chorar.
3. Porque os mecanismos que regulam sua temperatura ainda não estão inteiramente desenvolvidos.
4. Sono regular, sono irregular, sonolência, inatividade alerta, atividade de despertar e choro.
5. Reflexo é uma resposta involuntária a um estímulo.
6. Os reflexos de andar e nadar.
7. Sim. O recém-nascido freqüentemente fixa o olhar num objeto em movimento.

Revisão de Capítulo

DESENVOLVIMENTO PRÉ-NATAL E NASCIMENTO

---

1. O esperma masculino contém 46 cromossomos. Certo ou errado?
2. Um gene é (a) um grupo de proteínas, constituindo uma parte da cadeia do ADN; (b) uma secção da molécula de ADN, portadora de uma única instrução genética codificada; (c) um zigoto não-fertilizado; (d) um grupo de cromossomos.
3. Entre as características seguintes, qual é a não determinada por um gene dominante? (a) Tipo de sangue. (b) Cor dos olhos. (c) Cabelos louros. (d) Pressão arterial elevada.
4. Um caráter ____________ é determinado por dois ou mais pares de genes.
5. O sexo de uma criança é determinado pela mãe. Certo ou errado?
6. Os cromossomos X e Y são denominados (a) cromossomos modificadores; (b) cromossomos zigóticos; (c) cromossomos somáticos; (d) cromossomos do sexo.
7. Os gêmeos fraternos sempre se desenvolvem a partir de um único zigoto. Certo ou errado?
8. Estudos referentes aos gêmeos univitelinos indicam que (a) eles tendem a apresentar amplas diferenças de temperamento; (b) um gêmeo de cada par tende a apresentar propensões criminosas; (c) seu peso e sua altura são sempre iguais; (d) sua composição genética é sempre idêntica.
9. Qual dos caracteres seguintes parece ser menos afetado pelas influências ambientais? (a) Inteligência. (b) Características físicas (c) Comportamento. (d) Temperamento.
10. A opinião geral tende a acreditar que a inteligência é em grande parte determinada pelos fatores ____________________.
11. As mulheres que fumam muito dão à luz, freqüentemente, bebês pequeninos. Certo ou errado?
12. As pesquisas indicam que a composição cromossômica ________________ pode ter alguma relação com o comportamento criminoso.
13. Os reflexos de ___________ e de ____________ talvez sejam precursores de capacidades futuras. (a) Andar. (b) Nadar. (c) Sugar.
14. Um parto no qual a criança é expulsa com os pés ou as nádegas aparecendo em primeiro lugar é geralmente mais fácil para a mãe. Certo ou errado?
15. Os teratogênicos passam pelo crivo da placenta e ajudam a imunizar o bebê contra algumas doenças. Certo ou errado?
16. Entre as seguintes fases, qual não é uma fase de gestação? (a) Estágio embrionário. (b) Estágio fetal. (c) Estágio de diferenciação. (d) Estágio do ovo.
17. A doença do Rh ocorre porque (a) as células vermelhas do sangue da mãe atacam as células vermelhas do sangue da criança; (b) os antígenos da mãe atacam os anticorpos da criança; (c) a mãe desenvolve uma anemia de modo que não pode fornecer oxigênio suficiente para o feto; (d) nenhuma das opções acima.
18. Contrações brandas durante o quinto mês de gravidez constituem em geral um sinal de perigo. Certo ou errado?
19. Quando se considera perigoso o parto normal, pode-se recorrer a um método cirúrgico denominado operação ______________.
20. Os bebês nascidos antes de 37 semanas após a concepção são chamados prematuros. Certo ou errado?

21. O desempenho insuficiente das crianças que pesavam pouco ao nascer é freqüentemente devido a (a) deficiências inatas; (b) estimulação excessiva do aparelho sensorial; (c) falta de atenção adequada; (d) medicamentos destinados a estimular o aumento de peso.

22. As secreções temporárias nos recém-nascidos são provocadas por ______________ que atravessaram a placenta, passando da corrente sanguínea da mãe para a do bebê.

23. Neonato é (a) a mulher que acaba de dar à luz seu primeiro filho; (b) o médico que se especializa em partos; (c) um auxiliar não-profissional que presta assistência durante os partos; (d) um bebê de menos de um mês.

24. Mesmo antes de nascer, o feto possui o reflexo de sugar. Certo ou errado?

25. A resposta do recém-nascido aos estímulos indica o nível de desenvolvimento do (a) sistema respiratório; (b) sistema circulatório; (c) sistema digestivo; (d) sistema nervoso.

26. O reflexo de ______________ do recém-nascido ajuda-o a localizar a fonte do alimento.

27. O bebê assustado por um ruído alto reage arqueando as costas, esticando os dedos e dobrando os braços como se estivesse buscando alguém a quem se agarrar; esse reflexo é denominado (a) reflexo de agarrar; (b) reação de Babinski; (c) reação de Moro; (d) reflexo de empurrar as costas.

28. Descreva algumas das maneiras pelas quais a dieta insuficiente da mãe pode afetar o filho.

29. Por que é preferível utilizar o mínimo possível de drogas durante o trabalho do parto e a expulsão do feto?

30. Explique por que são necessárias as fontanelas.

Para encontrar as respostas, consulte a página 192.

Capítulo II

OS ANOS DA PRIMEIRA INFÂNCIA: DESENVOLVIMENTO FÍSICO

Idéias diretrizes:

- *As crianças geralmente seguem um padrão comum de desenvolvimento físico, obedecendo porém a seus próprios ritmos individuais.*
- *A criancinha aprende a controlar primeiro a cabeça, depois o tronco e os membros e finalmente os artelhos e os dedos.*
- *A maioria dos bebês são capazes de ficar em pé e andar aos quatorze meses mais ou menos.*
- *Os hábitos de sono e alimentação das criancinhas tornam-se muito mais estáveis durante o primeiro ano.*
- *Para o bebê, é importante passar pelas experiências de ser alimentado e manipulado.*
- *O desenvolvimento do bebê pode ser melhorado — ou retardado — pela nutrição, pelas influências culturais e por um treinamento especial.*

Módulo 7. CRESCIMENTO FÍSICO

O corpo de uma criança se desenvolve obedecendo a ritmos diferentes, de acordo com tabelas individuais geneticamente determinadas. Todavia, a seqüência do crescimento é a mesma para a maioria dos seres humanos. A primeira infância (os dois primeiros anos de vida) é o período de crescimento mais rápido. Comparando-se muitas crianças com antecedentes culturais semelhantes, em diferentes idades, pode-se traçar uma tabela normal de altura e peso em cada nível de idade. Esses padrões de altura e peso podem ter utilidade, permitindo avaliar se uma criança está crescendo normalmente; mas é importante lembrar que nenhuma criança obedecerá a eles fielmente. A faixa da normalidade é muito ampla. Os índices de crescimento variam de indivíduo para indivíduo, em cada cultura, e se alteram segundo melhorem ou se deteriorem as condições de vida. Uma criança que se afaste consideravelmente da média pode não obstante ser bastante normal quando se consideram os fatores hereditários e culturais.

■ Altura e peso

A forma e o tamanho do corpo são determinados em grande parte pela hereditariedade. A altura de uma pessoa, em particular, é uma característica herdada, suscetível de ser influenciada por fatores alimentares. Dessa maneira, os filhos de pais altos tendem a ser mais altos que os filhos de pais baixos. A tendência a ser gordo ou magro, provavelmente, também é herdada, mas o peso é suscetível de ser modificado por uma dieta, muito mais que a altura.

Uma alimentação adequada durante a primeira infância é essencial para o correto desenvolvimento físico e mental da criança. Entretanto, o excesso de alimentação pode ser tão nocivo quanto a escassez, e uma criancinha gorda não é necessariamente saudável. Uma alimentação excessiva durante a infância tem como resultado a produção de uma superabundância de células adiposas. Pesquisadores modernos acreditam que, uma vez formadas, essas células adiposas permanecem na pessoa pela vida afora, prontas para colher e armazenar toda a gordura que o corpo consome. Isso quer dizer que as pessoas gordas, quando crianças, podem vir a ter dificuldade para controlar seu peso mais tarde na vida, mesmo que sigam uma dieta rigorosa.

Pode-se esperar que uma criancinha, aos cinco meses, tenha dobrado o peso que tinha ao nascer; triplicado, ao completar um ano e quadruplicado aos dois anos e meio. Mais uma vez, entretanto, individualmente, as crianças apresentam variações consideráveis em torno dessa média. O Departamento de Saúde, Educação e Bem-Estar dos Estados Unidos empreendeu um Estudo da Alimentação em Dez Estados, entre 1968 e 1970. Os resultados dessa pesquisa provam que os índices de crescimento das crianças estão relacionados com fatores como raça, sexo e renda familiar, assim como com sua saúde física e emocional. Pesquisadores verificaram que os filhos de famílias com rendimentos mais elevados tendem a se tornar mais altos e mais pesados que as crianças mais pobres, provavelmente devido ao fato de receberem melhores cuidados. Verificaram também que as crianças que passaram por doenças prolongadas, ou tensões emocionais, ficam muitas vezes atrasadas em comparação com as crianças sadias, quanto aos índices de crescimento. Em média, o peso dos meninos é maior que o das meninas, e as crianças negras tendem a amadurecer mais cedo e a crescer mais que as crianças de outras raças, em grupos sócio-econômicos semelhantes.

■ Crescimento do esqueleto

Os ossos dos recém-nascidos são, na maioria, cartilagens. Existem espaços vazios entre muitos ossos, e essas falhas dão flexibilidade às articulações da criança. De modo que os bebês são capazes de se curvar de uma forma que pareceria difícil, ou quase impossível, para a maioria dos adultos — como levar os pés à boca, por exemplo. À medida que o bebê vai crescendo, os ossos se alongam e o tamanho das falhas diminui. Os ossos moles das criancinhas são facilmente deformados por pressões ou por carências de vitaminas. Uma ingestão deficiente de vitamina D, por exemplo, pode resultar uma doença conhecida pelo nome de *raquitismo*, na qual os ossos contêm muito pouco cálcio, não sendo, portanto, suficientemente fortes para suportar o peso da criança em crescimento. Os ossos de uma criança raquítica podem se curvar permanentemente, ficando fora de forma.

Os ossos vão endurecendo, ou *ossificando*, à medida que a cartilagem original vai sendo substituída pelo cálcio. A ossificação começa antes mesmo do nascimento e prossegue enquanto a criança vai amadurecendo. A ossificação correta do esqueleto exige uma dieta que contenha cálcio, fósforo e vitaminas em quantidades suficientes.

A ossificação não é a única alteração importante sofrida pelo esqueleto enquanto a criança está em fase de crescimento. A forma da espinha também deve se modificar; caso contrário, nunca poderíamos ficar eretos sobre os dois pés. Dentro do útero, a espinha adota uma forma semelhante à letra C, porque o corpo do feto fica todo dobrado. Depois do nascimento, quando a criança começa a respirar, a erguer a cabeça e a ficar deitada numa superfície reta, a espinha se endireita. Mais tarde, durante a primeira infância, a espinha começa a adquirir a forma de um S, quando o bebê aprende a sentar, a ficar em pé, e começa a andar.

As extremidades de vários ossos do crânio ficam superpostas quando a cabeça é moldada durante o parto, mas o crânio readquire sua forma original à medida que o cérebro vai crescendo. Os espaços entre os ossos do crânio (as fontanelas a que já nos referimos) ficam encobertos por uma dura membrana protetora. As fontanelas desaparecem gradualmente enquanto o crânio vai crescendo e os ossos se soldam. O índice de ossificação e de crescimento dos ossos varia de indivíduo para indivíduo. Os esqueletos das meninas tendem a se desenvolver mais depressa que os dos meninos; e as crianças negras tendem a ser mais adiantadas que as crianças de outras raças.

■ Dentes

O primeiro "dente de leite" da criança começa a se formar logo no início da gravidez, cerca de seis semanas após a concepção. Por ocasião do nascimento, eles já estão começando a endurecer mas, em geral, continuam inseridos nas gengivas. Geralmente, eles começam a aparecer ou a "romper" aos sete meses, mais ou menos (o dente da frente inferior tende a aparecer primeiro). Também nesse caso há enormes variações de indivíduo para indivíduo. Sabe-se de alguns bebês que nasceram com um dente, enquanto outros podem não ter ainda nenhum ao completar um ano de idade. O ritmo da erupção dos dentes não parece ter relação com os outros aspectos do desenvolvimento físico. Nas meninas, os dentes tendem a aparecer mais cedo que nos meninos; a dentição das crianças negras e orientais começa antes da dentição das crianças caucasianas.

■ Músculos e tecidos adiposos

Todas as fibras musculares se formam, provavelmente, no feto. Por ocasião do nascimento, os músculos são relativamente pequenos, mas eles crescem continuamente até a idade adulta, tanto em comprimento como em espessura. Os músculos próximos do cérebro são os primeiros a crescer, enquanto os dos membros se desenvolvem mais tarde. Esse padrão de desenvolvimento é conhecido com o nome de *seqüência cefalocaudal* (da cabeça para os dedos dos pés) e também se aplica ao desenvolvimento do corpo em conjunto. Segue-se, então, que os músculos mais próximos da cabeça serão os primeiros que os bebês aprenderão a usar quando fizerem movimentos voluntários. Os corpos dos meninos possuem uma proporção maior de tecido muscular que os das meninas. Estas, em contraposição, possuem mais células adiposas que os meninos. No decorrer dos primeiros nove meses de vida, os tecidos adiposos se espessam rapidamente. Depois disso, seu crescimento se torna mais lento até os cinco anos de idade, quando sua espessura será apenas metade do que era aos nove meses.

■ O cérebro

A maioria das células cerebrais dos seres humanos já estão formadas antes do nascimento. Todavia, depois do nascimento, as vias de comunicação entre essas células se tornam mais numerosas e mais complicadas. A princípio, o tronco cerebral e a medula espinhal exercem a maior influência sobre o comportamento. Como essas partes do cérebro são responsáveis pelo controle do comportamento involuntário, como a respiração, a digestão e o metabolismo, quase todas as atividades do recém-nascido são reflexas, como descrevemos anteriormente. À medida que o bebê vai crescendo, o córtex cerebral (a parte do cérebro que preside tanto aos movimentos voluntários como ao pensamento) passa a desempenhar um papel cada vez maior, e muitos reflexos desaparecem.

Antes de passar adiante...

1. Qual é o objetivo das tabelas que apresentam a altura e o peso médios?
2. Em geral, o excesso de alimentação durante a primeira infância não acarreta conseqüências. Certo ou errado?
3. Cite vários fatores que influem no índice de crescimento.
4. O raquitismo é provocado por ______________.
5. ____________ é o processo no qual os ossos se tornam mais duros.
6. Os músculos se desenvolvem obedecendo a uma seqüência da cabeça para os dedos dos pés. Certo ou errado?
7. A maioria das células cerebrais se formam durante o ______________.

Respostas:

1. Elas fornecem um guia para que se possa determinar se o crescimento está sendo normal.
2. Errado. Os bebês superalimentados desenvolvem um número excessivo de células adiposas e podem ficar permanentemente suscetíveis de pesarem demais.
3. Rendimentos, sexo, raça, saúde física e emocional.
4. Uma deficiência de vitamina D.
5. Ossificação.
6. Certo. É a chamada seqüência cefalocaudal.
7. Desenvolvimento pré-natal.

Módulo 8. DESENVOLVIMENTO MOTOR

À medida que o cérebro amadurece e o córtex cerebral se torna cada vez mais capaz de presidir aos movimentos, o bebê vai aos poucos adquirindo a capacidade de usar as diferentes partes de seu corpo. Não se pode ensinar aos bebês certas ações como sentar ou engatinhar antes de estarem suficientemente desenvolvidos o sistema nervoso central, os músculos e os ossos. As crianças começam a fazer novas coisas em idades diferentes, mas a seqüência do desenvolvimento motor é praticamente a mesma para todos os bebês.

Normalmente, o desenvolvimento se processa obedecendo a dois padrões. Já nos referimos à seqüência cefalocaudal, segundo a qual o desenvolvimento tem início perto do cérebro e prossegue descendo ao longo do resto do corpo. As crianças são capazes de acompanhar com os olhos um objeto em movimento antes de poderem virar a cabeça em direção ao mesmo; aprendem a erguer a cabeça antes de poderem estender os braços com um propósito deliberado; e usam seus braços e suas mãos deliberadamente antes de usarem as pernas e os pés.

O segundo padrão (denominado princípio *proximodistal*: do próximo para o distante) determina que o desenvolvimento também se processe da medula espinhal para fora. Os bebês aprendem a controlar o tronco (isto é, o tórax e a região abdominal) antes de poderem controlar os braços e as pernas; aprendem a controlar primeiro a parte superior dos braços e das pernas, depois os antebraços e a parte inferior das pernas e finalmente os artelhos e os dedos. De modo que um bebê pode estender os braços em direção a um objeto, antes de ser capaz de agarrar com as mãos, deliberadamente, esse objeto; e usa a palma da mão para agarrar antes de ser capaz de manipular os dedos. Cada nova habilidade depende do domínio da anterior.

Na maioria das discussões sobre o desenvolvimento da criança, estabelecem-se idades médias para a aquisição de novas habilidades. Essas médias, ou normas, podem desorientar os pais que se preocuparão se seu filhinho não chegar a um determinado estágio no momento esperado. Tal como acontece com o crescimento físico, é muito ampla a faixa normal de idades nas quais as crianças demonstrem novas habilidades.

O desenvolvimento das habilidades motoras depende da maturidade do sistema nervoso central, assim como do número de oportunidades de praticar cada nova atividade. Desde que o ambiente não seja indevidamente restritivo e que o cérebro e o corpo sejam saudáveis, toda criança começa a desempenhar uma atividade no momento em que está preparada para isso.

■ Controle da cabeça

Os bebês aprendem a controlar sua cabeça bem depressa. Criancinhas de um mês, e até mesmo muitos recém-nascidos, em geral, são capazes de erguer o queixo do colchão quando se encontram em posição de bruços (deitados sobre o estômago) e podem se esticar em direção ao seio ou à mamadeira que se estão aproximando. Aos dois meses, eles giram a cabeça em ângulos de cerca de 100 graus, podem erguê-la ao nível do corpo, quando deitados de barriga para baixo, e muitas vezes conseguem mantê-la erguida durante um breve espaço de tempo, quando são levantados e seguros em posição ereta. Os bebês de três meses podem erguer o tórax e os ombros, quando deitados de barriga para baixo, e sua cabeça vai ficando cada vez mais firme. Aos quatro meses, a cabeça do bebê geralmente se mantém firme e, logo depois, ele aprende a erguê-la quando está em posição supina (deitado de costas).

■ Manipulação

Por volta do terceiro ou quarto mês, os bebês começam a estender os braços para alcançar os objetos que se encontrem perto deles. A princípio, eles não poderão segurá-los com firmeza, mas aprendem logo a agarrar com as palmas das mãos. Aos quatro meses, a criança já pode conseguir apanhar alguns objetos, mas durante mais um ou dois meses, ela ainda não saberá abrir as mãos para deixar cair as coisas. Ficará segurando o objeto até que o mesmo seja afastado acidentalmente ou até que a mão se abra involuntariamente. Aos quatro meses, a criança movimenta os braços dirigindo-os para algo que ela esteja querendo alcançar; aos cinco meses, ela poderá dirigi-los diretamente para o objeto e agarrá-lo. Por volta dos seis meses de idade, os bebês aprendem a coordenar suas duas mãos e conseguem passar os objetos de uma mão para outra. Nessa idade, eles aprendem também a usar o polegar e o dedo indicador em contraposição, mas geralmente continuam incapazes de apanhar os objetos pequenos até os seis ou sete meses de idade. A falta de estimulação no ambiente pode retardar o aprendizado dessas habilidades. Os bebês que vivem em ambientes desinteressantes podem precisar de muito tempo para desenvolvê-las.

■ Virar-se

Os bebês começam a se virar quando adquirem algum controle sobre sua cabeça, seu tronco e suas pernas. Em geral, eles aprendem primeiro a se virar para o lado, a partir de uma posição de costas ou de bruços. Algumas crianças aprendem em seguida a virar da posição de bruços para a de costas, enquanto outras aprendem a mudar da posição de costas para a de bruços. Esse comportamento pode ter início desde os dois meses de idade, mas a faixa é muito variável: por volta dos cinco ou seis meses de idade, a maioria dos bebês são capazes de se virar completamente.

■ Sentar

Mais ou menos aos quatro meses os bebês podem ser colocados numa posição sentada durante breves períodos de tempo. Entre os cinco e os sete meses, eles geralmente podem ficar sentados, durante algum tempo, sem apoio, embora tendam a se inclinar para a frente, apoiando-se nas mãos. Nessa idade, eles podem ser colocados numa cadeira alta ou num carrinho, desde que fiquem presos por um cinto de segurança e tenham um apoio para as costas quando necessário. Aos oito ou nove meses aproximadamente, a maioria dos bebês são capazes de se colocar por conta própria numa posição sentada e de conservar essa posição durante períodos de tempo cada vez mais prolongados.

■ Engatinhar e rastejar

As crianças de seis meses podem girar em torno de si mesmas, apoiadas na barriga e fazer tentativas para engatinhar, isto é, para se arrastar, impelindo-se com os braços, com a barriga no chão e as pernas esticadas para trás. A princípio, elas podem se mexer em círculos ou mesmo impelir-se para trás; mas aos oito meses, em média, a maioria dos bebês conseguem engatinhar numa direção definida, para a frente. Em geral, nesse momento, eles já são capazes de se manter apoiados nas mãos e nos joelhos durante curtos períodos de tempo, balançando-se muitas vezes para a frente e para trás nessa posição. Entretanto, para que eles engatinhem apoiados nas mãos e nos joelhos, será preciso esperar mais algum tempo até que os músculos de seus braços e de suas pernas estejam mais fortes. Em geral, os bebês começam a engatinhar entre os nove e os dez meses de idade, e algumas semanas depois já podem ensaiar o "andar do urso", isto é, a engatinhar com as mãos e os pés, mantendo as pernas estiradas e afastadas do chão. Esse desenvolvimento varia muito de bebê para bebê. Há os que começam a engatinhar sem passar pelo estágio do rastejar; outros nunca engatinham indo diretamente para os estágios da posição em pé e do andar.

■ Andar

Antes de poder aprender a andar, os bebês precisam conseguir ficar de pé. Aos oito ou nove meses, muitos já conseguem se levantar agarrando-se a um móvel qualquer. Segue-se a isso a posição em pé, em geral quando a criança está com um ano aproximadamente, embora em algumas isso aconteça mais cedo ou então mais tarde. Depois disso, algumas podem começar quase imediatamente a andar, enquanto outras talvez esperem várias semanas antes de ensaiar os primeiros passos. Aos quatorze meses a maioria dos bebês já terão começado a andar, embora caiam com facilidade e cheguem até a desistir durante algum tempo. A princípio, acham difícil manter o equilíbrio, por isso andam com os pés muito separados e as mãos para cima. Depois de algum tempo, quando seus músculos já estão mais fortes e amadurecidos os seus sistemas nervoso e muscular, seu andar se torna mais coordenado. Sua nova mobilidade libera as mãos para a exploração e manipulação de objetos existentes à sua volta e que tinham estado antes fora de seu alcance.

Antes de passar adiante...

1. O desenvolvimento se processa a partir da medula espinhal para fora obedecendo à seqüência ________.
2. A cabeça é a primeira parte do corpo que o bebê aprende a controlar. Certo ou errado?
3. Um bebê de quatro meses ficará segurando um objeto mesmo depois de ter-se desinteressado do mesmo porque ________.
4. Que circunstância pode prejudicar o desenvolvimento da capacidade de se estender e agarrar.
5. Como rastejam e engatinham os bebês?
6. O rastejar sempre precede o engatinhar. Certo ou errado?
7. Por que as crianças que estão aprendendo a andar geralmente o fazem com os pés muito separados?

Respostas:

1. Proximodistal.
2. Certo. Os bebês de um mês de idade podem geralmente erguer a cabeça.
3. Porque ainda não aprendeu a relaxar e soltar o que tem na mão.
4. A falta de estimulação no ambiente.
5. Eles se arrastam apoiados na barriga, valendo-se dos braços para se impelir. Engatinham sobre as mãos e os joelhos.
6. Errado. Muitos bebês omitem completamente o estágio do engatinhar.
7. Porque isso as ajuda a manter o equilíbrio.

Módulo 9. NECESSIDADES FISIOLÓGICAS BÁSICAS

Tal como as outras pessoas, os recém-nascidos têm certas necessidades que precisam ser satisfeitas para que eles possam sobreviver. Sendo virtualmente indefesas, as criancinhas pessoalmente são muito pouco capazes de atender a essas necessidades, dependendo para isso de um ambiente favorável.

■ Oxigênio e regulação da temperatura

A necessidade de oxigênio é geralmente satisfeita através das reações da respiração involuntária. Algumas vezes, entretanto (sobretudo nos prematuros), o sistema respiratório pode não estar suficientemente desenvolvido para fornecer a quantidade adequada de oxigênio. Nesse caso, o bebê pode carecer durante algum tempo da ajuda de um aparelho respirador. O corpo do recém-nascido também é capaz de manter até certo ponto sua temperatura. Todavia, as glândulas sudoríparas podem não estar ainda capacitadas para refrescar o corpo e os tecidos adiposos talvez não sejam suficientemente espessos para dar uma proteção adequada, isolando-o do frio. De modo que os bebês precisam ser protegidos contra as temperaturas extremas.

■ Sono

Os recém-nascidos chegam a passar 80% do tempo dormindo. Todavia, eles raramente dormem durante mais de quatro ou cinco horas de cada vez — em parte porque ficam rapidamente com fome. Durante os três primeiros meses cada período de sono vai-se prolongando, diminuindo porém o número total de horas que os bebês passam dormindo. Um bebê de três meses pode dormir somente quinze horas por dia e com um ano mais ou menos a criança em geral passa tanto tempo dormindo quanto acordada.

Com o amadurecimento, o padrão de sono dos bebês se altera de outra maneira também. Os recém-nascidos passam 50% de suas horas de sono mergulhados no sono regular, e os outros 50% no sono irregular. Mais tarde, essa proporção se modifica e aos seis meses o sono irregular só predomina em 25% do tempo que passam dormindo. Como reagem menos à estimulação durante o sono regular, os bebês podem dormir mais profundamente e durante períodos mais prolongados à medida que vão amadurecendo.

A necessidade de sono varia de criança para criança. Algumas dão a impressão de precisar de mais sono que outras, e cada criança, individualmente, pode ter necessidades diferentes de sono de um dia para outro. É possível que um bebê consiga passar a noite toda dormindo antes de completar três meses de vida, mas também pode ser que só o faça depois dos sete meses ou mesmo mais tarde ainda.

É muito importante proporcionar aos bebês condições favoráveis ao sono para que eles possam obter um repouso ininterrupto. As crianças que não dormem durante todo o tempo de que precisam, podem se tornar irritadiças, propensas a sofrer acidentes, e mais suscetíveis de contraírem doenças. Embora a necessidade de sono ainda não tenha ficado inteiramente explicada, parece que o corpo utiliza esse tempo tanto para um trabalho de reconstituição de suas células como para armazenar energia para a atividade durante o tempo que passa desperto.

■ Alimentação

Uma das primeiras considerações relativas à alimentação do recém-nascido é a que diz respeito à forma como ele deve ser alimentado: ao seio ou com mamadeira. Nos Estados Unidos, a maioria dos bebês é alimentada com mamadeira, embora um número cada vez maior de mulheres esclarecidas esteja preferindo amamentar elas próprias seus filhos. O leite materno tem mais valor nutritivo para as crianças que o leite de vaca. Em parte, porque contém os anticorpos da mãe, contribuindo portanto para proteger os bebês contra doenças como a catapora, a escarlatina, a poliomielite, as alergias, a bronquite e outras infecções respiratórias. Alguns pesquisadores verificaram, além disso, que os bebês amamentados ao seio tendem a possuir dentes mais fortes e são menos propensos que os bebês criados com mamadeira a engordar demais.

Embora do ponto de vista físico seja melhor para o bebê amamentá-lo ao seio, é preciso considerar também as necessidades da mãe. Algumas mulheres acham incômodo e embaraçoso amamentar o filho. Quando se sentem forçadas a fazê-lo, elas podem se tornar angustiadas. Nessas circunstâncias, a amamentação pode criar uma situação tensa em lugar de se transformar numa experiência agradável e de relaxamento, aparentemente benéfica para os bebês.

Outro problema é o da necessidade de decidir se a criança deve ser alimentada sempre que o solicita, ou se é preciso obedecer a um horário. A alimentação regida por um horário tem como fundamento a convicção de que os estômagos dos recém-nascidos levam em média de três a quatro horas para se esvaziar depois de cada mamada. Na opinião de algumas pessoas, os bebês deveriam ser alimentados de quatro em quatro horas, demonstrem ou não estar com fome depois desse intervalo. Entretanto, o sistema digestivo dos bebês ainda não funciona de maneira regular. Por conseguinte, os pais que se atêm a um horário rígido de alimentação podem ter que suportar o choro de uma criancinha esfomeada cujo estômago se tenha esvaziado antes da hora marcada, ou então poderão se ver obrigados a acordar um bebê adormecido que não esteja revelando nenhum interesse pela mamada.

Os bebês alimentados quando o solicitam são amamentados sempre que demonstram sinais de fome e podem parar assim que dão a impressão de estarem satisfeitos. Segundo parece, os recém-nascidos amamentados sempre que estão com fome, depois de algum tempo começam a regularizar seu próprio ritmo. Com o progressivo aumento da capacidade de seus estômagos, eles passam a ingerir de cada vez maiores quantidades de alimento, tornando-se assim capazes de prolongar os períodos de intervalo entre as mamadas. Os pais podem então ajudar os bebês a espaçar as mamadas para ajustá-las aos horários dos adultos. Por exemplo, podem protelar temporariamente a apresentação do alimento quando o bebê não se mostra extremamente impaciente para recebê-lo — podem distraí-lo, talvez, envolvendo-o em alguma atividade interessante. Desde que não se permita que o bebê fique por demais inquieto, ele há de aprender a se sentir garantido e não lhe será muito difícil habituar-se a um esquema regular de alimentação.

Quer se obedeça a um esquema de horário ou de solicitação, o importante é que o bebê tenha prazer em ser alimentado. A alimentação dada numa situação agradável beneficia a criança de diversas maneiras. Se receber o alimento em quantidade suficiente, ela ficará satisfeita e aprenderá a associá-lo a um prazer. Desta maneira, há de comer bem e assim receberá os nutrientes de que necessita para sua saúde e seu desenvolvimento adequado. Se a criança sentir que a seguram carinhosamente durante as mamadas, sua primeira ligação social será cordial e positiva, e se a alimentação lhe for dada dentro de um lapso de tempo razoável depois que ela começa a sentir fome e a chorar, ela aprenderá a confiar nas pessoas que cuidam dela. Por outro lado, se as horas das refeições forem tensas e desagradáveis, a criança pode ingerir uma quantidade de alimento menor que a necessária e neste caso seu desenvolvimento será prejudicado. Se o alimentarem constantemente através de uma mamadeira sustentada por um arrimo qualquer, não será atendida sua necessidade de um contato corporal com uma outra pessoa, e se as mamadas forem retardadas durante longos períodos, as tensões provocadas pelo desconforto da fome irão se somando e farão com que ela se torne angustiada.

Em nossa cultura, a maioria dos pediatras recomendam que a dieta láctea do bebê seja complementada com outros alimentos desde uma tenra idade. Em sua opinião, quanto mais cedo as crianças se habituarem a receber alimento em colheres e xícaras e a ingerir alimentos de várias consistências, menos difícil lhes será desistir do seio ou da mamadeira. Os adultos devem observar os bebês, a fim de obterem indícios que os ajudem a determinar quando eles estão prontos para experimentar outros tipos de alimento e novas maneiras de comer. Quando forçados a comer com uma colher antes de satisfeita sua necessidade de sugar, ou se obrigados a comer mais do que desejam, os bebês podem desenvolver uma atitude negativa com relação à alimentação.

■ Desmama

Desmama é a transição do seio ou da mamadeira para a xícara e para a ingestão de alimentos sólidos. A desmama pode ser feita de uma maneira gradativa. Em nossa cultura, ela geralmente começa quando se passa a apresentar à criancinha, ainda muito nova, cereais cozidos ou sucos de frutas. Como são naturalmente curiosos, quase todos os bebês estão dispostos a experimentar alimentos diferentes. Todavia, é melhor satisfazer sua fome inicial e sua necessidade de sugar permitindo que eles mamem algum tempo antes de alimentá-los com uma colher. Quando se oferece um alimento sólido pela primeira vez, esse alimento deve ser dado em quantidade muito pequena. Essa quantidade será aumentada ligeiramente, dia a dia. Isto permite que a criança se habitue gradualmente ao novo paladar. Permite também que a mãe observe as possíveis reações alérgicas antes que as mesmas se tornem graves.

O instinto da sucção é mais forte e dura mais tempo em alguns bebês que em outros. Em geral, a desmama não constitui nenhum problema quando a xícara é apresentada à criança e esta demonstra estar preparada, e desde que o seio ou a mamadeira sejam substituídos gradativamente. As dificuldades surgem quando a criança é forçada a deixar de sugar antes de estar pronta para isso, ou se lhe permitem mamar durante tanto tempo que ela se torne apegada demais ao bico da mamadeira.

Os pais e outras pessoas que cuidam das crianças se preocupam muitas vezes quando a dieta das mesmas não parece bem equilibrada. Verifica-se, porém, que às crianças a quem é apresentada uma ampla variedade de alimentos nutritivos pode-se dar o direito de escolher o que e quanto comer. Fez-se um estudo e observou-se que os bebês escolhiam as quantidades certas de proteínas, hidratos de carbono, gorduras, sais minerais e vitaminas sempre que lhes era permitido escolher. (Não nos disseram o que lhes acontecia quando cresceram e tiveram idade bastante para ouvir as propagandas pelo rádio!) Desde que lhes seja dada a oportunidade de ingerir um alimento qualquer de cada um dos quatro grupos básicos (carne e laticínios, pão e cereais, frutas e vegetais), as crianças estarão provavelmente bem alimentadas.

Antes de passar adiante...

1. O período médio de sono de um recém-nascido é de cerca de ______________.
2. Os recém-nascidos acordam após um breve lapso de tempo porque seu sono é irregular. Certo ou errado?
3. De que maneira se modifica o padrão de sono enquanto a criança vai amadurecendo?
4. ______________ pode fazer com que os bebês se tornem irritadiços e propensos a acidentes.
5. O leite humano protege os bebês ______________.
6. Num esquema de alimentação, o bebê estabelece seu próprio padrão de alimentação. Certo ou errado?
7. O que é a desmama?

Respostas:

1. Quatro a cinco horas.
2. Errado. Eles acordam porque estão com fome.
3. Levam mais tempo no sono regular e menos tempo no sono irregular.
4. Sono insuficiente.
5. Fornecendo imunidade contra certas doenças.
6. Errado. Os pais estabelecem o padrão de alimentação e o bebê deve adaptar-se a ele.
7. A desmama é a transição da alimentação ao seio ou mamadeira para o alimento sólido.

Módulo 10. INFLUÊNCIAS SOBRE O DESENVOLVIMENTO FÍSICO

Em condições normais, não se faz necessário ensinar novas habilidades às criancinhas. Elas são aparentemente dotadas de um impulso inato para passar de um estágio do desenvolvimento para o seguinte. Por vezes, entretanto, um ambiente restritivo é capaz de impedi-las de progredir. A má nutrição ou alguma doença também podem interferir no desenvolvimento. Por outro lado, um treinamento especial ou tendências herdadas podem ser responsáveis pelo desenvolvimento precoce de algumas crianças em certos níveis de idade.

■ Ambiente

Tem-se verificado que os bebês que vivem em instituições desinteressantes onde só recebem os cuidados mínimos têm seu desenvolvimento motor retardado. Uma pesquisa demonstrou que os bebês privados de estímulos visuais interessantes não começam a estender as mãos para agarrar as coisas antes dos cinco meses, mais ou menos. Outros bebês, recolhidos a instituições, aos quais foi dada uma estimulação extra, sob forma de móbiles e de uma maior atenção por parte dos adultos, começam a fazê-lo por volta do terceiro mês.

Outra série de estudos envolvendo crianças recolhidas a três instituições, apresentou efeitos ainda mais surpreendentes. As crianças de duas dessas instituições só eram manipuladas quando estavam sendo lavadas e trocadas as suas roupas. Eram alimentadas por meio de mamadeiras escoradas enquanto elas permaneciam deitadas de costas em berços sem nenhum enfeite. Eram raramente colocadas de barriga para baixo, não eram nunca amparadas de modo a ficarem numa posição sentada, e não podiam ser retiradas do berço antes de poderem se sentar sozinhas. Essas crianças só começaram a sentar quando já tinham quase dois anos. Nunca aprenderam a engatinhar; em lugar disso, elas se movimentavam numa posição sentada. Tendo sido raramente colocadas numa posição inclinada, não tiveram a oportunidade de fortalecer os músculos, indispensáveis para se arrastarem e engatinharem.

As crianças da terceira instituição receberam atenção especial de adultos que delas cuidavam. Eram carregadas enquanto estavam sendo alimentadas, eram viradas de barriga para baixo e escoradas para que pudessem ficar sentadas durante algum tempo todos os dias; tinham, além disso, brinquedos para manipular. Aprenderam, assim, a sentar aos nove meses, em média. A essas crianças também foi dado mais espaço para que pudessem se movimentar e elas aprenderam a se arrastar e engatinhar na idade normal.

■ Subnutrição

As crianças subnutridas na primeira infância podem ter seu desenvolvimento físico e mental retardado. Além disso, elas não terão provavelmente a possibilidade de recuperar o tempo perdido, mesmo que mais tarde na vida sua dieta seja melhorada. O tipo mais comum de subnutrição — deficiência de proteínas — pode ter como resultado uma diminuição do crescimento, uma falta de imunidade às doenças e um cérebro de menor tamanho.

Um médico estudou algumas crianças chilenas seriamente subnutridas desde o nascimento e provavelmente mesmo antes de nascerem. Mesmo depois de receberem cuidados médicos intensivos, essas crianças foram incapazes de alcançar o nível de desenvolvimento normal em sua idade. Sua cabeça e seu cérebro eram muito menores que os das crianças da mesma idade que haviam sido bem alimentadas. Quase todas as crianças subnutridas tinham seu desenvolvimento gravemente retardado, embora algumas tivessem conseguido executar tarefas simples depois de um treinamento especial. Essas crianças chilenas sofriam os efeitos irreversíveis da deficiência de proteínas.

■ Influência cultural e raça

As crianças africanas parecem nascer num estágio de desenvolvimento mais avançado que as européias, e durante seu primeiro ano de vida elas continuam a amadurecer mais depressa. Quando foram submetidos aos testes, os bebês de Uganda provaram que podiam sentar, ficar em pé, andar e usar as mãos para manipular mais cedo que a média das crianças não africanas. Os bebês negros americanos tendem igualmente a adquirir as habilidades motoras mais cedo que as crianças caucasianas durante o primeiro ano de vida.

Pode-se admitir que essa precocidade se deva, em parte, à hereditariedade. Mas talvez o tratamento diferente dado às crianças negras africanas e americanas também contribua para seu maior desenvolvimento motor. Por exemplo: os bebês ugandenses eram freqüentemente carregados às costas de suas mães numa posição sentada, ficando suas cabeças sem apoio. Essas crianças conseguiam manter as cabeças direitas e firmes e se sentar sem nenhum apoio com menos idade que as crianças negras não africanas.

Da mesma forma, um estudo em que foram comparadas crianças de Zâmbia e dos Estados Unidos provou que os bebês zambenses prestavam mais atenção aos estímulos que os americanos. Embora as crianças zambenses fizessem menos pontos num teste para medir sua capacidade de reagir logo depois do nascimento, verificou-se que dez dias depois os bebês americanos formavam o grupo dos que reagiam menos. Os pesquisadores chegaram à conclusão de que os bebês zambenses eram beneficiados pela atenção constante, pela estimulação e pelo contato corporal com suas mães.

Essa maior capacidade motora talvez não se manifestasse se as técnicas usadas na maneira de criar as crianças fossem modificadas. Quando os bebês de Uganda foram alimentados de acordo com um horário e não mais quando o solicitavam, e ficaram deitados em berços em lugar de serem carregados às costas de suas mães, os progressos que apresentaram não foram iguais aos dos outros bebês ugandenses criados segundo a maneira tradicional. Em outro estudo, verificou-se que um grupo de crianças negras americanas, às quais foi concedido espaço suficiente para se moverem livremente, tinha um corportamento mais precoce que o de outras crianças negras cuja atividade havia sido cerceada. Parece, assim, que as vantagens de desenvolvimento só se manifestam num ambiente que seja favorável à sua manifestação.

■ Treinamento

Ficou experimentalmente provado que um treinamento especial pode cultivar certos comportamentos motores numa idade abaixo da média. Quando um de dois gêmeos univitelinos de dez meses foi treinado para subir escadas e o outro não, verificou-se que o gêmeo treinado foi capaz de realizar a tarefa enquanto o não treinado não o pôde fazer. Mas quando ambos completaram um ano, o gêmeo que não tivera nenhuma experiência anterior em subir escadas foi capaz de dominar a tarefa muito mais depressa que o gêmeo que recebera o treinamento dois meses antes. O gêmeo treinado aos dez meses precisou de seis semanas para aprender a executar bem a tarefa, enquanto o treinado com um ano de idade aprendeu-a igualmente bem com apenas duas semanas de prática. Isso indica que a perfeição de uma habilidade motora depende tanto da maturidade física quanto da oportunidade de praticá-la.

Outra experiência demonstrou que, estimulando-se diariamente durante um período de seis semanas o reflexo de andar de crianças muito novas, as mesmas tendem a andar mais cedo que os bebês que não tenham recebido essa estimulação. Dá isso a entender que as respostas inatas, como o reflexo de andar, têm mais valor do que se tem imaginado para promover a mobilidade.

É possível que, se forem mais exercitadas e se receberem maior estímulação para os reflexos precursores de atividades posteriores (dar passos, engatinhar, agarrar e os reflexos de nadar), os bebês poderão ter um desenvolvimento físico superior.

Antes de passar adiante...

1. Algumas crianças apresentam um atraso em seu comportamento de estirar o braço para agarrar, porque ________________________.
2. De que outras maneiras pode ficar retardada uma criança cujos movimentos ficam severamente restritos?
3. A hereditariedade parece ser o único fator responsável pelo adiantamento do desenvolvimento motor dos bebês africanos. Certo ou errado?
4. As capacidades motoras superiores podem ser diminuídas por __________________.
5. ________________________ pode cultivar o adiantamento das capacidades motoras.
6. O desenvolvimento da capacidade motora é sempre igual nos dois membros de um par de gêmeos. Certo ou errado?
7. Quais são os dois determinantes importantes da capacidade de aprender uma nova habilidade?

Respostas:

1. Falta-lhes uma estimulação visual.
2. Ela pode não aprender a sentar, engatinhar ou andar numa idade normal.
3. Errado. A estimulação extra também constitui um fator.
4. Um ambiente restritivo.
5. Um treinamento especial.
6. Errado. Seus índices de desenvolvimento podem variar muito.
7. A maturidade física e a oportunidade de praticar.

Revisão de Capítulo

OS ANOS DA PRIMEIRA INFÂNCIA: DESENVOLVIMENTO FÍSICO

---

1. O peso de um bebê pode ser mensalmente previsto com precisão durante os dois primeiros anos de vida. Certo ou errado?
2. A hereditariedade é o único fator que determina o desenvolvimento físico de uma criança. Certo ou errado?

3. Por volta do final do ______________ mês de vida, a criança média pesa duas vezes mais que ao nascer.

4. O desenvolvimento de um número anormalmente grande de células ______________ numa criança superalimentada pode lhe tornar difícil a perda de peso quando ela se tornar adulta.

5. O raquitismo é uma doença da infância caracterizada por uma insuficiência de cálcio nos ossos e pela fraqueza do esqueleto. O raquitismo pode ser devido a uma deficiência de vitamina (a) A; (b) B_{12}; (c) C; (d) D.

6. A coluna vertebral do feto tem a forma de ______________. Após o nascimento, ela vai adquirindo aos poucos a forma de ______________.

7. A formação dos dentes começa pouco depois do nascimento. Certo ou errado?

8. A musculatura da cabeça do bebê é muito mais desenvolvida que a do tronco ou dos membros. Temos aí um exemplo de um padrão geral de desenvolvimento denominado (a) mobilização funcional; (b) seqüência cefalocaudal; (c) recrutamento serial; (d) mecânica.

9. Os músculos mais próximos do eixo espinhal se desenvolvem mais cedo, enquanto os mais distantes do mesmo se desenvolvem mais tarde. Este padrão é denominado princípio ______________.

10. A maioria dos bebês não é capaz de erguer as cabeças de uma posição supina antes do (a) segundo mês; (b) terceiro mês; (c) quarto mês; (d) quinto mês.

11. Uma variedade muito grande de objetos que pertencem ao ambiente de uma criança favorece o desenvolvimento da destreza manual. Certo ou errado?

12. Embora algumas crianças sejam capazes de rolar sobre si mesmas aos dois meses, a maioria só o consegue fazer quando chega ao ______________ mês de vida.

13. Uma criancinha deve saber arrastar-se e depois "andar de gatinhas" antes de ser capaz de ficar em pé e andar. Certo ou errado?

14. Em média, as crianças aprendem a ficar em pé sozinhas quando chegam aos ______________ de idade e poucas semanas depois dão seu primeiros passos.

15. Embora os recém-nascidos passem a maior parte do tempo dormindo, eles acordam com freqüência devido (a) ao barulho; (b) à estimulação tátil; (c) à perda de calor; (d) à fome.

16. Um bebê amamentado ao seio pode ficar protegido contra certas doenças às quais sua mãe é imune, graças à ingestão dos ______________ que se encontram no leite materno.

17. Se um bebê é alimentado sempre que dá mostras de estar com fome e até parecer saciado, com o passar do tempo ele há de querer ser alimentado freqüentemente. Certo ou errado?

18. A transição da amamentação ao seio ou com mamadeira para a alimentação líquida contida numa xícara e para o alimento sólido é conhecida com o nome de ______________.

19. Um dos motivos para a introdução gradativa de novos alimentos é permitir que haja tempo suficiente para observar as possíveis reações alérgicas. Certo ou errado?

20. Quando lhes são oferecidos diversos alimentos nutritivos, quase todas as crianças escolhem alimentos (a) que contenham hidratos de carbono; (b) que apresentem proteínas; (c) que sejam deficientes em vitaminas e sais minerais; (d) que sejam nutritivamente equilibrados.

21. A tendência da criança a estender o braço e a se movimentar tem pouca relação com a atenção que lhe dão os adultos. Certo ou errado?

22. A deficiência de proteínas na dieta de uma criança pode ter como resultado (a) tamanho pequeno; (b) redução na capacidade de aprender; (c) sensibilidade a doenças; (d) todas as alternativas anteriores.

Capítulo III

OS ANOS DA PRIMEIRA INFÂNCIA: DESENVOLVIMENTO COGNITIVO

Idéias diretrizes:

- *Todas as crianças passam pela mesma seqüência de etapas ao aprenderem a pensar e a falar. A idade em cada etapa varia de indivíduo para indivíduo.*
- *Há aprendizado quando uma criança estabelece um novo comportamento, ou modifica um comportamento antigo, respondendo a uma nova experiência.*
- *Os bebês usam sua voz desde o instante em que nascem, mas não recorrem à fala para comunicar antes de um ano de idade, aproximadamente.*
- *O ambiente doméstico tem uma importância crucial para o desenvolvimento cognitivo entre as idades de dez e dezoito meses.*

Módulo 11. OS PROCESSOS BÁSICOS DO APRENDIZADO

Aprendizado é o estabelecimento de um novo comportamento, ou a modificação de um comportamento antigo para responder a uma experiência ambiental. Mas nem todos os comportamentos resultam de um aprendizado. A princípio, o comportamento do bebê é determinado sobretudo pelos reflexos inatos. Os recém-nascidos não precisam aprender a sugar quando é colocado um bico em suas bocas. Eles respondem naturalmente ao *estímulo incondicionado* do bico através da *reação incondicionada* (reflexo inato) da sucção. À medida que vão amadurecendo, os bebês adquirem muitos comportamentos novos. Por exemplo: eles aprendem sozinhos a rolar sobre si mesmos. Considera-se que houve um aprendizado quando uma resposta semelhante à reação incondicionada é produzida por um estímulo diferente, que tenha estado associado ao estímulo incondicionado.

■ Condicionamento clássico

Condicionamento clássico é uma das formas mais simples e fundamentais de aprendizado. Suponhamos que um estímulo novo ou neutro (*estímulo condicionado*), como a mãe ou a mamadeira por exemplo, seja repetidamente apresentado juntamente com um estímulo incondicionado, como o bico. O estímulo neutro começa bem depressa a produzir a mesma resposta (sucção) que o estímulo incondicionado original. De modo que a sucção à vista da mãe ou da mamadeira é uma *resposta condicionada*. Toda resposta inata (não-aprendida) pode se tornar condicionada. Vale dizer: pode ser associada a um acontecimento ou objeto que anteriormente não teria produzido essa resposta. Existem algumas provas de que pode haver um condicionamento pré-natal do feto.

As experiências mais famosas com o condicionamento clássico foram realizadas com cães pelo psicólogo russo Ivã Pavlov. Os cães salivam normalmente quando estão comendo. Pavlov tocava uma sineta todas as vezes que apresentava comida a seus cães. Depois de repetir diversas vezes esse procedimento, Pavlov tocou a sineta mas reteve a comida. Não obstante, os cães reagiram ao som da sineta salivando, apesar de não haver nenhum alimento presente. Eles tinham aprendido a ligar o estímulo condicionado da sineta à reação da salivação.

Uma experiência com um grupo de recém-nascidos provou que o aprendizado começa logo na primeira semana de vida. A resposta inata do roçar do bico ou mamilo sobre os lábios é começar a sugar. Um pesquisador tocava uma campainha imediatamente antes de ser colocado o bico na boca de cada bebê. Depois de cinco dias de associação da campainha com o bico, a maioria dos bebês incluídos na experiência reagia ao som da campainha fazendo movimentos de sucção mesmo que o som não fosse mais acompanhado da apresentação do bico.

■ Condicionamento operante

Condicionamento operante é outro tipo de aprendizado que implica no estabelecimento de uma conexão entre um estímulo e uma resposta. Mas o condicionamento operante difere do condicionamento clássico. Neste último, a resposta é automaticamente *suscitada* pelo estímulo incondicionado. No condicionamento operante, por outro lado, a resposta é *emitida* pelo indivíduo. Ela não é suscitada por um estímulo específico.

O aprendizado operante ou *instrumental* depende das conseqüências produzidas pela resposta. O *reforço* está relacionado com uma conseqüência (estímulo) que fortalece a resposta. Se a uma resposta segue-se um estímulo que aumenta a probabilidade de que essa resposta volte a ocorrer, esse estímulo é uma recompensa *reforçadora positiva.* Por exemplo: quando se oferece um copinho de sorvete a uma criança por ter comido todo o seu jantar, o copinho de sorvete constituirá um reforçador positivo se a criança, futuramente, se mostrar mais propensa a terminar suas refeições.

Quando uma resposta vem depois de um estímulo desagradável, eliminando ou extinguindo o estímulo, e a resposta fica por conseguinte reforçada, esse estímulo é um *reforçador negativo*. Quando uma criança encosta num forno quente, ela retira bem depressa a mão, extinguindo o estímulo desagradável. Futuramente, ela há de retirar a mão ainda mais rapidamente, ou mais provavelmente evitará por completo o forno. Nesse caso, o forno quente agiu como reforçador negativo.

O *castigo* é um estímulo aversivo (que provoca oposição) e é aplicado depois da exibição de um comportamento inadequado. Recorre-se ao castigo para suprimir ou enfraquecer a resposta indesejável. Sendo os reforços, por definição, destinados a fortalecer um comportamento, o castigo não é um reforço. Observe-se que, de modo geral, quando se trata de modificar um comportamento, o castigo é menos eficaz que o reforço positivo ou negativo.

Os comportamentos indesejáveis por vezes se desenvolvem porque são inadvertidamente recompensados. Isto pode acontecer com o comportamento do choro. Se os bebês são embalados (reforço positivo) somente quando choram, eles aprendem a chorar com mais freqüência para conseguir o que querem. Mas se o sorriso é recompensado com demonstrações suplementares de afeto, a maioria dos bebês aprende a sorrir mais freqüentemente.

Grande parte do que sabemos a respeito do condicionamento operante se baseia no trabalho do psicólogo B. F. Skinner. Skinner ensinou alguns ratos a fazer pressão sobre uma determinada trave para conseguir comida. A princípio, Skinner esperava que os ratos apertassem a trave acidentalmente. A resposta aprendida pode ser acelerada, quando se modela a resposta usando a técnica das aproximações sucessivas. Neste tipo de abordagem, o sujeito vê reforçada cada uma de suas respostas (por exemplo, aproximação da trave, tocar na trave) que se aproximam da resposta final desejada. Quando comprime a trave, o rato é imediatamente recompensado recebendo o alimento. Esta recompensa fortalece a resposta da compressão da trave.

Um outro tipo de aprendizado se baseia na imitação. As crianças muito novas só podem imitar os atos que elas já são capazes de executar. Mas, à medida que amadurecem, elas copiam muitas vezes atos que não haviam ainda executado. Aprendem dessa maneira novos comportamentos. As crianças são mais propensas a imitar o comportamento das pessoas com quem se identificam (irmãos e outras crianças) e o dos que são para elas importantes (pais e outras pessoas que delas cuidam). Raramente copiam o comportamento de estranhos. Também se mostram mais dispostas a imitar as ações de outrem quando esperam obter recompensas pela resposta. Numa pesquisa, as crianças assistiram a filmes de pessoas que se mostravam agressivas. O primeiro filme mostrou um modelo cujo comportamento foi recompensado; no segundo filme o modelo foi castigado e no terceiro não houve recompensa nem castigo. As crianças imitaram com mais freqüência as ações que haviam sido recompensadas do que aquelas que não haviam acarretado nem castigo nem reforço.

Uma vez estabelecida uma associação entre um estímulo ambiental e uma resposta, o aprendizado pode ser *generalizado* a outros estímulos semelhantes. Por exemplo: se um bebê aprende a estender o braço para agarrar uma mamadeira de vidro contendo leite, ele provavelmente fará o mesmo gesto para agarrar uma mamadeira de plástico com leite desde que a forma e o tamanho da mesma não sejam muito diferentes dos da mamadeira a que ele está habituado. Quanto mais semelhante seja o novo estímulo ao original, maior a probabilidade de que a resposta seja generalizada.

A criança pode reagir inicialmente diante de todo animal chamando-o "gato" por ter generalizado esse termo de modo a incluir todo animal que se assemelhe a um gato. Entretanto, ela acabará aprendendo a distinguir o que é realmente um gato do que não é. Através do processo de *discriminação*, as crianças aprendem a reagir diferentemente a estímulos semelhantes, porém distintos.

Quando recebem *reforços primários*, tais como alimento ou carinho, as crianças muito novas aprendem com extrema facilidade. Seu aprendizado é melhor quando suas necessidades básicas são imediatamente atendidas. Mais tarde na vida, os *reforços condicionados* ou secundários podem substituir os primários. Reforços primários são estímulos dotados de um valor inato para o sujeito e que atendem a necessidades básicas também inatas. O valor dos reforços condicionados advém de sua associação com os reforços primários. Assim, uma moeda toma o lugar de uma bala quando uma criança aprende que pode comprar balas com moedas. E as notas boas na escola se transformam em reforços quando associadas à aprovação dos pais.

A esquematização do reforço constitui uma parte importante do aprendizado instrumental. Para estabelecer rapidamente um comportamento desejado, é preciso que ele seja recompensado sempre que ocorrer. Se as recompensas forem subitamente suspensas, o comportamento se extinguirá rapidamente. Depois de aprendido o comportamento, as recompensas podem ser dadas intermitentemente (isto é, de duas em duas ou de três em três vezes) e em seguida apenas ocasionalmente. A criança poderá finalmente executar a resposta centenas de vezes antes de receber o reforço.

Antes de passar adiante...

1. A que damos o nome de aprendizado ocorrente quando um reflexo se torna associado a um novo estímulo?
2. Quem ensinou os cães a salivar ao ouvir uma sineta?
3. O reforço desempenha um papel importante no aprendizado ________ e ________.
4. O que é reforço positivo?
5. Qual o tipo de comportamento mais suscetível de ser imitado pelas criancinhas?
6. Que nome daria você ao comportamento de uma criança que chamasse todos os homens de "papai"?
7. Como pode um comportamento ser reforçado de modo a durar muito tempo?

Respostas:

1. Condicionamento clássico.
2. Ivã Pavlov.
3. Clássico; operante.
4. Um estímulo que aumente a freqüência da resposta produzida por esse estímulo.
5. O comportamento de pessoas que tenham algum significado, ou o comportamento percebido como produtor de uma recompensa.
6. Generalização.
7. O reforço pode ser retirado gradativamente, a fim de prolongar o hábito.

Módulo 12. DESENVOLVIMENTO DA INTELIGÊNCIA NA PRIMEIRA INFÂNCIA

A teoria mais geralmente aceita a respeito da maneira como se desenvolve a inteligência na infância é a proposta pelo psicólogo suíço Jean Piaget. Piaget observou seus três filhos e foi nessas observações que baseou suas teorias. Muitas pesquisas subseqüentes, feitas por outros cientistas que trabalharam com grupos maiores de crianças, confirmaram suas descobertas. Piaget encara o aprendizado como uma função da interação entre o nível de maturidade de uma criança e o ambiente. Toda criança passa por uma seqüência de estágios no aprendizado e cada um deles é um prosseguimento do anterior. Todas as crianças passam por esses estágios na mesma ordem, variando porém de indivíduo para indivíduo a idade em que tem início cada um deles.

Nos primeiros anos da década de 1920, Piaget começou a observar as crianças muito novas como parte de um estudo mais extenso, *Biologia e Conhecimento*. Naquela época, a maioria dos pesquisadores considerava a criança como um adulto em miniatura. Julgavam que as percepções das crianças — embora imperfeitas — fossem basicamente idênticas às percepções dos adultos. Piaget pautou seus exames por um método clínico recém-concebido: propondo perguntas abertas e ouvindo as respostas sem nenhuma idéia preconcebida. Desse modo, as "respostas erradas" que elas lhe davam permitiram-lhe descobrir que as crianças tinham maneiras de olhar para o mundo fundamentalmente diferentes das dos adultos. Este conhecimento levou Piaget a construir sua teoria dos estágios cognitivos no processo de aprendizado de uma criança.

Piaget qualificou os dois primeiros anos de desenvolvimento intelectual de *período sensório-motor*. Durante esse período a criança é governada sobretudo pelos cinco sentidos e pelo crescente controle sobre as respostas motoras. Antes dos dois anos de idade, as crianças têm uma compreensão muito pequena da linguagem e dos símbolos. Quase todas elas estão interessadas em manipular seus próprios corpos e em usar todos os seus sentidos para testar as possibilidades dos objetos que encontram. Elas lidam com o concreto, porque sua capacidade de compreender idéias ou princípios ainda não está desenvolvida. Até bem depois de terem entrado no segundo ano de vida, o comportamento adotado pela maioria das crianças para resolver os problemas é o que se realiza através de experiências e erros. Para ser compreendido, tudo precisa ser experimentado. Mas quando vão chegando ao fim do ano, as crianças já são capazes de resolver mentalmente os problemas simples. Começam a visualizar ou imaginar as conseqüências de suas ações, e a relacionar as experiências passadas a novas situações.

O conceito piagetiano de crescimento cognitivo como adaptação ao ambiente gira em torno de diversas suposições básicas. Um *esquema* é uma ação ou um processo mental. Os esquemas das crianças muito novas são desorganizados. A princípio, o esquema de um bebê referente ao aspecto do rosto de sua mãe e o referente ao que ele sente quando está aconchegado nos braços maternos são inteiramente distintos. A experiência reiterada se faz necessária para que ele comece a formar um conceito de "mãe" como pessoa que pode ser sentida, ouvida, cheirada, e cujo leite pode ser provado ao mesmo tempo. O bebê vai organizando gradualmente os esquemas separados, experimentados através de cada um de seus sentidos, para obter um conhecimento integrado da mãe.

■ Adaptação

Quando passa por uma nova experiência, a criança se adapta à situação modificando seus conceitos ou ações e tentando modificar a própria situação. Ela se adapta assimilando e acomodando-se. A assimilação é a manipulação de um novo estímulo visando a encaixá-lo num esquema já existente. Ao encontrar um novo objeto, a criança o testa por intermédio de todos os seus sentidos até descobrir uma utilização para ele. Enquanto vai assimilando um estímulo, a criança está também *acomodando* ou ajustando suas ações de modo a extrair do mesmo a maior satisfação possível. Se um bebê está habituado a chupar um bico ou mamilo e lhe apresentam de repente o alimento numa colher, ele terá de modificar o esquema da sucção para retirar o alimento da colher e fazê-lo chegar ao estômago. Desta maneira, o esquema original da sucção começa a se transformar no esquema do comer.

Durante o período sensório-motor, um dos conceitos primordiais que a criança adquire é o esquema do objeto *permanente.* Até chegar aos sete meses aproximadamente, os objetos só existem para a criança quando ela os pode perceber com seus cinco sentidos. Uma vez perdido o contato com o objeto, ela não o procura. Age como se ele não mais existisse. Completado o sétimo mês, muitos bebês começam a ter um conceito da permanência do objeto. São capazes de reconhecer um objeto que esteja parcialmente escondido. Depois dos nove ou dez meses, os objetos adquirem uma permanência ainda maior. Escondendo-se um objeto enquanto a criança está a olhar, ela o há de procurar mesmo que não o esteja vendo. Mas se o transferirem de um lugar para outro na sua presença, ela mesmo assim irá procurá-lo onde o haviam escondido a princípio. Nessa idade, o bebê não compreende que uma coisa qualquer pode ser transferida para um espaço diferente. Logo nos primórdios do segundo ano de vida, ele começa a procurar o objeto escondido no lugar em que aparecera pela última vez. Ele percebe que o objeto foi levado para outro lugar.

Mas se o trocarem de esconderijo sem que ele veja a troca, ficará sem saber onde procurar. Quando está terminando o período sensório-motor, a criança compreende que um objeto existe quer ela possa vê-lo ou não. Ela o procurará mesmo que não tenha visto de fato quando o esconderam.

■ Do nascimento a um mês

O período sensório-motor pode ser dividido em seis estágios diferentes. O progresso da criança através desses estágios começa logo ao nascer. Os reflexos inatos do bebê garantem sua sobrevivência. Mesmo durante o primeiro mês de vida, as criancinhas vão ajustando suas ações reflexas de modo a torná-las mais eficazes. Por exemplo: elas podem conseguir ao mesmo tempo alimentar-se e satisfazer sua necessidade de sugar. Um bebê de um mês já pode ter generalizado seu reflexo de sucção a outros objetos além do mamilo ou do bico da mamadeira e é capaz de distinguir entre sugar um bico para obter leite e chupar uma outra coisa qualquer por simples prazer.

■ De um a quatro meses

A criancinha começa agora a estabelecer conexões entre os objetos ou os acontecimentos e o propósito dos mesmos. Assim, o bebê procura repetir as ações que acarretam resultados agradáveis. Se descobrir que uma ação acidental provoca um efeito agradável, ela pode repetir essa *resposta primária circular*. Por exemplo: ela pode ficar a fechar e abrir os punhos continuamente, ou tocar reiteradamente uma coisa qualquer pelo simples prazer táctil. Ela ainda não tem consciência de que suas ações podem afetar uma circunstância, mas já aprendeu a antecipar certos acontecimentos importantes. Pode abrir a boca logo que avista o bico porque já coordenou os dois esquemas: o de ver e o de sugar o bico.

■ Dos cinco aos oito meses

As respostas secundárias circulares da criança se desenvolvem durante este período. Diferentemente das respostas primárias circulares que convergem para o próprio corpo da criança, as respostas secundárias são comportamentos repetitivos que implicam o ambiente. O bebê vê agora como lhe é possível afetar o ambiente. Seu foco ampliou-se e passou a abranger, além de seu próprio corpo, tudo que está à sua volta, enquanto ele foi aprendendo que é uma entidade distinta do ambiente. Quando descobre que uma ação em particular provoca um resultado interessante, ele a repete a fim de reproduzir o mesmo efeito. Balança um chocalho especialmente para ouvir o som produzido e pode sacudi-lo com mais força para tornar o som ainda mais alto. Os esquemas do estágio anterior estão ainda mais ampliados e coordenados. Além de visto e provado, um objeto pode ser também movimentado e ouvido.

Nesse estágio, a criança começa a compreender o conceito de objeto permanente. Ela reconhece um objeto que esteja parcialmente oculto à sua vista. Sua atenção não é distraída com a mesma facilidade de antes. Mesmo que um novo estímulo interrompa uma atividade interessante, ela só lhe dará uma atenção momentânea e em seguida voltará geralmente à atividade anterior.

■ Dos oito aos onze meses

As reações secundárias passam agora a ser dirigidas a uma meta. As atividades têm como motivo o efeito que produzem sobre algum objeto e visam também a resolver certos problemas simples. Um bebê ficará a puxar um cobertor não somente para ver o que acontece, mas também para pegar um brinquedo que tenha sido escondido embaixo dele. Esse comportamento revela que o conceito do objeto permanente já se ampliou. O bebê agora percebe que o objeto pode ser encontrado depois de ter estado escondido. Pode também aplicar habilidades antigas a situações novas porém semelhantes. Por exemplo: se o brinquedo está coberto por um travesseiro, a criança sabe que esse obstáculo, tal como o do cobertor, precisa ser removido. Aprende por imitação novas habilidades, balançando a mão ou produzindo sons depois que um adulto lhe tenha dado um modelo deste comportamento. Ela pode agora fazer uma distinção entre seu próprio comportamento e as atividades das outras pessoas, e é capaz de procurar influenciar o comportamento de alguém com suas próprias ações.

■ Dos doze aos dezoito meses

Desenvolvem-se agora as *reações circulares terciárias.* Essas reações implicam numa investigação de todas as possibilidades de um objeto. A criança está agora explorando ativamente o ambiente e utilizando as habilidades adquiridas para descobrir as que se ajustam à situação. Está constantemente em busca de novos objetos e variando as maneiras de usar os objetos familiares. Ela ajusta suas ações de modo a resolver os problemas e a atingir os objetivos. Um brinquedo usado anteriormente para produzir um som musical, por exemplo, pode ser agora arrastado pelo chão, empurrado para fora de uma mesa, ou atirado no canto oposto do quarto. Se não conseguir alcançar um brinquedo puxando-o mais para perto, a criança poderá tentar derrubá-lo com a mão ou com outro objeto qualquer. Quando uma atividade traz um resultado interessante, ela será repetida e variada. Todo problema é resolvido por meio das técnicas de experiência e erro.

A imitação se torna mais sofisticada, e o comportamento das outras pessoas é copiado com maior precisão e habilidade. O conceito de permanência do objeto desenvolveu-se a tal ponto que a criança compreende agora que se pode trocar a posição de um objeto, desde que ela veja isso acontecer.

■ Dos dezoito aos vinte e quatro meses

Já bem entrada em seu segundo ano de vida, a criança torna-se capaz de solucionar mentalmente certos problemas. Ela começa a imaginar um problema, inventa uma solução e depois age de acordo com sua imagem mental. É bem provável que ela tenha utilizado a mesma solução numa situação diferente, mas é agora capaz de aplicá-la a uma nova situação. Piaget fornece um exemplo da capacidade inventiva de Lucienne, sua filhinha de dezoito meses, que empurrara seu carrinho de boneca de encontro a uma parede. Ela tenta a princípio puxar o carrinho enquanto ela própria vai recuando; esta maneira de se movimentar é porém muito desajeitada. Por isso, ela dá a volta, indo para a outra extremidade do carrinho, a fim de empurrá-lo para longe da parede. Ela usou a imaginação para inventar um procedimento capaz de lidar com uma circunstância diferente. Durante este estágio a criança também pode imitar um comportamento visto anteriormente. Embora Jacqueline, filha de Piaget, jamais tivesse tido antes uma crise de raiva, ela um dia de repente teve uma depois de ter presenciado a crise de outra criança, filha de uma visita.

O aprendizado através das atividades sensório-motoras não cessa aos dois anos. Mas a criança é agora capaz de aprender mais eficazmente por meio de representações ou símbolos. As pessoas aprendem por experiência ao longo de toda a vida, mas depois do segundo ano os pensamentos e as idéias assumem uma maior importância no processo de aprendizado. Para ser compreendido, nem tudo precisa ser experimentado.

Antes de passar adiante...

1. O que é um esquema?
2. Como pode uma criancinha ajustar um novo estímulo aos esquemas que ela já possui?
3. O que é o esquema do objeto permanente?
4. O que é acomodação?
5. Por que a criança repete uma reação primária circular?
6. Durante que estágio o comportamento de uma criança se torna parcialmente explorador e experimental?
7. Qual o desenvolvimento mais importante do sexto estágio?

Respostas:

1. Esquema é uma ação ou um processo mental.
2. Assimilando ou testando o estímulo.
3. A compreensão de que alguma coisa continua a existir ainda que não possa ser percebida.
4. Uma modificação de comportamento para ajustá-lo às novas circunstâncias ambientais.
5. Por ser uma atividade agradável.
6. Durante o quinto estágio (reações terciárias circulares).
7. A criança começa a ser capaz de resolver mentalmente os problemas.

Módulo 13. AQUISIÇÃO DA LINGUAGEM

Muito tempo antes de poderem usar as palavras, as crianças são capazes de compreender seu significado. Antes de entender as palavras, um bebê pode distinguir os sons, seu volume e entonações. Desde a primeira semana de vida, os bebês já reagem aos sons, e por volta da terceira semana, conseguem perceber a diferença entre uma voz humana e outros sons. Uma voz tem mais possibilidade de acalmar um bebê do que sons como uma música ou o toque de uma campainha. Por volta do terceiro mês, as criancinhas se sobressaltam ao ouvir uma voz colérica e revelam agrado quando ouvem uma voz carinhosa. Entre os oito e os dez meses de idade, os bebês começam a compreender e a atender a ordens. Mesmo depois de aprenderem a falar, a compreensão das crianças (linguagem receptiva) é mais complexa que sua utilização (linguagem produtiva).

■ Vocalização

Os recém-nascidos começam a vocalizar no próprio instante em que nascem — eles começam a chorar. Ao progredir do choro para a utilização da linguagem a fim de comunicar idéias, experiências, desejos, receios e outros sentimentos, as crianças passam por uma série de estágios. Essa seqüência é universal, aplicando-se a todas as crianças independentemente da língua que estejam aprendendo.

A princípio, o choro do recém-nascido pode indicar qualquer tipo de desconforto. Mas por volta do segundo mês, o choro se torna diferenciado. Vai ficando mais enérgico à medida que se vão intensificando as necessidades da criança. Esse período é muito importante para o bem-estar emocional e físico da criança, porque o choro revela um desconforto e o choro prolongado cria tensões tanto na criança como nos pais. Quando atendem prontamente ao choro da criança, as pessoas que dela cuidam reduzem essas tensões e insuflam um sentimento de segurança, psicologicamente necessário para os bebês.

Arrulhar é o termo usado para designar os sons de gorgolejos e murmúrios produzidos pelo bebê quando se sente bem. O arrulhar geralmente começa por volta do segundo mês e é substituído aos três ou quatro meses pelo *balbuciar*. Balbuciar é experimentar as consoantes, as vogais e outros sons da língua. Segundo parece, os bebês repetem os sons balbuciados por simples prazer e não numa tentativa de comunicar. Nessa idade, as crianças balbuciam sobretudo quando estão sozinhas. Mas começam bem depressa a fazê-lo muito mais quando os adultos lhes respondem. Muitos sons e entonações desse balbuciar se assemelham às entonações dos adultos.

A imitação constitui uma parte importante do aprendizado da linguagem. A reprodução dos sons produzidos pelos adultos pode ser a princípio destituída de precisão. Mas as crianças podem tentar reproduzir os sons que ouvem emitidos pelos adultos, assim como os sons ouvidos quando prestam atenção em seus próprios balbucios. Embora comecem a balbuciar exatamente como toda criancinha, as crianças surdas bem depressa interrompem esse comportamento, porque não ouvem nenhum som que as venha reforçar.

Por volta do nono mês, a imitação dos sons dos adultos se faz mais intencional e precisa. No final do estágio do balbucio, os bebês produzem longas emissões de voz parecidas com frases e conhecidas como *jargão expressivo*. Esse jargão soa como a fala do adulto mas, ouvido durante um instante, compreende-se que é feito de frases incompreensíveis.

A fala visando à comunicação

No fim do primeiro ano de vida, ou no começo do segundo, o balbucio é substituído por tentativas de comunicação. As primeiras palavras talvez não soem como as adequadas; em geral, porém, os pais são capazes de dizer a que seus filhos se estão referindo pois eles usam constantemente uma "palavra" em particular ao avistarem um determinado objeto.

As primeiras palavras constituem, na realidade, sentenças de uma só palavra, denominadas *holófrases*, usadas para expressar um pensamento completo. Assim, ao pronunciar a palavra "carro", a criança pode estar dizendo que quer "entrar no carro" ou então, ao dizer "levanta", ela pode estar de fato pedindo "levante-me daqui". De início, as crianças usam nomes ou rótulos para os objetos que as cercam. Começam, porém, bem depressa a formular seus pedidos (ou a pronunciar as palavras que indiquem esses pedidos). "Isto" ou "Aquilo" significam "Dê-me isto (ou aquilo)". "Fora" significa "Leve-me para fora". Outras palavras comumente usadas pelas crianças em toda parte são "Dadá", "Papá", "Mamã", "Babá" e "Nana".

No decorrer da segunda parte do segundo ano, as crianças ampliam suas holófrases transformando-as em sentenças de duas e três palavras. É a chamada *fala telegráfica*. Quando estão começando a aprender a falar, as crianças usam somente as palavras mais significativas. Elas tendem a suprimir os artigos (o, a, um), as preposições (para, sobre) e os pronomes (você, eu). Essas frases curtas são formadas quando é associado um novo verbo aos nomes já conhecidos. Uma pesquisadora observou que seu filhinho aprendeu a usar o verbo "ver", tendo passado então a associá-lo aos nomes que ele já estava habituado a usar: "Ver chapéu", "Ver menino" "Ver meia", "Ver cavalo". No estágio seguinte, ele aprendeu a juntar dois nomes para formar uma frase: 'Escritório papai", "Carro mamãe", Carro homem" e "Ponte carro".

Após o estágio da linguagem telegráfica, as crianças começam a assimilar algumas regras gramaticais da língua, aprendendo a elaborar sentenças mais completas (porém, originais).

Teorias da aquisição da linguagem

Os psicolingüistas (cientistas que estudam de que maneira as pessoas aprendem a usar as regras gramaticais na linguagem) não estão de acordo quanto à maneira com que são aprendidas as regras gramaticais. É possível que as crianças aprendam muitas palavras por simples imitação, mas elas não poderiam aprender a estrutura de uma sentença apenas copiando o modo de falar do adulto. Acreditam alguns psicolingüistas que o aprendizado é um resultado do reforço, da expansão e da imitação. Mas se aprendesse a falar somente por imitação, a criança ficaria limitada ao uso das sentenças que ouviu, e não é isto que acontece. As crianças inventam suas próprias frases como: "Nenê qué naná", referindo-se a ela mesma; "Amanhã eu fui no zadim"; "Conta estólia do au-au"; "Eu vou ir na sua casa"; "Eu gosti da estólia"; "Eu lavi a mão". Segundo parece, as crianças não copiam simplesmente as sentenças dos adultos: elas inferem também as regras gramaticais e as utilizam à sua própria maneira.

Brown observou que as mães *ampliam* as frases emitidas pelos filhos, a fim de ajudá-los a aprender a estrutura da língua. Quando uma criança pronuncia uma sentença incompleta como "Papai tiau", a mãe amplia o pensamento dizendo "Sim, papai foi embora, tiau". Brown verificou que as crianças repetem muitas vezes as ampliações feitas pela mãe, ou acrescentam às suas próprias frases alguns itens das ampliações.

O ponto de vista *behaviorista* sustenta que a linguagem é aprendida por condicionamento operante. Na opinião de Skinner, por exemplo, as crianças aprendem a falar para poderem comunicar sua necessidade de alimento ou conforto. Quando aprende as palavras adequadas, que lhe trazem aquilo que ela está querendo, a criança é recompensada, e há um aprendizado. Para outros behavioristas, as crianças repetem os sons, provavelmente emitidos por acaso enquanto estão balbuciando, que são reforçados pelos adultos. O adulto seleciona, no balbuciar da criança, os sons que lhe parecem semelhantes a palavras e os repetem para a criança que passa então a utilizá-los com mais freqüência.

Outros cientistas criticaram a teoria do comportamento, pois sustentam que seria um processo excessivamente longo e penoso reforçar todas as frases corretas durante o processo do aprendizado. Além disso, muitas crianças aprendem a falar, mesmo que lhes seja dada pouca atenção. Nesse caso, como podem as crianças aprender certos padrões complexos da linguagem num período de tempo tão curto? É a esta pergunta que os *racionalistas* têm procurado responder.

De acordo com a teoria racionalista do desenvolvimento da linguagem, a fala é uma habilidade inata. Para os racionalistas, o cérebro humano está "ligado" ou predestinado a aprender uma linguagem. Afirmam eles que todas as línguas têm estruturas semelhantes e que todas as crianças passam por uma mesma seqüência quando aprendem a falar, seja qual for a língua que estejam usando. Chomsky, por exemplo, sustenta que as crianças nascem dotadas de um *aparelho para aquisição da linguagem (AAL* ou LAD: *language acquisition device*) que as capacita a aprender todas as regras gramaticais em todas as línguas possíveis. A palavra falada que uma criança ouve serve apenas para ativar no AAL as estruturas indispensáveis ao aprendizado daquela linguagem específica.

Outros cientistas aderiram às concepções de Chomsky e acreditam que todas as línguas se baseiam nos mesmos princípios, chamados *universais*. Concluem que as crianças são dotadas de uma predisposição natural, inata, para aprender a compreender e a usar a linguagem. Todavia, são bem poucas as provas científicas que confirmam esta teoria. A ciência ainda tem muito que aprender a respeito da aquisição da linguagem.

Antes de passar adiante...

1. De que maneira indicam os bebês a intensidade de suas necessidades?
2. Por que os bebês surdos deixam de balbuciar?
3. Que nome se dá às sentenças de uma só palavra dos bebês?
4. Durante o segundo ano de vida, os bebês passam gradualmente para a linguagem ____ ____.
5. Como sabemos que as crianças não aprendem a falar simplesmente imitando a fala dos adultos?
6. O que diz a teoria behaviorista a respeito do aprendizado da linguagem?
7. Como explicam os racionalistas a capacidade que têm as crianças de aprender a falar?

Respostas:

1. Através da energia de seu choro.
2. Eles não têm o reforço do som das vozes.
3. Holófrases.
4. Telegráfica: sentenças de duas ou três palavras que excluem certas partes do discurso.
5. Elas inventam freqüentemente suas próprias frases.
6. Que a linguagem é aprendida por condicionamento operante.
7. As estruturas gramaticais estão "ligadas" dentro do cérebro, sob a forma de um aparelho para aquisição da linguagem (ALL).

Módulo 14. INTELIGÊNCIA E INFLUÊNCIAS AMBIENTAIS

Avalia-se a inteligência de um bebê observando suas atividades motoras. Como uma criancinha não nos pode dizer o que sabe, só podemos inferir seu desenvolvimento mental observando de que maneira ela reage aos diversos estímulos. Foram desenvolvidos alguns testes padronizados para comparar a inteligência sensório-motora da criança à média ou norma para sua idade. Estes testes parecem ter valor principalmente para o diagnóstico das deficiências de desenvolvimento. Mas entre as crianças normais, os escores dos testes durante a primeira infância não predizem o desempenho intelectual futuro das mesmas.

Como fizemos notar anteriormente, tanto a hereditariedade como o ambiente desempenham um papel no desenvolvimento da inteligência da criança. As provas do impacto exercido pelo ambiente nos são fornecidas pelos dados que indicam a inexistência de uma diferença significativa na maneira como as crianças das classes média e operária se comportam nos testes de inteligência. Mas aos três anos de idade, as crianças da classe média obtêm mais pontos nesses testes que as crianças da classe operária. Acreditam alguns pesquisadores que as diferenças nos ambientes domésticos desses dois grupos de crianças podem ser as responsáveis pelas variações dos escores.

■ O ambiente doméstico

Burton L. White se dispôs a descobrir de que maneira as diferenças de ambiente doméstico influem sobre a capacidade de aprender antes dos três anos de idade. White, trabalhando juntamente com outro pesquisador ligado ao Projeto Harvard de Pré-Escola, não estudou as crianças do ponto de vista racial, nem de educação dos pais ou dos rendimentos dos mesmos. Seus estudos se voltaram para as experiências domésticas das crianças.

O projeto começou esperando descobrir as diferenças de capacidade de lidar com seu ambiente, manifestadas por pré-escolares cujas idades iam dos três aos seis anos. Pesquisadores observaram um grande grupo de crianças em diversos centros Head Start (pré-escolas) e em jardins de infância. Tendo estudado cuidadosamente as crianças, eles as dividiram em três grupos. As do grupo A eram excepcionalmente competentes em todas as áreas testadas. As do grupo B se mantinham na média, e as do grupo C tinham dificuldade em se ajustar ao ambiente escolar. Em seguida, as crianças dos grupos A e C foram estudadas mais pormenorizadamente para que se determinasse exatamente de que maneira elas diferiam.

As crianças dos dois grupos não apresentavam diferenças muito grandes quanto às habilidades sensoriais e motoras. Mas as do grupo *A* se saíam muito melhor que as do grupo *C* nos planos intelectual e social. Estavam habilitadas para resolver problemas, planejar e levar a cabo projetos, compreender e utilizar uma linguagem complicada, e captar a atenção dos adultos. Mostravam-se também mais sequiosas de obter êxito e de competir com seus pares. Aprendiam com o exemplo dos adultos e demonstravam livremente seus sentimentos. Por outro lado, às crianças do grupo C faltavam muitas dessas habilidades. Não se relacionavam bem com os adultos nem com as crianças. Mostravam-se muitas vezes incapazes de se envolver em atividades construtivas. Como, aos três anos, as crianças dos dois grupos já diferiam muito umas das outras, White chegou à conclusão de que seu desenvolvimento devia ter sofrido as influências do ambiente doméstico.

Tendo compreendido a importância dos três primeiros anos de vida para o desenvolvimento intelectual, os pesquisadores voltaram toda a sua atenção para os irmãos mais novos das crianças dos grupos A e C. Foram às casas das crianças para observar as interações entre mãe e filho. Verificaram que as mães das crianças A (mães A) e as das crianças C (mães C) diferiam quanto à maneira como se relacionavam com seus filhos e quanto à maneira de organizar seus lares.

Até os dez meses de idade, não havia diferenças entre os bebês A e C. Mas ao chegarem a um ano e meio as crianças A revelaram capacidades intelectual e social superiores às das crianças C. White concluiu que as mães eram responsáveis, podendo ajudar seus bebês a desenvolver essas habilidades, e que o período crucial do desenvolvimento situava-se entre os dez e os dezoito meses de idade.

Os pesquisadores verificaram que as mães A não consagravam muito tempo a seus bebês. Elas simplesmente estavam sempre à disposição como "consultoras" para ajudar os filhos a sair das dificuldades. Esperavam muitas vezes que o bebê iniciasse uma atividade qualquer e acrescentavam então um novo aprendizado quando a criança pedia ajuda. Uma mãe A podia sugerir por exemplo uma solução para um problema (tal como colocar um bloco menor em cima de um maior, e não o contrário), ajudar a criança a aprender uma nova habilidade (abrir uma gaveta ou subir numa cadeira), ou fornecer novas oportunidades de aprendizado (uma xícara e um funil, por exemplo, para brincar durante o banho). As mães A geralmente estavam ocupadas trabalhando dentro de casa enquanto os bebês brincavam. Elas interrompiam o trabalho de quando em quando para conversar ou brincar, e procuravam usar sentenças completas quando falavam com seus filhos. Colocavam os objetos perigosos fora de alcance de modo que os bebês pudessem se movimentar à vontade com poucas restrições e forneciam-lhes vários objetos domésticos e brinquedos para serem manipulados.

As mães C, por sua vez, restringiam as atividades de seus filhos e freqüentemente os protegiam demais. Davam-lhes pouca atenção e raramente conversavam com eles. Mesmo quando o faziam, usavam frases curtas e simples. Aos bebês C eram dadas poucas oportunidades de explorar seu ambiente pois eram mantidos grande parte do tempo em "cercadinhos", cadeirões ou nos berços.

Segundo White, o período que vai dos dez aos dezoito meses é muito mais crucial para o desenvolvimento cognitivo do que se supunha antes. Os efeitos produzidos pelo lar não são inteiramente irreversíveis. As crianças ainda poderão colher algum benefício de uma mudança em seu ambiente, ou poderão ser prejudicadas por ela. Mas os dados de White levam a pensar que o treinamento dos pais para que estes enriqueçam as experiências de seus filhinhos acarretaria um aprimoramento do desenvolvimento intelectual dos mesmos, muito superior ao produzido pela pré-escola e por outros programas compensatórios que se concentram nas crianças de mais de três anos.

■ Brinquedo

As descobertas de White e seus associados indicam que ao brinquedo cabe uma parte muito importante no desenvolvimento intelectual e da linguagem. Através do brinquedo, as crianças exteriorizam seus sentimentos, adquirem habilidades, imitam o comportamento do adulto, estabelecem laços sociais, aprendem a governar seus corpos e praticam sua linguagem. À medida que amadurecem, as crianças vão-se entregando a diferentes tipos de brinquedo.

A princípio, as brincadeiras giram em torno dos adultos. Mais tarde, o bebê começa a brincar sozinho durante curtos períodos de tempo, num chamado *brinquedo solitário*. Mas ele ainda quer sentir a segurança conferida por um adulto em suas proximidades. Os bebês começam logo cedo a se interessar por outras crianças mas, a princípio, eles vêem os outros mais como objetos que como companheiros de brinquedo. Por volta dos dois anos de idade, entretanto, a maioria das crianças gosta de brincar ao lado de outras da mesma idade (*brinquedo paralelo*), embora, na verdade, as crianças nesta fase não brinquem juntas nem conversem umas com as outras. Na época em que estão preparadas para freqüentar o jardim de infância, elas começam a copiar as atividades de seus companheirinhos no *brinquedo associativo*. Enquanto se está entregando a este tipo de brinquedo, a criança interage com outras, conversando e praticando um intercâmbio de materiais usados nas brincadeiras. Mas a atividade lúdica não é bem organizada nem cooperativa. Depois dos três anos, as crianças começam a *cooperar* no brinquedo. São capazes de manter conversas, e atuam freqüentemente em equipe ou grupo num projeto ou num jogo. A atividade lúdica é agora mais organizada e mais voltada para as metas que os tipos anteriores de brinquedo.

Antes de passar adiante...

1. Os testes de inteligência das criancinhas têm como base a avaliação das ________.
2. Os testes de inteligência das criancinhas podem predizer seu desempenho futuro. Certo ou errado?
3. Como diferem as crianças A e C nos estudos de White?
4. O período mais crucial para o desenvolvimento cognitivo vai dos dois aos três anos de idade. Certo ou errado?
5. De que maneira as mães A costumam falar com seus filhos?
6. Dentre as mães observadas, quais são as que proporcionam mais liberdade a seus bebês?
7. Quais são alguns dos valores importantes no brinquedo das crianças?

Respostas:

1. Capacidades motoras.
2. Errado. Salvo nas crianças anormais, eles não têm nenhuma relação com a capacidade futura.
3. Nas crianças A, a capacidade intelectual e social era superior à das crianças C.
4. Errado. O período mais importante é o que vai dos dez aos dezoito meses de idade.
5. Freqüentemente, e empregando geralmente sentenças completas.
6. As mães A.
7. O brinquedo fornece oportunidades para praticar habilidades, usar a linguagem e exteriorizar os sentimentos.

Revisão de Capítulo

OS ANOS DA PRIMEIRA INFÂNCIA: DESENVOLVIMENTO COGNITIVO

---

1. Tanto as respostas não-condicionadas como as condicionadas implicam em reflexos inatos. Certo ou errado?

2. No condicionamento ______________ a resposta surge esperando o estímulo.

3. Tendo em vista que o condicionamento clássico implica num aprendizado, as respostas não são reflexivas. Certo ou errado?

4. O reforço ______________ para as ações para mais eficaz quando se trata de modificar um comportamento que o reforço ______________

5. Um psicólogo que muito contribuiu para nossa melhor compreensão do condicionamento operante foi (a) Pavlov; (b) Skinner; (c) Freud; (d) Hull.

6. O processo através do qual as crianças aprendem a reagir diferentemente a estímulos semelhantes porém distintos é (a) a generalização; (b) o aprendizado instrumental; (c) a discriminação; (d) o condicionamento operante.

7. O comportamento de auto-recompensa é o que prossegue sem nenhum __________.

8. Reforçadores ______________ são recompensas concretas enquanto os reforçadores ______________ são menos tangíveis.

9. A idéia de que as crianças passam por estágios no seu desenvolvimento cognitivo foi desenvolvida por ______________.

10. Piaget considerou o desenvolvimento cognitivo como uma adaptação ao meio. De acordo com essa concepção, quando faz uma nova experiência, a criancinha (a) recebe reforço positivo; (b) associa o estímulo a uma resposta não-condicionada; (c) adapta-se assimilando e acomodando-se; (d) repete uma resposta circular primária.

11. O desenvolvimento cognitivo envolve a organização dos pensamentos e das ações. Piaget lhes dá o nome de ______________.

12. Piaget deu aos dois primeiros anos de desenvolvimento intelectual o nome de ______ ______________.

13. Em que idade o bebê aprende que é uma entidade distinta do ambiente, e começa a compreender o conceito de objeto permanente?

14. As respostas primária, secundária e terciária provam que o bebê é capaz de ______ ______________.

15. Depois de completar os dois anos de vida, uma criança continua a aprender primordialmente através das atividades sensório-motoras. Certo ou errado?

16. Enquanto vão passando do choro para a utilização da linguagem, as crianças avançam atravessando uma das seguintes seqüências de estágio. Diga qual: (a) choro — arrulhar — imitação — balbucio; (b) choro — arrulhar — balbucio — imitação — fala; (c) choro — arrulhar — jargão expressivo; (d) choro — balbucio — arrulhar — imitação.

17. As primeiras sentenças de uma só palavra que a criança aprende a construir são denominadas ______________. Mais tarde, a criança começa a se servir do discurso ______________, constituído de sentenças de duas e de três palavras.

18. As holófrases e o discurso telegráfico se baseiam numa compreensão das regras gramaticais da linguagem. Certo ou errado?

19. A concepção behaviorista da aquisição da linguagem inclui a idéia de (a) reforço dos sons adequados; (b) esquema; (c) condicionamento clássico; (d) um cérebro predisposto a aprender a linguagem.

20. Uma das falhas da explicação behaviorista para a aquisição da linguagem é __________ ______________.

21. Tanto Chomsky como Lenneberg concordam que (a) as crianças não têm uma predisposição natural para o aprendizado da linguagem; (b) todas as línguas se baseiam nos mesmos princípios da linguagem; (b) todas as línguas se baseiam nos mesmos princípios universais de semântica, sintaxe e fonologia; (c) a linguagem se aprende por imitação; (d) aprende-se durante o estágio do balbucio.

22. Segundo Chomsky, as crianças nascem dotadas da capacilade potencial de aprender todas as regras possíveis de gramática, presentes em qualquer língua. Certo ou errado?

23. A conclusão de White segundo o qual o desenvolvimento das criancinhas sobre a influência do ambiente doméstico se baseia no ________.

24. Na experiência de White, a idade em que as crianças começavam a revelar diferenças na inteligência e nas habilidades sociais era (a) dez meses; (b) doze meses; (c) dezoito meses; (d) três anos.

25. A quantidade de tempo que a mãe consagra a seu filho determina o desenvolvimento cognitivo do mesmo. Certo ou errado?

26. O tipo de brinquedo em que as crianças começam a copiar as atividádes uma das outras, continuando porém ainda a brincar separadamente é denominado (a) brinquedo cooperativo; (b) brinquedo associativo; (c) brinquedo paralelo; (d) brinquedo solitário.

27. Se a mãe conversar com seu filhinho usando sentenças completas, isso ajudará o desenvolvimento cognitivo da criança. Temos aí uma demonstração de que a teoria behaviorista da aquisição da linguagem está certa. Certo ou errado?

28. Explique sucintamente de que maneira os racionalistas contribuíram para nossa melhor compreensão da aquisição da linguagem.

29. Skinner e Chomsky concordariam quanto à maneira como as crianças aprendem a linguagem? Por que, ou por que não?

30. O que quer dizer Piaget quando fala em "período sensório-motor"?

Para encontrar as respostas, consulte a página 194.

Capítulo IV

OS ANOS DA PRIMEIRA INFÂNCIA: DESENVOLVIMENTO SOCIAL

Idéias diretrizes:

- *Uma pessoa jovem passa da primeira para a segunda infância atravessando uma série de estágios.*
- *Em cada estágio, a criança precisa resolver um conflito, entre seus desejos internos e as exigências externas, que começa a modelar sua futura personalidade.*
- *Duas das teorias mais importantes relativas ao desenvolvimento da personalidade foram as apresentadas por Sigmund Freud e Erik Erikson.*
- *Tal como os outros animais sociais, as pessoas estabelecem laços fortes com os indivíduos que cuidam delas em seus primeiros tempos de vida.*
- Socialização *é o processo através do qual se ensina a uma criança os tipos de comportamento que são — e não são — corretos e aceitáveis em sua sociedade.*

Módulo 15.

PRINCIPAIS TEORIAS DO DESENVOLVIMENTO DA PERSONALIDADE

Vimos, nos últimos capítulos, de que maneira a criança começa a crescer fisicamente e a desenvolver as habilidades humanas naturais, a fim de perceber e pensar. Mas como pode essa criança começar a se tornar uma "pessoa" no sentido completo da palavra? Em outros termos, de que maneira a criança cresce tornando-se um indivíduo distinto — um membro aceito de sua sociedade?

Para compreender tudo isso, será mister compreendermos os princípios do desenvolvimento social e da personalidade. Os cientistas que estudaram o desenvolvimento da personalidade criaram muitas teorias diferentes para explicar como crescemos desde a primeira infância até a idade adulta. As duas teorias mais importantes são as desenvolvidas pelo austríaco *Sigmundo Freud* e pelo germano-americano *Erik Erikson*.

■ Teoria freudiana do desenvolvimento psicossexual

Grande parte de nossos conhecimentos relativos ao comportamento humano tem origem na teoria psicanalítica de Sigmund Freud. Freud era um psiquiatra vienense convencido de que muitos problemas emocionais do adulto vinham de conflitos da infância que não tinham ficado resolvidos. Ele formulou uma teoria motivacional do desenvolvimento, na qual ficavam delineados os estágios "psicossexuais" do desenvolvimento humano desde o nascimento, passando pela adolescência, de acordo com a satisfação das diversas funções particulares do corpo, ativas no decorrer de cada estágio. Freud sustentava que a não-satisfação das necessidades em qualquer dos estágios tinha como resultado um conflito emocional. Se o conflito não ficar resolvido, o resultado será uma *fixação* nesse estágio. Os adultos revelam suas fixações sob forma de determinados traços de personalidade. Examinaremos agora os dois estágios psicossexuais da infância a que Freud deu os nomes de estágios oral e anal.

A primeira parte do estágio oral começa no momento do nascimento e dura cerca de um ano. É conhecida como estágio *oral-passivo* (ou *dependente*). Durante esse período, toda a existência do bebê tem como centro o prazer que lhe advém da sucção e do estômago cheio. A boca é o centro da gratificação e a criancinha experimenta a maioria dos objetos colocando-os na boca. Segundo Freud, os bicos, os objetos destinados a acalmar, os dedos e todo objeto que possa ser chupado atendem a uma necessidade erótica. Embora as personalidades adultas se componham de três partes — o *id*, o *ego* e o *superego* — só o id está presente por ocasião do nascimento. O id só se interessa pela pronta gratificação das necessidades inatas. Os recem-nascidos esperam que suas necessidades sejam satisfeitas imediatamente.

A segunda parte do estágio oral é denominado período *oral-agressivo* (ou *sádico*). Começa quando o bebê já possui dentes em número suficiente, podendo usá-los para morder. Freud interpretou a mordida como um impulso premente para destruir. Durante este estágio, a criança obtém um prazer extremo mordendo os objetos. Os adultos que permaneceram fixados no estágio oral podem fumar, comer ou beber demais, ou ter o hábito de roer as unhas ou as pontas dos lápis. Exigem que suas necessidades sejam atendidas imediatamente ou permanecem excessivamente dependentes dos outros para satisfazer seus desejos.

O ego é a parte racional da personalidade, planejadora e orientada para a realidade. O ego começa a emergir durante o estágio oral quando as necessidades do id entram em conflito com o meio ambiente. Quando a gratificação é retardada, o ego ajuda o bebê a enfrentar a realidade de ter de esperar ou de se acomodar a novas formas de gratificação. Desta maneira, o ego ajuda a criança a adquirir os comportamentos imprescindíveis que gratificam as necessidades primárias do id. (O superego, ou "consciência", emerge quando a criança atinge os cinco anos, mais ou menos. Desenvolve um senso do que é certo ou errado e começa a assimilar as regras morais.)

Quando começa o treinamento para o asseio corporal, a criança entra no estágio *anal* que dura até os três anos aproximadamente. O bebê está agora focalizando as funções dos músculos necessários ao controle dos movimentos intestinais. Nesse estágio, desenvolve-se geralmente um conflito entre os pais e a criança. Os adultos atribuem uma grande importância à utilização dos vasos sanitários e a criança os desafia deixando de obedecer a suas regras. Quando o conflito não fica adequadamente resolvido, a pessoa pode permanecer fixada no estágio anal. Pode-se transformar numa "personalidade anal-retentiva", obcecada pela limpeza, pela precisão, pelas rotinas e regras. Essa pessoa também pode ser extremamente possessiva ou desconfiada. Outro tipo de caráter é o da "personalidade anal-agressiva". Mais tarde na vida, essa pessoa ainda dá a impressão de continuar a rebelar-se contra a autoridade paterna pelo fato de se mostrar muito desordenada, excessivamente generosa ou indiferente às regras e horários.

Os outros estágios psicossociais descritos por Freud ocorrem mais tarde e serão analisados em outra secção.

■ Teoria dos estágios psicossociais de Erikson

Assim como a de Freud, a teoria de Erik Erikson sustenta que as crianças passam por uma série de estágios de desenvolvimento. Erikson descreveu oito estágios de desenvolvimento pelos quais a pessoa tem de passar desde o nascimento até à morte. Erikson concordava com Freud quanto ao fato de que todo estágio traz consigo um tipo particular de conflito. Mas, em sua opinião, os conflitos não surgem apenas entre as necessidades biológicas e as exigências dos pais. São, o que é mais importante, conflitos entre as necessidades psicológicas da criança e as imposições da sociedade como um todo. A autoconfiança e o otimismo decorrem da satisfação das necessidades físicas e emocionais do indivíduo. Se os conflitos não ficam resolvidos de maneira completa e adequada, o resultado é o pessimismo e a dúvida com relação a si mesmo. Observe-se que as faixas de idade para cada estágio variam consideravelmente de criança para criança.

A primeira crise da existência de um bebê (do nascimento até os doze ou dezoito meses) envolve sua dependência dos adultos (particularmente a mãe) para obter alimento, conforto e carinho. É um conflito entre a *confiança* e a *desconfiança*. Se aquelas necessidades básicas são constantemente atendidas e de uma maneira carinhosa, a criança aprende a confiar nas pessoas que dela cuidam. Aprende também, por extensão, a confiar em si mesma. Começa a encarar o mundo como um lugar seguro, ficando assim lançados os alicerces de uma *confiança básica*. A confiança permite que o bebê aceite novas experiências, certo de sua capacidade de lidar com elas. O sentimento de confiança surge, em geral, a partir de um relacionamento amoroso entre mãe e filho. Erikson acredita que uma ligação entre uma mãe cheia de simpatia e seu filho torna a criança capaz de prever os acontecimentos familiares que ocorrem na vida diária. Tendo desenvolvido um sentimento de confiança na pessoa primordialmente incumbida de cuidar dela, a criança pode-se adiantar de modo a receber bem os novos acontecimentos. Sua maneira de assimilar os novos estímulos depende de ter sido ou não estabelecido um sentimento de confiança básica. Para Erikson, a confiança se manifesta no comportamento complacente do bebê. Um bebê confiante, que se tenha habituado a ter repetidamente satisfeitas as suas necessidades, se comporta de uma maneira relaxada, dormindo, comendo e movimentando com facilidade os seus intestinos.

A *desconfiança básica* decorre da incoerência nos cuidados. Se uma criança não sabe o que deve esperar, não lhe é possível ter confiança. O bebê que é deixado a chorar durante muito tempo pode desenvolver sentimentos de desvalia. Se tiver atendidas as suas necessidades físicas mas não as emocionais, o bebê se tornará desconfiado. Como a criancinha não se distingue do resto do mundo, ela pode vir a admitir que a não-satisfação significa que nela existe algo errado. Na opinião de Erikson, a desconfiança básica é evidente nos bebês que choram constantemente e que estão geralmente tensos. Está experimentalmente provado que os bebês que não são atendidos rapidamente choram mais freqüentemente e durante períodos de tempo mais prolongados do que aqueles cujas mães acodem logo.

Ironicamente, em geral, o choro constante não atrai uma maior atenção para o bebê. Esse choro pode fazer com que os adultos cheguem à conclusão de que ele é intratável e pode ser deixado ainda mais tempo de lado. Os pais que consideram seus bebês exigentes demais e pouco merecedores de afeto relutam muitas vezes em lhes dar atenção. Para a criança, isto é um sinal de que ela não merece ser amada. Esta impressão transparece mais tarde numa incapacidade de ajustar-se a novas situações ou de relacionar-se positivamente com outras pessoas.

O segundo estágio do desenvolvimento da criança implica no conflito entre a *autonomia* e a *vergonha ou dúvida*. A criança precisa agora descobrir suas habilidades e as limitações às mesmas. Quando começa a andar e explorar o que está a seu redor, a criança é contida pelos pais e por sua própria incapacidade de fazer determinadas coisas. Ela quer ser independente (ou *autônoma*), mas descobre que não é tão capaz quanto gostaria de ser. Pode usar seu corpo de maneira mais eficiente e espera-se que ela agora controle os movimentos de seus intestinos. Os pais podem reagir de três maneiras à crescente independência do filho. Podem se mostrar superprotetores, temendo que a criança venha a ferir-se. Podem ser permissivos demais, deixando por completo de estabelecer limites. Ou podem adotar uma posição de equilíbrio entre esses dois extremos, proporcionando à criança um ambiente saudável com um mínimo de restrições. A última alternativa parece ser a mais sensata. Permite a exploração, mas também leva em conta as limitações da criança, redu zindo as probabilidades de frustração e de ferimentos.

Um ambiente restritivo demais cria obstáculos para a tendência natural à autoconfiança e à auto-afirmação. Uma criança impedida de pôr à prova suas capacidades pode aprender a duvidar de si mesma. Mas a liberdade excessiva talvez assuste a criança que, consciente de suas próprias limitações, há de sentir-se conseqüentemente desprotegida. Ela poderá então exercer um autocontrole exagerado, para compensar a falta de limites externos. Talvez passe a ter medo de expressar muitos de seus impulsos, por se sentir em perigo por causa deles. O resultado poderá ser uma perda da auto-estima, assim como sentimentos de vergonha e dúvida.

Na opinião de Erikson, o desenvolvimento da autonomia depende da segurança e da orientação dadas pelos pais, somadas à oportunidade de tomar decisões e de pôr à prova as novas habilidades. Com toda a certeza, as crianças hão de encontrar dificuldades e malogros. Terão de cair, de molhar as calças, de derramar a comida enquanto estão aprendendo a controlar o próprio corpo. Mas com a ajuda de pais carinhosos, elas se sentirão estimuladas a tentar novamente, a despeito de erros cometidos. Aprenderão aos poucos a funcionar por conta própria, e com confiança.

É preciso lembrar que as idéias aqui discutidas são teorias, não fatos. As concepções de Freud, assim como as de Erikson, têm uma importância muito grande no estudo do desenvolvimento da criança. Mas suas teorias têm sido criticadas por outros psicólogos que percebem a pouca importância que ambos atribuem a outros fatores nesse desenvolvimento. Evidentemente, há ainda muito que aprender a respeito da maneira como se desenvolve a personalidade da criança. O que podemos afirmar, com toda a justiça, é que tanto Freud como Erikson nos forneceram métodos muito valiosos para refletir sobre o desenvolvimento da criança; que ambos nos apontaram importantes linhas de pesquisa e nos ajudaram a compreender muita coisa relacionada com o crescimento e o comportamento das crianças.

Antes de passar adiante...

1. Quais são as causas da maioria dos problemas emocionais do adulto, segundo a concepção de Freud?
2. Que parte do corpo constitui o centro da gratificação durante o estádio oral?
3. Quais são as três partes da personalidade de um adulto?
4. Qual a explicação de Freud para certos traços como a mesquinhez o asseio e a conformidade rígida?
5. Na opinião de Erikson, que tipo de cuidado se faz necessário para que se desenvolvam os aiicerces da confiança básica?
6. Como age a criança desconfiada?
7. Por que pode uma criança vir a exercer um controle excessivo sobre si mesma?

Respostas:

1. A resolução inadequada dos conflitos psicossexuais na infância.
2. A boca.
3. O id, o ego e o superego.
4. A fixação no estágio anal, tendo como resultado uma personalidade "anal-retentiva".
5. O cuidado carinhoso e constante.
6. Pode chorar muito, revelar-se incapaz de adaptar-se a novas circunstâncias e ter dificuldade em relacionar-se com os outros.
7. Devido a um excesso de permissividade e à conseqüente dúvida com relação a si mesma.

Módulo 16. LIGAÇÕES AFETIVAS

Na maioria das sociedades, a mãe é responsável pelos cuidados com a criancinha recém-nascida. Todavia, as pessoas que venham a substituir a mãe poderão cuidar muito bem dos bebês, desde que sejam carinhosas e compreensivas. O primeiro laço social do bebê, em geral, é o que o liga à mãe. Este laço estabelece as bases para os futuros relacionamentos com outras pessoas. Um laço firme entre mãe e filho dá a este último segurança para confiar em si mesmo, e nos outros, em novas situações.

Muitas das respostas do recém-nascido ajudam a formar uma ligação afetiva entre o bebê e a pessoa que dele cuida. O choro do bebê traz a mãe para junto dele. Se ela responder abraçando-o, alimentando-o e conversando com ele, terá início o relacionamento. Ao olhar para o rosto de sua mãe, a criança está sendo estimulada visualmente. Ela começa mais tarde a sorrir e a balbuciar e quando a mãe sorri e conversa também com ela, o laço afetivo fica fortalecido. Os comportamentos de choro, de sucção, de exame visual, de balbucio e de sorriso constituem a princípio respostas espontâneas. Mas a criança aprende logo cedo a utilizá-los para atrair e conservar a atenção da mãe. Finalmente, a interação contínua entre mãe e filho tem como resultado uma ligação afetiva que representa o bem-estar emocional para a criança.

Acreditava-se outrora que a ligação afetiva resultava de um aprendizado instrumental e que o bebê se apega apenas às pessoas que o alimentam. Esta teoria de estímulo-resposta constituiria uma explicação lógica para a ligação afetiva se o bebê só experimentasse necessidades físicas. Mas tal como os filhotes de outras espécies, os humanos também sentem uma necessidade profunda de afeto e de estimulação sensorial.

A ligação afetiva tem sido estudada por muitos cientistas. Harry Harlow, por exemplo, usou macacos *rhesus* em experiências destinadas a determinar a natureza e a importância do laço afetivo entre a mãe e o bebê. Os filhotes dos macacos foram separados de suas mães verdadeiras e colocados junto a "mães" substitutas feitas de tela de arame aparente ou de tela de arame recoberta de veludo. As mamadeiras contendo o leite de alguns filhotes foram presas a uma mãe não-revestida, enquanto outros recebiam o leite da mãe recoberta de veludo. Todos os filhotes estabeleceram laços afetivos com a mãe coberta de veludo, inclusive aqueles cujo leite vinha das figuras não-recobertas. Os macacos se penduram como se isso fosse uma resposta natural que contribui para que os bebês se apeguem a suas mães. Como as mães verdadeiras não estavam presentes, os filhotes se apegaram às figuras revestidas do tecido macio a que eles podiam se agarrar. Se o alimento fosse o único requisito indispensável à formação de um laço afetivo, os macaquinhos se teriam apegado às mães substitutas que também forneciam o leite.

As respostas naturais podem ajudar a criar laços afetivos em outros animais. Alguns, como os patos, os gansos e os perus, gravam o primeiro objeto em movimento avistado depois que saem do ovo.

Konrad Lorenz descreveu essa imprintação (*imprinting*) dando-a como a tendência natural de muitas aves recém-saídas do ovo a acompanhar a mãe por toda parte. Quando a mãe natural não está presente, os pintinhos gravam a primeira coisa em movimento que avistam, seja um animal, um ser humano ou mesmo um objeto inanimado. Lorenz observou que, após a incubação, há um período crítico limitado, quando pode ocorrer a imprintação. As aves que não imprintaram suas próprias espécies podem ocasionalmente dirigir sua atividade sexual adulta para o objeto em que se haviam fixado.

A imprintação também pode ocorrer entre as ovelhas, as vacas e as cabras, através do ritual das lambidas a que eles se entregam depois do nascimento. Se esse ritual não tiver sido realizado dentro das quatro horas que se seguem ao nascimento (o período crítico), ou se ele for interrompido, o animal recém-nascido não se apegará à mãe. Conseqüentemente, mãe e filho não poderão reconhecer um ao outro. O filhote não saberá a que animal deverá achegar-se quando quiser mamar e a mãe repelirá o filhote. De modo que a ligação afetiva resultante da imprintação tem uma importância vital para a sobrevivência do filhote. Sem ela, o recém-nascido morrerá de fome se não for alimentado por um ser humano.

As experiências com animais provam que a ligação afetiva se estabelece quando são atendidas as necessidades de estimulação. Para os bebês humanos também se faz necessário algo mais que o alimento para que se criem os laços afetivos. Eles precisam ser aconchegados e tratados de uma maneira compreensiva para formar um laço social estreito com as pessoas que deles cuidam. Ao atingir os sete meses de idade, a maioria dos bebês já está apegada a suas mães.

■ Angústias diante de pessoas estranhas e da separação

Um dos indícios de que o bebê está apegado a sua mãe é o medo que ela demonstra diante de pessoas estranhas. As crianças fortemente apegadas a suas mães passam a recear os estranhos aos oito meses aproximadamente. As que recebem cuidados de mais de um adulto ficam menos ansiosas diante de estranhos que as mais estreitamente ligadas a apenas uma pessoa. Os bebês recolhidos a instituições em geral não demonstram nenhuma angústia diante de estranhos.

A *angústia da separação* é outro resultado da ligação afetiva. Quanto mais forte o laço, mais intensa é a angústia da criança quando se vê separada da mãe. Se formar ligações com mais de uma pessoa, a criança ficará menos angustiada quando uma delas se afastar que uma outra criança separada da única incumbida da função de cuidar dela.

John Bowlby observou que durante as separações muito prolongadas as crianças passam por três estágios de angústia. Durante o primeiro estágio, o de *protesto,* a criança fica muito perturbada, chora intensamente, e tenta acompanhar a mãe que se está afastando. Tendo compreendido que a mãe não vai voltar, ela passa para o segundo estágio, o do *desespero.* Pode se tornar retraída, não revelar nenhum interesse pelas atividades, choramingar de vez em quando e regredir para um comportamento mais imaturo. Se a separação continuar, a criança entrará no terceiro estágio da angústia da separação, denominado *desprendimento.* Ela pode então retomar algumas de suas atividades normais. Mas se a mãe voltar, a criança permanecerá desprendida durante algum tempo, podendo chegar até mesmo a ignorar por completo a sua presença.

Tanto a angústia da separação como a diante de estranhos parecem mais intensas durante a parte final do primeiro ano de vida. Tendo compreendido que um estranho não constitui uma ameaça, ou que a separação será apenas por pouco tempo, a criança pode deixar de reagir com tanta intensidade. Quanto mais agradáveis as experiências com estranhos ou com outras pessoas que lhe prestem assistência, menos violentamente reagirá a criança diante das novas situações.

Antes de passar adiante...

1. As ____________ desempenham um papel importante no estabelecimento de uma ligação afetiva.
2. Por que motivo os macacos de Harlow se afeiçoaram a suas "mães" revestidas de veludo?
3. O que é imprintação?
4. O que acontece aos filhotes de alguns animais quando eles não imprintam suas mães?
5. Os bebês começam a experimentar as angústias da separação e diante de estranhos mais ou menos aos onze meses de idade. Certo ou errado?
6. A interação entre mãe e filho tem como resultado a formação de um __________.

Respostas:

1. Respostas espontâneas.
2. Por que lhes era possível agarrar-se a elas e aconchegar-se.
3. O fenômeno observado em algumas aves que acompanham o primeiro objeto em movimento, avistado depois que saem da casca do ovo.
4. O filhote e a mãe não se reconhecem mutuamente e, quando amadurece, o filhote não apresenta um comportamento normal de adulto.
5. Errado. Esse comportamento começa por volta dos oito meses.
6. Laço afetivo.

Módulo 17.

A INTERAÇÃO DOS COMPORTAMENTOS MATERNO E INFANTIL

A mãe exerce uma importante influência sobre o desenvolvimento psicológico da criança. Muitos fatores afetam as reações da mãe diante do filho, inclusive o próprio comportamento do bebê. Desde o momento do nascimento, as crianças têm temperamentos inatos diferentes, e tipos de comportamento também distintos. Elas respondem de diversas maneiras aos cuidados dos pais e são tratadas diferentemente, de acordo com sua posição na estrutura familiar. Os bebês tomam uma parte ativa no estabelecimento de suas relações com as pessoas importantes em suas vidas.

A ligação entre mãe e filho cria um laço recíproco. Esse laço depende tanto da receptividade da mãe como do temperamento da criança. Os bebês variam quanto à proporção de contatos físicos de que necessitam e as mães, por sua vez, diferem com relação à quantidade de manifestações físicas de carinho que lhes sejam agradáveis. Por vezes, os temperamentos da mãe e da criança não combinam. Alguns bebês podem rejeitar o excesso de manipulação por parte de mães "acariciantes" demais, enquanto outros talvez precisem de mais carinho que o suscetível de ser oferecido por uma mãe "não-acariciante". Muitas mães conseguem adaptar seu comportamento aos temperamentos de seus bebês. Mas às vezes os bebês que gostam muito de carícias se apegam aos adultos que lhes podem dar o afeto físico que suas mães são incapazes de proporcionar.

Certos pesquisadores observaram que existem diferenças nos bebês desde o momento do nascimento, tanto no plano da atividade como em sua maneira de responder à estimulação. O temperamento com que o bebê é dotado ao nascer ditará provavelmente o seu comportamento pela vida afora. Thomas e seus associados empreenderam um estudo de longo alcance, observando um grupo de crianças durante vários anos. Verificaram que um bebê ativo tendia a desenvolver-se de modo a se transformar numa criança cheia de energia e vitalidade e que um bebê sensível à estimulação sensorial permaneceria provavelmente sensível à medida que fosse amadurecendo.

O temperamento inato de uma criança pode ter um efeito dramático sobre a maneira com que seus pais a tratam. Um bebê ativo, que solicita e atende quando solicitado, geralmente recebe mais estimulação e mais atenção que outro, mais quieto e mais complacente. Por outro lado, uma criança ativa demais pode deixar esgotada e frustrada uma mãe habituada a agir num ritmo mais lento. Os pais podem se sentir preocupados com relação à natureza por demais exigente do filho, e tratar o bebê de maneira canhestra. Assim também um bebê pode se revelar incapaz de corresponder às expectativas dos pais. Um pai interessado em esportes pode se sentir decepcionado com um filho mais propenso a permanecer parado, observando e manipulando os objetos que o cercam, sem nenhuma pressa. Esta falta de harmonia pode levar o pai a perder o interesse pelo filho.

■ Sorrisos

Um recém-nascido pode sorrir espontaneamente; a maioria dos bebês, entretanto, só começa a sorrir ao reconhecer os adultos com quem está familiarizada, depois de completar os três ou quatro meses de idade. Variam muito o número e a freqüência com que os bebês sorriem. Os que o fazem com freqüência têm mais probabilidades de provocar nas mães um comportamento atento e carinhoso que os que não o fazem. A mãe de um bebê que não sorri pode se sentir insegura e ansiosa quanto a sua própria competência como mãe. Conseqüentemente a criança talvez seja objeto de menos atenções. Quase todas as mães supõem que os sorrisos dos bebês indicam satisfação. Quando um bebê recompensa os esforços feitos pela mãe para agradá-lo, ela se sente motivada a aumentar seu envolvimento. O bebê, por sua vez, aprende a sorrir com mais freqüência, pois os sorrisos acarretam mais estimulação.

■ Acessos de raiva

Quando zangado, o bebê pode ter um acesso de cólera. Há de gritar, de atirar-se no chão, de dar pontapés. Essa zanga pode ser provocada por diversos motivos: um excesso de solicitações por parte dos pais, uma estimulação exagerada quando ele já está cansado, ou a privação da atenção e da estimulação habituais (como acontece quando a mãe se afasta). Um acesso de raiva pode provocar nos pais confusão e frustração. Eles poderão relutar em reforçar esse comportamento cedendo diante do filho, embora alguns consigam se mostrar indiferentes e ignorar a explosão. Na maioria das vezes, os acessos de raiva provavelmente poderiam ser evitados se não se permitisse que as crianças ficassem cansadas demais, se as expectativas dos pais permanecessem dentro de limites razoáveis, e se a criança fosse tratada com firmeza e consideração.

■ Ordem de nascimento

Os primogênitos são muitas vezes melhor orientados para sua própria realização pessoal, mais competitivos e mais sociáveis que seus irmãos mais novos. Isto talvez se deva ao fato de que eles se esforçam mais para corresponder às expectativas dos pais. Entretanto, o desejo de se tornar tão competente quanto os adultos que a cercam pode fazer com que uma criança se torne frustrada e menos confiante em si mesma. O primeiro filho constitui uma experiência nova e excitante e os pais podem consagrar a um filho único muito mais tempo do que o que lhes sobra quando têm de lidar com mais de um. Quando lhes nasce um segundo filho, eles tendem a atribuir ao primogênito mais responsabilidades e dele esperam um comportamento mais adulto. Ficou provado em diversos estudos que os primogênitos são freqüentemente melhor sucedidos profissionalmente que os indivíduos que têm irmãos mais velhos.

Antes de passar adiante...

1. Como se estabelece o relacionamento entre a mãe e o bebê?
2. O que acontece quando as necessidades de carinho físico da mãe e as do bebê não se harmonizam?
3. Qual o tipo de bebê mais susceptível de receber atenção?
4. O bebê pode sorrir logo depois do nascimento. Certo ou errado?
5. De que maneira o sorriso afeta o laço entre mãe e filho?
6. Quais são algumas das causas dos acessos de raiva nas crianças?
7. De que maneira a ordem de nascimento afeta a personalidade?

Respostas:

1. Ambos tomam uma parte ativa nesse estabelecimento.
2. A mãe pode adaptar-se às do bebê, ou este último poderá buscar esse carinho noutra pessoa qualquer.
3. É o tipo ativo, alerta e exigente.
4. Certo. Mas o sorriso que se manifesta quando o bebê reconhece um dos parentes não aparece antes do terceiro ou do quarto mês.
5. O sorriso reforça o comportamento carinhoso da mãe.
6. Um excesso de estimulação, expectativas pouco realistas, cansaço e privação de atenção.
7. Os primogênitos têm mais probabilidades de obter êxito na vida e de se tornarem sociáveis.

Módulo 18. SOCIALIZAÇÃO

Socialização é o processo através do qual as crianças aprendem a se comportar de uma maneira aceitável, segundo define a cultura a que pertencem suas famílias. Elas aprendem os valores de seus pais e de sua cultura, adotam suas maneiras de expressar as emoções, e a importância do controle de certas necessidades. Em geral, a socialização implica numa disciplina de um tipo qualquer: elogios, reprimendas ou castigos. Entre os comportamentos aprendidos através da socialização estão incluídos os seguintes: usar os vasos sanitários, comer com talheres, mostrar-se amistoso, respeitar a propriedade alheia, assim como os direitos das outras pessoas. Os pais são quem exerce a maior influência sobre o processo de socialização, pois os filhos geralmente desejam ardentemente agradar a eles e conservar seu amor e sua aprovação.

■ Treinamento higiênico

A maioria das crianças nos Estados Unidos começam a receber um treinamento para a higiene num momento qualquer durante o segundo ano de vida. É preciso que a criança seja suficientemente amadurecida e possa controlar os músculos de seus esfíncteres antes de poder receber esse treinamento. É preciso também que ela seja capaz de compreender o que dela se espera e de comunicar, suas necessidades fisiológicas.

Na opinião de Freud, o treinamento para a higiene envolve, com freqüência, um conflito entre pais e filhos. Se não ficar convenientemente resolvido, o conflito poderá provocar problemas de personalidade mais tarde. Alguns pesquisadores acreditam que uma experiência de treinamento exagerado, somada a outras formas restritivas de socialização, pode tornar a criança excessivamente agressiva ou tímida, e rígida demais com relação à obediência às regras.

De um modo geral, quanto mais tarde se iniciar, mais rápida e mais facilmente se fará o treinamento para a higiene. Há menos tensão quando o processo é gradativo. Seria possível educar as crianças levando-as simplesmente a imitar o comportamento correto, e recompensando-a sempre que o fizer. A maioria das mães tende entretanto a castigar os erros, de uma maneira qualquer. Alguns bebês se sentem ameaçados pelo treinamento para a higiene porque se espera que eles sigam muitas outras regras ao mesmo tempo. Quando a mãe se mostra carinhosa e cheia de consideração durante o primeiro ano de vida, é bem provável que a criança não sofra em virtude de um treinamento prematuro ou muito rígido. Mas se ela se mostrar desde o início constantemente inflexível para com a criança, o êxito obtido nesse treinamento servirá apenas para aumentar a angústia suscitada por outros conflitos.

■ Papéis sexuais

Admitia-se outrora que meninos e meninas possuíam características inatas diferentes, que determinavam seu comportamento feminino ou masculino. As pesquisas modernas, entretanto, indicam que a agressividade talvez seja o único traço de personalidade encontrado mais freqüentemente entre os homens que entre as mulheres. As outras diferenças entre os comportamentos dos meninos e os das meninas parecem resultar da socialização. Os pais tendem a tratar de maneira diferente os filhos do sexo masculino e os do sexo feminino; tendem também a esperar, dos mesmos, comportamentos diferentes.

Logo depois de nascidos, os bebês são manipulados com mais delicadeza quando são meninas, e com um pouco mais de rudeza quando são meninos. Já se provou que as mães conversam freqüentemente com suas filhas, são mais propensas a amamentá-las no seio e lhes demonstrar fisicamente um carinho que não demonstram aos filhos da mesma maneira. Enquanto as meninas parecem encorajadas a se mostrar afetuosas, calmas e sociáveis, espera-se que os meninos sejam independentes, ativos e barulhentos. Verificou-se que as meninas de treze meses escolhem atividades motoras mais refinadas que as dos meninos da mesma idade, que tendem a utilizar mais os seus grandes músculos nos brinquedos.

Com a ênfase atribuída hoje em dia à igualdade entre os sexos, talvez verifiquemos que os pais passem agora a permitir que seus filhos expressem mais livremente os próprios sentimentos, e estimulem suas filhas a se mostrarem mais impetuosas e mais ativas fisicamente.

■ Agressão

Já dissemos que muitas crianças revelam sua cólera sob forma de acessos de raiva. Aprender a controlar a cólera e a agressão é um aspecto importante da socialização. Como se espera, muitas vezes, que os meninos sejam mais agressivos que as meninas, em geral eles não são castigados tão freqüentemente, nem tão severamente quando revelam sua ira. Conseqüentemente, os meninos são mais agressivos que as meninas.

As crianças são mais suscetíveis de se tornarem agressivas quando os pais as castigam fisicamente. Tendem também a se mostrarem hostis quando os castigos são aplicados de maneira incoerente. Pais incoerentes podem punir de vez em quando uma ofensa, deixando-a outras vezes impune. Mostram-se por vezes permissivos, e outras vezes castigam indiscriminadamente. Com isto, seus filhos ficam confusos e conseqüentemente agressivos.

■ Técnicas para educar as crianças

As pessoas tendem a educar os filhos tal como elas mesmas foram educadas. Com relação à maneira de tratar os filhos, os pais geralmente seguem o exemplo de seus próprios pais. Em nossa sociedade, entretanto, nos dias atuais, tem-se emprestado muita ênfase aos efeitos psicológicos de certas técnicas aplicadas à educação dos filhos. As teorias freudianas têm ajudado as pessoas a tomar consciência das danosas conseqüências acarretadas pela rigidez excessiva dos pais com relação aos filhos. Na década de 1920, muitos aplicavam as técnicas rígidas, sistemáticas e que só permitiam um mínimo de demonstrações de carinho preconizadas por J. B. Watson. Na opinião desse behaviorista, as crianças deviam ser tratadas como pequenos adultos — alimentados em horas certas, ensinadas logo cedo a ter hábitos de higiene, a se controlarem, evitando-se as demonstrações de carinho suscetíveis de as tornarem sensíveis demais. Por volta de 1930, alguns antropólogos e psicólogos como Karen Horney e Margaret Mead, relataram que o número de angústias era menos entre os povos de cultura menos restritiva que entre os americanos. Essas idéias, associadas aos conceitos freudianos, talvez tenham ajudado a aplainar o caminho para uma atitude mais permissiva por parte dos pais.

Os pais receiam muitas vezes "estragar" um filho dando constantemente atenção a seu choro. Mas Erikson fez notar que a satisfação das necessidades do bebê é uma condição essencial para o desenvolvimento de uma confiança básica. Segundo o Dr. Lee Salks, não é possível "estragar" uma criança dando-lhe a atenção de que ela precisa. Esses cientistas insistem em afirmar que se o bebê chora com muita freqüência é porque está recebendo muito pouca atenção, e não pelo contrário.

É necessário disciplinar as crianças mas também é preciso que elas já sejam capazes de compreender o que delas se espera. A disciplina em geral se faz necessária quando a criança começa a se movimentar por conta própria. A partir desse momento, ela vai com toda a certeza expor-se a perigos contra os quais terá de ser protegida através de avisos como "Não, não", ou removendo-se o objeto perigoso.

Quando é forte o laço de confiança e carinho existente entre uma criança e seus pais, ela muito provavelmente se há de ajustar às regras para obter sua aprovação. As expectativas dos pais devem ser realísticas: a criança precisa estar preparada para a tarefa. Se, por exemplo, ela ainda não tiver alcançado uma maturidade física suficiente para controlar os músculos de seus esfíncteres, não se deverá castigá-la por ter movimentado seus intestinos ou por ter urinado nas calças.

■ Maus-tratos às crianças

Em alguns casos, pais desajustados e mal orientados levam ao extremo a educação que dão aos filhos, prejudicando-os com isso. Os pais que maltratam os filhos em geral foram também maltratados ou privados de carinho durante a infância. Os adultos brutais geralmente alimentam esperanças nada realistas com relação aos filhos, e existem tensões em suas próprias existências que lhes tornam difícil acomodar-se às exigências da educação de uma criança. Nestes últimos anos, tem-se atribuído uma atenção cada vez maior às "crianças espancadas" e a seus pais. Médicos e professores têm estimulado as denúncias de possíveis casos de maus tratos a crianças, de modo que as vítimas de pais brutais possam receber proteção contra novos excessos.

Antes de passar adiante:

1. O que é socialização?
2. A maioria dos comportamentos sexuais adequados é adquirida através do ________.
3. Quais são as habilidades indispensáveis para que uma criança possa aprender hábitos de higiene?
4. Verifica-se constantemente que a agressão prevalece mais entre os homens que entre as mulheres. Certo ou errado?
5. O castigo ________ tende a estimular a agressividade.
6. Segundo Watson, como deveriam ser tratadas as crianças?
7. A atenção, com toda a certeza, estraga uma criança. Certo ou errado?

Respostas:

1. O processo de transmissão de valores culturais e de modos aceitáveis de comportamento às crianças.
2. Controle dos músculos dos esfíncteres e uma certa compreensão da linguagem.
3. Socialização.
4. Certo.
5. Físico.
6. Como pequenos adultos que devem controlar a si mesmos.
7. Errado. As criancinhas precisam de atenção para adquirir confiança; isso não as estraga.

Revisão de Capítulo

OS ANOS DA PRIMEIRA INFÂNCIA: DESENVOLVIMENTO SOCIAL

1. Para Freud, os estágios psicossexuais da criança incluíam todas as seguintes idéias, *exceto* (a) uma concentração numa função particular do corpo; (b) um conflito; (c) uma fixação possível; (d) o superego.
2. Das três partes da personalidade adulta — o id, o ego e o superego —, qual a que se desenvolve primeiro? ____________; em segundo lugar? ____________; e em terceiro lugar? ____________.
3. O superego ajuda a criança a lidar com a realidade e ajustar-se a novas formas de gratificação. Certo ou errado?
4. Quando o ego começa a desenvolver-se?
5. Que tipo de conflito se desenvolve durante o estágio anal?
6. As características de uma personalidade anal-agressiva são (a) fumar ou roer as unhas; (b) mesquinhez, asseio e conformismo rigoroso; (c) dependência diante de outras pessoas para satisfazer os próprios desejos; (d) desorganização, generosidade excessiva, indiferença às regras e horários.
7. Freud e Erikson compartilham a idéia de (a) estágios psicossexuais; (b) conflito em cada estágio do desenvolvimento humano; (c) importância das influências sociais sobre o desenvolvimento humano; (d) confiança básica vs desconfiança básica.
8. Uma criança que chora e mesmo assim continua a ser ignorada, começa a se considerar como ____________.
9. A vergonha e a dúvida têm origem na (a) segurança e orientação dadas pelos pais; (b) num ambiente excessivamente restritivo ou na liberdade exagerada; (c) no estágio oral; na receptividade do conjunto da sociedade.
10. Erikson acreditava que uma sólida ligação entre mãe e filho transmite, à criança, segurança para que ela possa confiar em si mesma e nos outros, em situações novas. Certo ou errado?
11. A experiência de Harlow provou que (a) os filhotes de macaco só se apegavam às figuras que os alimentavam; (b) os filhotes de macaco não distinguem as "mães" de tela de arame de suas verdadeiras mães; (c) os filhotes de macaco precisam de carinho e de estimulação sensorial, independentemente de sua necessidade de alimento; (d) os filhotes de macaco só respondem a suas mães vivas e verdadeiras.
12. Entre alguns animais não-humanos, a ligação afetiva com a mãe se forma durante ____________.
13. Por volta de que idade a maioria dos filhos de seres humanos se liga afetivamente a suas mães?
14. A angústia da separação diminui quando o bebê tem ____________.
15. Um afastamento prolongado da mãe ou da pessoa que mais cuida do bebê acarreta (a) um distanciamento afetivo; (b) a morte; (c) um retardamento; (d) uma dependência passiva.
16. As crianças recolhidas a instituições, em geral não demonstram angústia diante de estranhos. Certo ou errado?
17. Um dos pais pode perder o interesse pelo filho quando a criança não se revela capaz de corresponder a ____________.
18. Todas as crianças nascem com o mesmo temperamento. As diferenças posteriores resultam da educação e da experiência. Certo ou errado?

19. A angústia de uma mulher com relação a sua capacidade de agir como mãe pode ser muitas vezes provocada por (a) um bebê que não sorri; (b) um bebê que exija muito carinho; (c) um bebê complacente; (d) nenhuma dessas alternativas.

20. Uma das diferenças entre os filhos mais velhos e os mais novos numa família é (a) a freqüência dos acessos de cólera; (b) a intensidade dos conflitos oral e anal; (c) espera-se que um filho mais novo se comporte como se tivesse mais idade; (d) o primogênito faz mais esforços para corresponder às expectativas dos pais.

21. Uma socialização restritiva ou rígida, como no treinamento para a higiene por exemplo, leva a conflitos que acarretam ______ para a criança.

22. Os meninos são mais agressivos que as meninas porque (a) eles nascem para se comportarem agressivamente; (b) não são castigados com tanta freqüência nem com tanta severidade quando revelam agressividade ou cólera; (c) eles só atendem quando são castigados fisicamente; (d) não são castigados de maneira suficientemente coerente.

23. A incoerência nos castigos leva à ______ numa criança.

24. Karen Horney e Margaret Mead fizeram notar que (a) não se pode estragar uma criança dando-lhe a atenção de que ela necessita; (b) alguns animais estabelecem laços afetivos com o primeiro objeto em movimento por eles avistado; (c) onde existem menos atitudes repressivas, as pessoas são menos angustiadas; (d) às vezes, os bebês que gostam muito de serem acariciados se apegam a outras pessoas que não os pais, mas que lhes possam dar o carinho físico de que eles necessitam.

25. Os pais que maltratam os filhos apresentam freqüentemente as seguintes características, *salvo* (a) muitas tensões em suas vidas; (b) expectativas não-realísticas com relação aos filhos; (c) experimentaram maus tratos ou privações em suas próprias existências; (d) um forte laço de confiança os une aos filhos.

26. O modelo de educação muito rígida tem sido combatido por todas as pessoas seguintes, *salvo* por (a) Freud; (b) J. B. Watson; (c) Erikson; (d) Horney e Mead.

27. O treinamento para a higiene constitui um aspecto importante da socialização. Todas as afirmações seguintes a esse respeito estão certas, *salvo* (a) Uma experiência com o treinamento para a higiene muito cheia de tensões pode suscitar problemas de personalidade mais tarde. (b) Implica num conflito entre mãe e filho. (c) Alguns pais esperam que os filhos aprendam a se controlar quando isto é ainda fisicamente impossível. (d) Quando feito logo cedo, o treinamento para a higiene pode levar menos tempo.

28. Usando suas próprias palavras, compare os estágios do desenvolvimento da criança, tal como foram delineados por Freud e Erikson.

29. Por que a concepção de Erikson relativa ao desenvolvimento da criança rejeita as práticas muito rígidas e rigorosas na educação?

30. Explique por que as crianças nas casas de recolhimento muitas vezes não se desenvolvem normalmente.

Para encontrar as respostas, consulte a página 195.

REVISÃO GERAL

CAPÍTULOS I A IV

1. A maioria dos cientistas admitem que ______ e ______ atuam na formação das características do indivíduo.

2. O que é um zigoto?

3. Dentre os seguintes estágios, qual o que aparece primeiro no desenvolvimento de um zigoto? (a) estágio embrionário; (b) estágio do ovo; (c) estágio fetal; (d) gestação.

4. Uma substância presente no sangue da maioria das pessoas é (a) o *foramen ovale;* (b) a fontanela; (c) o *umbilicus*; (d) o fator Rh.

5. Quais os reflexos do recém-nascido mais importantes para a sobrevivência? (a) Os reflexos de esquadrinhar e de sugar. (b) Os reflexos de andar e nadar. (c) Os reflexos de arqueamento. (d) Todos esses.

6. A maioria das atividades dos recém-nascidos é reflexa porque seu comportamento é influenciado sobretudo pelo __________________ e pela __________________ que controlam o comportamento involuntário.

7. As criancinhas começam a fazer novas coisas em idades diferentes, mas a seqüência do desenvolvimento motor é praticamente a mesma para todos os bebês. Certo ou errado?

8. Todas as coisas apontadas a seguir são causas de retardamento, *salvo* (a) má nutrição; (b) falta de estimulação; (c) falta de liberdade para explorar; (d) falta de apoio para a cabeça do bebê quando este é carregado.

9. A alimentação excessiva na primeira infância acarreta a produção de uma superabundância de __________________.

10. As semelhanças existentes entre os gêmeos univitelinos, a despeito das diferentes influências ambientais, podem ser explicadas por sua idêntica __________________.

11. No condicionamento clássico, a resposta a um estímulo é um reflexo não-aprendido. No condicionamento operante (a) uma resposta é um reforço positivo; (b) uma resposta reflexa está associada a outro estímulo; (c) uma resposta não-reflexa aparece na expectativa do estímulo; (d) nenhuma dessas respostas.

12. Os teóricos seguintes, arrolados na Coluna A, aparecem acompanhados de suas concepções, registradas na Coluna B. Qual dos seguintes pares (a, b, c, d) foi erradamente combinado?

A	B
(a) Pavlov	condicionamento clássico
(b) White	ambiente doméstico e aprendizado
(c) Skinner	universais da linguagem
(d) Piaget	período sensório-motor

13. Piaget acreditava que o bebê vai gradualmente organizando __________________ distintos, que experimenta por intermédio de cada um de seus sentidos (com relação à mãe, por exemplo), para formar um conceito integrado.

14. Uma das diferenças entre a concepção behaviorista e a racionalista da aquisição da linguagem está no fato de acreditarem os behavioristas que se aprende a linguagem por imitação, enquanto os racionalistas emprestam muita ênfase à capacidade inata de aprender as regras para utilizar a linguagem. Certo ou errado?

15. Um dos cientistas seguintes acredita que a criança nasce dotada de um "aparelho para a aquisição da linguagem" (AAL), que lhe confere a capacidade de aprender todas as regras de gramática em qualquer língua. Qual deles? (a) Brown; (b) Skinner; (c) Chomsky; (d) Piaget.

16. O Projeto Harvard de Pré-Escola provou que o ambiente doméstico tinha tanta importância quanto a herança inata para a explicação da capacidade de aprender das crianças. Certo ou errado?

17. Qual das seguintes idéias deve ser atribuída a Erikson? (a) O estágio oral precede o estágio anal. (b) A satisfação das necessidades de um bebê é essencial para o desenvolvivento da confiança básica. (c) Durante uma separação prolongada, as crianças passam

por três estágios de angústia. (d) As angústias são menos numerosas entre os povos de cultura menos restritivas que entre os americanos.

18. As diferenças de comportamento entre meninos e meninas resultam quase inteiramente das expectativas dos pais e das maneiras com que eles os tratam. Certo ou errado?

19. Quando um bebê é separado da mãe a conseqüência é ________.

20. Estudos recentes levam a pensar que, embora as crianças possam não compreender o que delas se espera, é importante discipliná-las. Certo ou errado?

21. Explique em algumas frases de que maneira um pai e uma mãe de olhos castanhos podem ter um filho dotado, ao nascer, de olhos azuis.

22. Analise sucintamente como a saúde física e psicológica de um bebê pode ser afetada pelo ambiente em que ele está sendo alimentado.

23. Burton L. White considera o período que vai dos dez aos dezoito meses como crucial para o desenvolvimento cognitivo. Quais são os desenvolvimentos significativos que ocorrem durante esse período?

24. Qual a diferença implícita nos termos "estágio psicossexual" e "estágio psicossocial"?

25. Compare os pontos de vista de Piaget e de Erikson sobre o desenvolvimento da criança.

Para encontrar as respostas, consulte a página 196.

Capítulo V

OS ANOS PRÉ-ESCOLARES: DESENVOLVIMENTO FÍSICO E COGNITIVO

Idéias diretrizes:

- *O crescimento físico começa a se fazer mais lento nos anos pré-escolares e o desenvolvimento vai sendo progressivamente modelado pela consciência que a criança toma de si mesma.*
- *O desenvolvimento perceptivo prossegue rapidamente, e o intervalo de atenção da criança aumenta.*
- *Os processos mentais da criança entram no chamado "estágio pré-operacional". A criança está agora aprendendo a usar símbolos abstratos.*
- *A capacidade da criança de utilização da linguagem aumenta prodigiosamente durante esse estágio.*
- *Os testes provaram que a criança precisa de um lar que a estimule ou de um ambiente pré-escolar para desenvolver suas melhores capacidades de aprendizado.*

Módulo 19. CRESCIMENTO FÍSICO

Entre os dois e os três anos de idade, as crianças passam da primeira infância para o estágio pré-escolar. Os dois primeiros anos de vida foram assinalados pelo rápido crescimento físico. Foram lançadas as bases para a compreensão dos conceitos e da linguagem, e para o exercício do relacionamento com outras pessoas. Durante a primeira infância, o desenvolvimento estava dirigido para a interação da maturação biológica com as forças ambientais. Durante os três próximos anos haverá um desvio gradual para o crescimento cognitivo e social. O desenvolvimento será afetado menos pelas forças biológicas e mais pela autoconsciência crescente da criança. O curso do desenvolvimento durante os anos pré-escolares (dos dois aos cinco anos de idade) sofre alterações que lhe vão sendo impostas progressivamente pela imagem que a criança está começando a formar de si mesma.

Durante os anos pré-escolares o crescimento físico passa a ser mais lento. Antes de completarem os três anos de idade, quase todas as crianças já chegaram à metade da altura que terão quando adultas. Em média, um menino de três anos tem cerca de 96 centímetros de altura, aproximadamente, e pesa cerca de 15 quilos. As meninas da mesma idade são um pouquinho mais baixas e mais leves. O índice de crescimento dos dois anos e meio aos cinco anos é mais ou menos o mesmo para meninos e meninas, embora os primeiros desenvolvam mais depressa que as últimas os tecidos musculares. Pode-se prever com relativa precisão a altura de um adulto tomando como base a altura da criança pré-escolar. A maioria das crianças altas para a idade aos cinco anos, se tornará mais alta que a média dos adultos. Mas isto nem sempre acontece. Muitas crianças miudinhas têm um surto repentino de crescimento e, quando adultas, atingem uma altura inesperada.

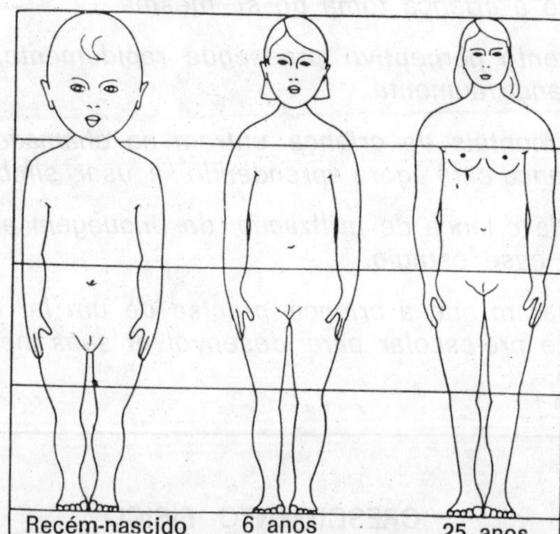

Proporções do corpo em diferentes idades. Por ocasião do nascimento, a cabeça representa, sozinha, um quarto do comprimento total do corpo da criança. Aos seis anos, as proporções do corpo são bastante semelhantes às do adulto.

A forma do corpo de uma criança se altera durante os anos pré-escolares. Aos seis anos, as proporções das diferentes partes são quase as mesmas de um adulto. O crescimento da cabeça se faz mais lento e, o do tronco, é relativamente rápido. Os braços e as pernas crescem mais depressa, de modo que as pernas de uma criança de seis anos representam metade de sua altura. No princípio deste período, quase todas as crianças apresentam um abdome protuberante que se vai adelgaçando à medida que elas crescem.

■ Desenvolvimento físico

Os sistemas muscular, esquelético e nervoso continuam a amadurecer. A *ossificação* (endurecimento dos ossos) prossegue aceleradamente — a maioria das cartilagens se transforma em ossos, e os outros ossos ficam maiores e mais duros. Aos dois anos e meio, quase todas as crianças já possuem seus vinte "dentes de leite", *temporários* ou primeira dentição, e podem mastigar alimentos de adultos. O crescimento dos músculos é responsável por grande parte do aumento do peso, e é particularmente acelerado depois dos quatro anos. Os grandes músculos se desenvolvem mais cedo que os pequenos. De modo que as crianças ainda novas se dão melhor com as atividades motoras mais grosseiras — como correr e subir — do que com as que exigem músculos pequenos e movimentos precisos.

O cérebro já não está crescendo com a mesma rapidez da primeira infância, mas continua a se desenvolver durante os anos pré-escolares. Aos seis anos, ele terá chegado a atingir cerca de 90 por cento de seu peso final. As células nervosas do cérebro também se tornam mais eficientes ao transmitir as mensagens.

Os ritmos respiratório e cardíaco decrescem e se estabilizam, e aumenta a pressão arterial. Estas alterações capacitam a criança a se tornar fisicamente mais ativa, permitindo-lhe também períodos de atenção mais prolongados. Ela tem agora uma maior capacidade para atividades físicas e mentais intensivas.

O crescimento físico adequado depende de uma nutrição conveniente e do bem-estar emocional. Os ossos das crianças subnutridas não endurecem nem crescem normalmente. Essas crianças também são mais propensas às cáries dentárias. Suas deficiências de proteínas e de vitaminas aumentam sua suscetibilidade às infecções e à fadiga. As crianças mal nutridas são em geral menos atentas e aprendem mais lentamente que as bem alimentadas.

As graves tensões emocionais no lar podem provocar um retardamento no crescimento. No decorrer de uma pesquisa, quando crianças muito menores que a média para sua idade foram retiradas de seus ambientes domésticos pouco saudáveis, seu peso e sua altura aumentaram com notável rapidez. Seus pais as haviam privado da nutrição física e emocional que lhes era necessária. Mas quando passaram a ser bem cuidadas e receberam atenção suficiente, seu crescimento se acelerou prodigiosamente.

■ Físico e personalidade

Já dissemos que uma consciência cada vez maior de si mesmo constitui uma parte importante do desenvolvimento durante os anos pré-escolares. O tipo físico de uma criança influencia com freqüência a maneira com que os demais reagem diante dela, assim como o papel que lhes cabe no relacionamento com as outras pessoas. Um menino ativo e musculoso pode dar aos outros a impressão de ser agressivo e, conseqüentemente, pode vir a comportar-

-se de acordo com essa impressão. Por sua vez, uma criança magra e esbelta pode se tornar tímida se tiver medo de sair ferida das rudes brincadeiras com outras crianças.

Os cientistas têm procurado associar muitas vezes os tipos físicos a certos traços de personalidade. Sheldon, por exemplo, classificou as pessoas em três tipos básicos. Propôs que se ligasse cada um deles a um temperamento diferente. Definiu os *endomorfos* como pessoas de peso excessivo, possuidoras de ossos e músculos pequenos. Os endomorfos são tidos como indivíduos extrovertidos, relaxados e alegres. *Mesomorfa* é a pessoa musculosa, forte, supostamente agressiva e autoconfiante. A pessoa do terceiro tipo, *ectomorfa,* é magra e fraca. Segundo Sheldon, os ectomorfos são introvertidos e tímidos.

Na prática, é difícil provar uma relação causal entre o tipo físico de uma pessoa e sua personalidade, por serem inúmeras as exceções à regra. Alguns estudos encontraram relações possíveis entre os tipos físicos e os temperamentos. Numa pesquisa, pediu-se aos pais que descrevessem as características de personalidade de seus filhos. A idéia que faziam de seus filhos diferia de acordo com os diversos tipos físicos, e muitas de suas descrições coincidiram com as classificações teóricas de Sheldon. Mas esses resultados nos informam melhor sobre a maneira com que as pessoas percebem o comportamento de cada tipo, do que sobre as verdadeiras diferenças de personalidade. Talvez seja porque adotamos atitudes diferentes com relação a pessoas de aparências diversas e que estas, por sua vez, aprendam a se comportar de acordo com nossas expectativas.

■ Desenvolvimento motor

À medida que os músculos se fortalecem e o cérebro vai ficando capaz de transmitir mais rapidamente os impulsos nervosos, a criança pré-escolar se torna capaz de executar tarefas físicas mais complexas. Suas capacidades conferem com freqüência à criança uma autoconfiança crescente. Mas, se não for tão habilidosa quanto os seus pares, a imagem que tem de si mesma pode ficar prejudicada.

Aos três anos, em geral, uma criança é capaz de correr velozmente, de subir com facilidade, de pular para cima e para baixo, de andar de velocípede, de erguer e carregar objetos relativamente pesados, assim como de coordenar suas atividades com uma certa precisão. Uma criança de quatro anos pode saltar, correr mais regularmente, pular para a frente, e usar os braços e as pernas mais independentemente do resto do corpo. Aos cinco anos, seu senso de equilíbrio está consideravelmente amadurecido, permitindo-lhe subir, pular e saltar com habilidade ainda maior.

O controle dos pequenos músculos aumenta com a idade. A criança utiliza os materiais com uma precisão cada vez maior. A princípio, coisas como argila, tintas, água, papel, lápis e blocos são usados sobretudo para uma satisfação sensorial, mais do que como instrumentos para criar formas ou pinturas. Uma criança de três anos não tem provavelmente a paciência ou o controle indispensáveis para trabalhar com precisão ou cuidado deliberados. Aparentemente, seu objetivo principal é experimentar as possibilidades dos materiais. À medida que suas mãos e seus dedos vão-se tornando melhor coordenados, ela passa a usar os materiais para representar os objetos como eles aparecem no mundo real, ou em situações criadas por sua imaginação. A cabeça e o rosto são as primeiras imagens que a criança procura reproduzir com precisão. Os rostos têm uma importância muito grande para as crianças pequenas. Elas insistem em representá-los maiores e mais pormenorizadamente que o resto do corpo. Aos três anos, os desenhos da criança podem começar como grandes manchas coloridas. Mais tarde, eles se tornam mais realistas revelando mais paciência e maior preocupação com a precisão, além de uma habilidade geral também maior.

Antes de passar adiante...

1. Qual tipo de tecido se desenvolve mais depressa nos meninos que nas meninas?
2. Que partes do corpo crescem em ritmo mais rápido?
3. Por que são os pré-escolares mais aptos a desempenhar atividades motoras mais grosseiras?
4. Qual a percentagem do peso do cérebro de um adulto alcançada aos seis anos de idade?
5. Quais são os três tipos de forma do corpo descritos por Sheldon?
6. Ao usar os materiais de pintura, uma criança de cinco ou seis anos procede de uma maneira que está acima da capacidade de uma de três. Como procede a mais velha?

Respostas:

1. O tecido muscular.
2. Os braços e pernas. O tronco também cresce rapidamente.
3. Porque os grandes músculos se desenvolvem antes dos pequenos.
4. 90 por cento.
5. Endomorfo, mesomorfo e ectomorfo.
6. A criança mais velha procura representar a realidade e leva adiante projetos deliberados.

Módulo 20. DESENVOLVIMENTO PERCEPTIVO

As percepções das crianças pequenas não são muito precisas. Mas com as diversas experiências, elas vão aprendendo a conhecer melhor o ambiente. Quanto mais nova a criança, menos probabilidades existem de que ela preste atenção aos pormenores e à exatidão. Aos três anos, uma criança não é capaz de estabelecer a diferença entre dois objetos semelhantes porém distintos, como faz uma de cinco anos. A *percepção* diz respeito à organização da informação colhida pelos sentidos — visão, audição, paladar, tato e olfato. É importante que os pré-escolares aprendam a fazer distinções entre objetos ou situações, e a classificar os objetos através da generalização de seus traços comuns.

As crianças muito novas não são capazes de prestar atenção a minúcias, como fazem as mais velhas. Um garotinho de três anos pode confundir um estranho com uma pessoa da família, se ambas forem parecidas. Se tiver visitado um parque, ela poderá dar o nome de "parque" a qualquer lugar que tenha árvores e grama. À medida que for passando por novas experiências, a criança aprenderá a procurar as características individuais que a ajudarão a distinguir situações semelhantes porém diferentes.

Os pré-escolares escolhem por vezes uma parte proeminente de um objeto, ignorando o resto. Isto fica bem evidente nos retratos que fazem das pessoas. Os rostos são particularmente grandes e pormenorizados, mas os corpos são pequenos, faltando-lhes definição. À medida que amadurecem, as crianças aprendem a reconhecer que um todo é constituído de diferentes partes.

A percepção da cor, da forma e do tamanho começa muito cedo. As crianças muito novas não se dão conta, muitas vezes, da constância do tamanho — elas não compreendem que um objeto continua do mesmo tamanho, independentemente da distância que o separa de quem o vê. Essa capacidade vem com a experiência. Depois de ver repetidamente objetos familiares, a diferentes distâncias, a criança aprende que o tamanho dos mesmos não se modifica nem mesmo quando parecem menores por estarem situados mais longe.

Antes dos dois anos, as crianças não prestam atenção às relações espaciais. Não parecem tomar nenhum conhecimento particular de que um brinquedo está colocado de cabeça para baixo ou com o lado certo para cima, ou junto à mão esquerda, e não ao lado da mão direita. A única coisa que interessa a uma criança dessa idade é ter os objetos a seu alcance. Entre os dois e os quatro anos de idade, as crianças começam a avaliar até certo ponto as distâncias e os tamanhos relativos. Nessa fase, elas também já podem reconhecer que uma coisa foi virada para outro lado ou colocada em posição invertida. Não obstante, uma criança dessa idade pode continuar incapaz de reconhecer um objeto que tenha sido colocado numa posição pouco habitual. Assim, para as crianças em idade pré-escolar, é difícil reconhecer pessoas que estejam distantes ou de costas para elas. Com um pouco mais de experiência, as crianças logo aprendem a compreender as relações espaciais. No terceiro ano de vida, elas começam a perceber corretamente os objetos, independentemente de sua posição.

Quando chegam a compreender que um todo é constituído de partes menores, as crianças começam a reconhecer os objetos familiares mesmo quando só algumas partes estão visíveis ou quando faltam algumas. As crianças mais velhas precisam de menos indicações para identificar um desenho só parcialmente concluído de um coelho ou de uma ovelha. Mas com um treinamento especial pode-se ensinar até crianças muito novas a identificar os objetos, tomando como base apenas alguns traços.

Intervalo de atenção — tempo que uma criança dedica a uma certa atividade — depende do nível de maturidade assim como do maior ou menor interesse que ela tenha pela tarefa. À medida que se vão tornando mais velhas, as crianças vão ficando mais motivadas para completar uma tarefa. A realização de um feito que exige persistência e raciocínio lhes traz satisfação. A capacidade perceptiva também contribui para aumentar o intervalo de atenção de uma criança. Naturalmente, para um pré-escolar ainda incapaz de ver a diferença entre as letras, não é possível conservar-se atento durante uma lição de leitura. Uma criança que ainda não seja capaz de distinguir as formas não terá nenhum interesse em tentar juntar as peças de um quebra-cabeças. Também se faz necessário um certo grau de maturidade neuromuscular antes que a criança possa permanecer num mesmo lugar durante um certo lapso de tempo.

As percepções das crianças também são influenciadas pela sociedade em que elas vivem, e pela linguagem que aprendem. Não lhes é possível aprender a satisfazer distinções entre os estímulos a não ser que tenham tido alguma experiência e aprendido os diversos rótulos utilizados para expressar essas distinções. Assim, as crianças esquimós aprendem a distinguir os diversos tipos de neve, visto como elas se vêem freqüentemente expostas a essa condição climática e porque sua língua dispõe de diversas palavras para os diferentes tipos de neve. As criancinhas que crescem em outras partes do mundo podem deixar de perceber a diferença entre um tipo de neve e outro. Para elas, uma só palavra, "neve", basta para designar todos os casos. Em nossa sociedade, o filho de um camponês pode aprender a conhecer um grande número de animais, enquanto o filho de um citadino talvez se refira a todos eles designando-os pela palavra "cavalinho".

Estivemos focalizando a percepção visual porque a maioria dos estudos tem-se voltado para este aspecto do desenvolvimento perceptual. Algumas pesquisas bastante recentes parecem provar que a percepção auditiva e a táctil também se aprimoram com a idade. A capacidade de compreender a natureza dos estímulos ambientais é essencial à formação dos conceitos e ao desenvolvimento da inteligência.

Antes de passar adiante...

1. O que é percepção?
2. Os pré-escolares deveriam aprender a __________ e a __________ os objetos.
3. A compreensão de que o tamanho de um objeto continua o mesmo quando o mesmo é levado para mais longe é conhecida com o nome de __________.
4. A percepção da cor, da forma e do tamanho começa muito cedo. Certo ou errado?
5. As crianças aprendem a compreender as relações espaciais durante seu __________ ano de vida.
6. As crianças, em todas as culturas, percebem as coisas da mesma maneira. Certo ou errado?
7. À medida que a criança amadurece, aumentam seus __________.

Respostas:

1. A organização da informação recebida pelos sentidos.
2. Distinguir; classificar.
3. Constância do tamanho.
4. Certo.
5. Terceiro.
6. Errado. A cultura a que pertencem determina os pormenores que precisam ser percebidos e como a percepção deve ser descrita.
7. Intervalos de atenção.

Módulo 21.

DESENVOLVIMENTO COGNITIVO E ESTÁGIO PRÉ-OPERACIONAL DE PIAGET

Quando saem da infância e começam a pensar simbolicamente, as crianças entram no estágio pré-operacional. Aos dois anos, uma criança já pode formar uma imagem mental de um objeto ou de uma experiência, e até usar palavras como símbolos para algumas idéias. O pensamento já não se processa exclusivamente através dos métodos de experiência e erro, mas também por meio do solucionamento de problemas simbólicos. Segundo Piaget, o pensamento é um processo de organização de uma nova informação num conjunto de *esquemas* já existentes. Uma criança se adapta às novas experiências ajustando-as aos conceitos que ela já possui, e acomodando seu pensamento de modo a incluir as novas informações. A utilização de símbolos capacita a criança a pensar para lá do presente, a lembrar o que aconteceu no passado e a antecipar o que acontecerá no futuro. Com o aprimoramento gradual de sua maneira de usar a linguagem (símbolos para o raciocínio), ela será capaz de compartilhar suas idéias com outras pessoas e de obter dessas pessoas informação sobre coisas que ela não tenha experimentado.

Durante o estágio pré-operacional, a criança aperfeiçoa seu funcionamento simbólico, entregando-se a brinquedos imitativos e imaginativos. A princípio, a imitação é qualificada de *imitação retardada*, porque é apresentada depois de a criança ter presenciado o comportamento de outra pessoa. A imitação é mais tarde interiorizada. Não é de maneira alguma representada como um papel e sim realizada mentalmente. A criança pré-operacional é incapaz de compreender muitos princípios relativos ao modo com que funcionam as coisas. Ela pode ser capaz de classificar os objetos segundo sua forma ou sua cor, mas não pode agrupá-los em termos de uma função ou de alguma qualidade abstrata que lhes sejam comuns.

No estágio pré-operacional, a criança pensa por *transdução*, ao contrário dos adultos que raciocinam por indução e dedução. *Indução* quer dizer ir do específico para o geral. No raciocínio dedutivo, nós passamos do geral para o específico. O *raciocínio transdutivo* implica em passar de um específico para outro. Para uma criança pré-operacional, dois acontecimentos serão tidos como relacionados simplesmente por terem ocorrido ao mesmo tempo. Desta maneira, a criança que cai de uma cadeira quando está tentando alcançar um objeto proibido pode acreditar que a queda foi provocada pelo desejo de obter o objeto proibido.

O pensamento pré-operacional é também *egocêntrico.* A criança pré-escolar é incapaz de levar em conta o ponto de vista de uma outra pessoa. Não compreende, por exemplo, que enquanto ela está olhando para a parte da frente de uma boneca, a pessoa que está por trás da mesma está vendo suas costas. A criança de uma escola maternal pode esperar que sua mãe saiba os nomes de suas coleguinhas de classe, ou os fatos ocorridos na escola durante o dia. Para ela, é difícil aceitar o fato de que sua mãe não compartilha suas experiências.

Outro aspecto do pensamento pré-operacional é a *centralização.* Este termo se refere à tendência dos pré-escolares a focalizar um aspecto de um acontecimento, ignorando as demais características do mesmo. Como a criança ainda não sabe *descentralizar,* ou considerar vários traços ao mesmo tempo, seu raciocínio não é correto. Numa das experiências de Piaget, apresenta-se a uma criança dois copos altos contendo água. Tendo a criança chegado a compreender que os dois copos contêm a mesma quantidade de água, o conteúdo de um deles é despejado num copo baixo e largo, enquanto ela fica a olhar. Em geral, a criança insiste em dizer que o copo mais alto contém mais água que o mais baixo. Não lhe é possível considerar ao mesmo tempo os dois conceitos: a largura e a altura.

Não lhe sendo possível descentralizar (muito embora possa saber contar) o pré-escolar não compreende que o número de itens de um conjunto continua o mesmo depois de alterada a sua disposição. Para ela, um conjunto de itens separados por grandes espaços contém um número maior de peças que um outro constituído de um número igual de objetos colocados muito perto uns dos outros. Uma criança que ainda não saiba descentralizar há de considerar o espaço total ocupado pelos objetos e não o número de itens de cada conjunto. Quando estiver chegando ao fim o estágio pré-operacional, a criança saberá (se souber contar) que os dois conjuntos possuem um número idêntico de componentes, independentemente da distribuição dos mesmos.

Durante o período pré-operacional, falta à criança a capacidade de guardar, como demonstrou a experiência com os copos de formas diferentes. Da mesma forma, se lhe forem dadas duas bolas de argila, ela saberá que ambas são do mesmo tamanho enquanto tiverem a mesma forma. Mas se uma delas for dividida em várias bolinhas menores, a criança pensará que o grupo de bolinhas contém mais argila que a bola grande, porém única.

No estágio pré-operacional, a criança é incapaz de inverter mentalmente um processo. Segundo Piaget, o pensamento infantil se caracteriza pela *irreversibilidade.* Tendo sido dividida em pedacinhos a bola grande de argila, a criança pré-operacional fica incapaz de conceitualizar a inversão do processo (reconstituição da bola). Se o pensamento da criança não se caracterizasse pela irreversibilidade, ela saberia que a quantidade de argila não tinha sido alterada pelo processo de divisão.

Durante o estágio pré-operacional, as crianças começam a desenvolver uma compreensão do tempo. Compreendem que certos acontecimentos ocorreram no passado, embora possam referir-se a qualquer coisa passada como tendo ocorrido "ontem" ou "no outro dia". O futuro é um conceito muito mais difícil para as crianças pré-escolares. Tendo-se dito a uma criança que na manhã seguinte ela iria fazer uma viagem, pouco depois ela poderá perguntar "agora é amanhã de manhã?".

Outro conceito aprendido durante o período pré-operacional é o de *seriação.* Esse conceito implica numa compreensão das relações de tamanho, e a capacidade de colocar os objetos em ordem segundo seu comprimento, sua largura e as demais dimensões. Quase todos os pré-escolares têm uma concepção do pequeno e do grande. Mas não são capazes de dispor os objetos de tamanhos diferentes em ordem, do menor para o maior. Quando Piaget pediu a algumas crianças que arrumassem alguns palitos numa série indo do mais curto ao mais comprido, de modo a criar uma estrutura em forma de escada, a maioria das de quatro anos foi incapaz de completar a tarefa. Mesmo as crianças de cinco e seis anos acharam difícil reproduzir a escada de Piaget. Algumas crianças de quatro anos tentaram reconstruir os degraus mas só conseguiram obter esse efeito na parte de cima. Como não conseguiam descentralizar, elas não consideravam o topo e a base ao mesmo tempo.

O pensamento infantil se conserva ilógico durante a maior parte do período pré-operacional. Os pré-escolares aceitam muitas vezes o *animismo,* atribuindo qualidades humanas a objetos inanimados, como móveis ou brinquedos. Conversam às vezes com as coisas como se fossem pessoas. Mais tarde, podem acreditar que somente os objetos que se movem são capazes de pensar e sentir. Mas a criança pré-operacional não vê nenhuma diferença entre os objetos que carecem de uma força externa para impeli-los e os seres vivos, que se movem por vontade própria.

Realismo é a idéia de que tudo no mundo é uniformemente real, inclusive objetos, sonhos, idéias e palavras. Trata-se de um outro aspecto ilógico do pensamento pré-operacional. O pré-escolar acredita que tudo que ouve ou vê (até mesmo nos sonhos) existe de fato. Acredita que o nome dado ao objeto é tão real quanto esse objeto. De acordo com seu ponto de vista, a substituição do nome de um objeto implicaria uma mudança na natureza do mesmo. As crianças tomam muito ao pé da letra as afirmações das pessoas. Embora apreciem os jogos imaginativos, elas são muitas vezes incapazes de compreender quando uma pessoa está simulando e não vêem nenhuma diferença entre a verdade e a mentira.

Antes de passar adiante...

1. De que maneira o simbolismo libera o pensamento de uma criança?
2. O pensamento ____________________ admite que dois acontecimentos estão relacionados porque ocorrem ao mesmo tempo.

3. Centralização é a capacidade de considerar simultaneamente diversos acontecimentos. Certo ou errado?

4. A ________ implica numa compreensão das relações de tamanho.

5. As crianças começam a pensar logicamente durante o período pré-operacional. Certo ou errado?

6. As crianças pré-operacionais não percebem a diferença entre a realidade e os sonhos em virtude do princípio de ________.

7. A atribuição de qualidades humanas a objetos inanimados tem o nome de ________.

Respostas:

1. O simbolismo a torna capaz de pensar sobre acontecimentos passados e futuros.
2. Transdutivo.
3. Errado. Essa capacidade se denomina descentralização.
4. Seriação.
5. Errado. Essa capacidade se desenvolve por volta do final do período pré-operacional.
6. Realismo.
7. Animismo.

Módulo 22. DESENVOLVIMENTO DA LINGUAGEM

As percepções de uma criança e sua capacidade de formar imagens mentais estão relacionadas com seu conhecimento da linguagem. A linguagem pode limitar ou ampliar o que é percebido. Por exemplo: uma pessoa mediana pode ouvir música e sentir essa música como algo agradável ou irritante, dependendo de sua preferência individual. Mas uma pessoa conhecedora da terminologia musical será capaz de avaliar com maior precisão a qualidade da música. Da mesma forma, a formação de um conceito é muitas vezes facilitada pelo aprendizado da linguagem. O raciocínio e a resolução de problemas podem se fazer sem um conhecimento da linguagem, como acontece com as crianças surdas que não aprenderam a falar. Mas nas crianças normais, grande parte do aprendizado envolve a aquisição das palavras usadas para descrever o ambiente. A complexidade do pensamento de uma pessoa, em geral, tem como paralelo sua competência no domínio da língua materna.

■ Gramática

A aptidão da maioria das crianças para a linguagem melhora prodigiosamente durante os anos pré-escolares. Entre os dois e os cinco anos de idade, o pré-escolar pode acrescentar até duas mil palavras a seu vocabulário. As crianças não se limitam a aprender a usar mais palavras: suas sentenças também se tornam mais longas, mais complexas e mais gramaticalmente corretas.

Um pré-escolar é capaz de utilizar um discurso estruturalmente correto, ilustrando o emprego das regras gramaticais. Embora caiba à imitação um papel no desenvolvimento da linguagem, fica bem evidente que muitas verbalizações da criança não são resultados da imitação, originando-se, pelo contrário, da aplicação de regras gramaticais que as ajudam a construir suas próprias sentenças originais. Todavia, de um modo geral, a criança não compreendeu todas as exceções às regras e comete, portanto, erros gramaticais. Por exemplo: a criança que tenha compreendido o princípio da adição de um "s" às palavras para formar o plural poderá dizer "balãos" em lugar de "balões", "pãos" e não "pães". Ao aprender a usar o passado verbal, ela poderá dizer "eu já janti", "eu gosti", ou "eu ponhei", em lugar de "jantei", "gostei" ou "pus".

Aos quatro anos, a maioria dos pré-escolares fala usando frases bem construídas e facilmente compreensíveis. Como está sempre exposta a experiências de aprendizado, a criança emprega palavras novas e compreende um número cada vez maior de conceitos. Mas a compreensão de uma criança precede geralmente sua capacidade de pôr em prática. Ela nem sempre consegue expressar o que está percebendo ou pensando. Por exemplo: ela pode ser capaz de indicar uma quantidade grande em contraposição a uma pequena antes de saber usar as palavras "mais" e "menos".

O desenvolvimento da linguagem acompanha a maturação cognitiva e social. Durante o estágio pré-operacional, o raciocínio é egocêntrico, o mesmo acontecendo com o discurso primário.

Segundo Piaget, o *discurso egocêntrico* desse estágio é às vezes não-comunicativo. Isto se revela de três maneiras. Em primeiro lugar, é um discurso *repetitivo.* A criança gosta de brincar com as palavras, ouvindo-se falar e praticando os modelos de discurso. Outro aspecto do discurso egocêntrico é o *monólogo,* ou conversa consigo mesmo. Os monólogos refletem o realismo do pensamento pré-operacional. As crianças conversam consigo mesmas porque não percebem que seus pensamentos, suas palavras e suas atividades são coisas distintas. Elas talvez acreditem também que falar a respeito de alguma coisa pode fazer com que essa coisa aconteça. A criança pode dizer ao vento "Pare de soprar", ou ao sol "Vá embora", esperando firmemente que essas palavras provoquem as mudanças desejadas.

O terceiro aspecto do discurso egocêntrico aparece quando os pré-escolares falam em *monólogos coletivos.* Quando reunidas em grupo, as crianças muito novas podem se revezar educadamente quando falam. Mas o que cada uma delas diz não tem nenhuma relação com o tema do discurso das outras. Os monólogos coletivos são não-comunicativos. O pensamento egocêntrico da criança não leva em conta o ponto de vista de outrem, de modo que ela pode nem sequer tentar ajustar sua pronúncia para se fazer compreender.

Existe um certo tipo de discurso precoce que é comunicativo (*socializado,* na terminologia de Piaget). Mas até mesmo esse discurso socializado tende a ser de caráter egocêntrico. As crianças ainda novas podem se esforçar por comunicar com os adultos, mas sua atenção está voltada primordialmente para seus próprios desejos e ações. Em geral, os pais estão habituados à pronúncia errada e às frases incorretas dos próprios filhos. São capazes de responder a muitas elocuções que ninguém teria compreendido. Antes de entrar em contato com adultos e crianças não pertencentes a seu círculo familiar, a criança pode não compreender que deve falar mais claramente caso deseje que os outros a compreendam.

O discurso egocêntrico de uma criança, à medida que ela amadurece, diminui gradualmente enquanto uma parte sempre crescente de seu discurso vai se socializando. A criança aprende a distinguir sua própria pessoa do resto do mundo, e a separar o pensamento da ação. O discurso socializado de uma criança de mais idade visa à comunicação com os demais. Nele se inclui um número crescente de declarações informativas e de perguntas.

Um psicólogo russo, Vygotsky, sustenta que o discurso controla progressivamente os pensamentos e as ações à medida que se vai aprimorando a compreensão da linguagem por parte das crianças. A princípio, o discurso da criança é *externo.* Ela fala alto a respeito de suas ações, mas é incapaz de se reger ela própria por seu discurso externo. Pode repetir a ordem de um adulto como "Não mexa aí", enquanto está de fato mexendo no objeto proibido. O estágio seguinte de desenvolvimento da linguagem é o *discurso egocêntrico.* A criança dá instruções a si mesma e controla seu próprio comportamento verbalmente. À medida que vai se tornando mais eficaz ao ordenar as atividades, o discurso passa a ser *secreto* ou *interior.* O discurso interior é uma verbalização oculta e abreviada. Tem o mesmo propósito que o discurso egocêntrico para a orientação das ações. Observe-se, entretanto, que a opinião de Vygotsky ao sustentar que as crianças são incapazes de controlar o próprio comportamento através de auto-instruções, tem sido controvertida. Ficou definitivamente demonstrado, numa experiência, que as crianças de três anos são capazes de interromper uma atividade em virtude de ordens dadas a si mesmas.

A capacidade que tem uma criança de empregar e compreender a linguagem é poderosamente influenciada pela maneira com que seus pais falam com ela e pela quantidade de reforço positivo que recebe por suas tentativas de comunicação. Certas pesquisas provaram que a maioria das crianças de classe média se expressam usando frases mais longas e mais complexas, possuem um vocabulário mais rico e sua pronúncia é mais clara que a de muitas crianças de classe mais baixa.

Basil Bernstein, sociólogo inglês, qualificou os tipos de discurso usados pelos pais das classes média e alta de *código elaborado.* Esse código é mais preciso, mais individualmente orientado e mais pormenorizado que o da classe baixa. Os pais de classe média também dão aos filhos explicações e informação sob forma de relato quando discutem um tópico qualquer. Os pais de classe mais baixa utilizam um *código restrito,* constituído de sentenças curtas e pouco complexas, contendo uma quantidade limitada de informação. É menos provável que esses pais estimulem os filhos a expressarem seus sentimentos ou a falar de suas experiências. O código restrito não elabora declarações nem ordens. Os pais de classe média são mais propensos a argumentar com os filhos, quando esperam deles um determinado comportamento, que os pais de classe mais baixa.

O código elaborado pode agir no sentido de ensinar a criança a utilizar sua linguagem com mais eficácia. Aumenta, ao mesmo tempo, sua capacidade de raciocínio. Os padrões de discurso da classe média estimulam as crianças a raciocinar, perguntar e resolver problemas simbolicamente. Elas são autorizadas a participar até certo ponto da tomada de decisões, aprendendo com isso a confiar em seus próprios critérios. As crianças das classes inferiores se baseiam muito na autoridade. Foram condicionadas a assim proceder por pais que esperam uma obediência sem contestações. Essas crianças não são motivadas para avaliar a informação e resolver os problemas em suas próprias cabeças.

O desempenho na escola pode ficar prejudicado quando a criança domina insuficientemente sua língua materna. As que provêm de ambientes sócio-econômicos mais baixos são muitas vezes capazes de agir eficazmente em seu próprio meio. Mas quando vão para a escola, elas são forçadas a lidar com professores da classe média e com seus padrões. A linguagem usada pelas crianças em casa talvez não lhes seja de grande serventia na escola. Ficam então prejudicadas quanto à capacidade de lidar com o código elaborado de seus professores. Não se saem bem nos testes destinados a avaliar a inteligência, em termos de linguagem, e aptidão para resolver os problemas, baseados no emprego de uma língua padronizada.

Antes de passar adiante...

1. De que maneira as crianças aprendem a formar sentenças originais e gramaticalmente corretas?
2. As crianças aprendem a falar exclusivamente por imitação. Certo ou errado?
3. As três formas de discurso egocêntrico são: ________, ________ e ________.
4. Segundo Bernstein, os padrões de discurso da classe média formam um ________.
5. O discurso simplificado das classes mais baixas capacita a criança a agir eficazmente em qualquer ambiente. Certo ou errado?
6. Quase todos os professores comunicam com seus alunos usando um ________.
7. Por que tantas crianças das classes mais baixas se saem tão mal nos testes de inteligência?

Respostas:

1. Elas inferem as regras gramaticais e as aplicam à sua própria maneira.
2. Errado. Prova-o o fato de que as crianças, quando falam, cometem erros inteiramente originais, erros que nunca tinham ouvido ninguém mais cometer.
3. Discurso repetitivo; monólogo; monólogo coletivo.
4. Código elaborado.
5. Errado. Esse código restrito geralmente impede a criança de agir eficazmente num ambiente de classe média.
6. Um padrão de sua língua materna.
7. Esses testes avaliam habilidades lingüísticas que as crianças de classes mais baixas talvez não tenham aprendido.

Os testes destinados a medir o quociente de inteligência (QI) dos pré-escolares dependem muito das instruções verbais. Os testes de inteligência dos bebês avaliam as habilidades motoras. Mas os testes destinados às crianças de mais de três anos procuram avaliar a capacidade de raciocínio. Um teste de QI pré-escolar típico, como o de Stanford-Binet, exige que as crianças sigam as instruções verbais, digam o significado das palavras, indiquem os nomes das partes do corpo e outros itens em gravuras, e resolvam problemas que impliquem quantidade e espaço. O desempenho nos testes de QI depende da compreensão e do uso do vocabulário. Os testes de Stanford-Binet e outros avaliam as habilidades relacionadas com o domínio da linguagem, sendo que, sob este aspecto, as crianças de classe média se colocam geralmente à frente das pertencentes às classes mais baixas. Como os testes utilizam a língua obedecendo às normas, as crianças saídas de meios étnicos diferentes se vêem muitas vezes em situação de desvantagem. Os testes de QI são controvertidos. Como eles se baseiam nos padrões lingüísticos da classe média, é bem provável que não sejam válidos para avaliar a inteligência das crianças das classes baixas.

Cabe aos pais um papel importante no desenvolvimento cognitivo de seus filhos nos primeiros anos de vida dos mesmos. Eles determinam a qualidade da alimentação, o clima emocional, os materiais e as experiências dentro do lar. Essas coisas têm um efeito primordial sobre a inteligência das crianças, e sua capacidade de funcionar em outros ambientes, fora do lar. O modo com que os pais falam aos filhos também influi sobre a maneira com que as crianças interiorizam as atitudes, os valores e os sentimentos dos mesmos. Os pais reforçam a curiosidade natural e o desejo de realização da maioria das crianças. Elogios, atenção e a presteza ao responder às perguntas das crianças constituem motivações para que elas continuem a experimentar e a fazer perguntas. A impaciência e a falta de respostas desencorajam a curiosidade, e a criança aprende bem depressa a não fazer perguntas.

Uma boa escola maternal, uma creche ou um lugar que cuide das crianças durante o dia podem proporcionar excelentes oportunidades para o desenvolvimento social, emocional e cognitivo. Certas crianças passam duas ou três horas, algumas vezes por semana, na escola maternal. Outras permanecem nas creches durante oito a dez horas por dia, a semana toda. Algumas creches são fundadas e mantidas pelo governo, e dirigidas por professores habilitados. Outras são financiadas exclusivamente pelos pais e contam ou com professores habilitados ou com um pessoal sem treinamento especial. Algumas escolas emprestam maior ênfase às habilidades sociais enquanto outras se voltam mais para o desenvolvimento intelectual. Outras se limitam a prestar os serviços de uma babá, pois estão muito pouco aparelhadas para promover um desenvolvimento adequado. É terrivelmente escasso o número de creches autorizadas. Muitas mães que trabalham fora de casa são forçadas a deixar os filhos com pessoas não-qualificadas. Uma experiência desfavorável numa pré-escola pode ter um efeito nocivo e duradouro sobre a impressão que uma criança tem de si mesma e do resto do mundo. Mas o ambiente rico, cordial e estimulante de uma boa creche pode provocar nas crianças atitudes positivas com relação à escola, em particular, e à vida, em geral.

Uma pré-escola eficiente deve ser equipada com móveis de tamanho proporcional ao da criança, com uma grande quantidade de materiais que serão manipulados, com brinquedos que estimulem a imaginação, instrumentos musicais e equipamento para exercícios físicos. Seu pessoal deve ser composto de indivíduos interessados, capazes de oferecer a cada criança carinho e atenção especial.

Entre as metas programadas pela pré-escola, algumas deveriam incluir o incentivo à autonomia e à confiança, a criação de motivação para o aprendizado; deveriam também permitir que as crianças aprendessem a expressar seus sentimentos de uma maneira aceitável e ensinar-lhes a conviver com seus pares e com os adultos.

As crianças desenvolvem sua *autonomia* quando lhes é permitido participar da tomada de decisões. Atividades diversas lhes deveriam ser propostas para que elas pudessem fazer sua escolha, de modo a conseguir expressar sua curiosidade natural e seu desejo de se tornarem autoconfiantes. A confiança que adquirem em si mesmas aumenta quando elas têm uma oportunidade de praticar e aperfeiçoar as habilidades que envolvem a coordenação motora. As crianças ficam motivadas para aprender quando lhes são proporcionadas as experiências que estimulam o raciocínio, a análise e a indagação. Sua capacidade de raciocínio se aprimora quando seus professores lhes fornecem a linguagem que acompanha as atividades, descreve as experiências e ajuda a resolver os problemas. Suas necessidades emocionais são atendidas por adultos que reconhecem os sentimentos de ira, prazer ou afeição, e orientam as crianças para que elas demonstrem essas emoções de uma maneira aceitável. A pré-escola também proporciona às crianças a oportunidade de travar novas relações por meio das quais elas aprendem a levar em conta os pontos de vista das outras pessoas (o pensamento e o discurso se tornam menos egocêntricos) e a se valer de seus pares e dos professores como mais uma fonte de informação.

O Projeto Head Start e outros programas semelhantes têm procurado oferecer um ambiente mais estimulante que ajude a desenvolver a linguagem e a capacidade de raciocínio das crianças que não tenham aprendido essas habilidades em suas próprias casas. O Projeto Head Start foi elaborado com o intuito de preparar as crianças de três a seis anos de idade para que elas possam executar as tarefas da escola elementar. Em alguns casos, os programas desse tipo têm conseguido resultados excelentes. Mas nem todos têm sido igualmente eficazes quanto a elevar o nível do desempenho dessas crianças quando ingressam na escola elementar. Segundo parece, certos centros não dispõem de pessoal nem de equipamento tão bom quanto o de outros. Embora tenha melhorado a capacidade de aprendizado de algumas crianças, muitas delas são incapazes de manter sua vantagem ao longo de toda a sua carreira escolar. É possível que o Projeto Head Start as tenha alcançado tarde demais, considerando-se que as bases da inteligência devem ser lançadas antes dos três anos. Pode ser também que, se continuarem a receber uma assistência especial na escola elementar, essas crianças consigam manter o índice de desenvolvimento indispensável a um desempenho eficiente.

Diversas pesquisas já deixaram demonstrado que o QI das crianças de mais de três anos pode ser elevado através de uma assistência individual. Uma experiência envolvendo 22 crianças de três a quatro anos e meio provou que um treinamento individual de quinze a vinte minutos por dia pode melhorar o QI das crianças. Além de terem melhorado o seu QI, as crianças especialmente treinadas parecem mais motivadas para aprender que as não-treinadas.

O Projeto de Treinamento Precoce do Peabody College era particularmente interessante. Incluía uma orientação às mães, ensinando-lhes as diversas maneiras de elogiar e favorecer as realizações de seus filhos. Um grupo de crianças recebeu um treinamento especial em linguagem, utilização de materiais escolares, conclusão das tarefas e adiamento da gratificação. O grupo de crianças especialmente treinadas apresentou um aprimoramento significativo em seus QIs.

Essa experiência foi uma das poucas que tentaram envolver os pais no treinamento cognitivo das crianças. Se os pais fossem mais constantemente incluídos nos programas destinados a melhorar a inteligência dos pré-escolares, é bem provável que eles passassem a se interessar mais pela educação de seus filhos. Muitas crianças são matriculadas em creches simplesmente porque falta a seus pais tempo ou energia para cuidar delas. Muitas vezes, porém, até os que poderiam ajudar os filhos se sentem alijados dos programas dirigidos por profissionais da classe média e talvez transmitam aos filhos suas próprias atitudes negativas. Com uma maior participação da comunidade e dos pais, os programas da pré-escola podem se tornar mais satisfatórios para todos que neles estejam envolvidos. Os pais que participam nos programas sentem que exercem um maior controle sobre a educação de seus filhos. Estes, por sua vez, se sentem mais motivados quando os pais revelam um maior interesse.

Antes de passar adiante...

1. De que maneira os testes de QI dos bebês diferem dos testes de QI dos pré-escolares?
2. Os pais podem estimular a curiosidade dos filhos _________, _________ e _________.
3. As pré-escolas inadequadas não têm nenhum efeito sobre o desempenho posterior da criança na escola. Certo ou errado?
4. Quais são as metas que as pré-escolas deveriam ter em vista?
5. Os programas ____________________ se destinavam a oferecer às crianças um ambiente mais estimulante que as pudesse ajudar a desenvolver a linguagem e a capacidade de raciocínio.

6. O Projeto de Treinamento Precoce foi particularmente eficaz porque ______________.
7. Os professores ______________________, podem afastar os pais das crianças das classes baixas.

Respostas:

1. Os testes aplicados aos bebês avaliam suas habilidades motoras, enquanto os testes da pré-escola avaliam as habilidades lingüísticas.
2. Respondendo às suas perguntas; dando atenção a eles; proporcionando-lhes experiências interessantes.
3. Errado. Uma pré-escola deficiente pode provocar na criança uma atitude negativa com relação à escola em geral.
4. Elas deveriam estimular a autonomia, uma auto-imagem positiva, a experimentação, a formação de novas relações e a canalização das emoções.
5. Head Start.
6. As mães foram nele envolvidas.
7. De classe média, quanto à maneira de falar e aos valores.

Revisão de Capítulo

OS ANOS PRÉ-ESCOLARES: DESENVOLVIMENTO FÍSICO E COGNITIVO

1. Qual das características seguintes se aplica *menos* aos anos pré-escolares? (a) Crescimento cognitivo e social; (b) Aumento da autoconsciência. (c) Crescimento físico rápido. (a) Desenvolvimento da auto-imagem.
2. Durante os anos pré-escolares, as proporções das diversas partes do corpo são iguais às de um adulto. Certo ou errado?
3. Quase todas as crianças de dois anos e meio são capazes de mastigar os alimentos de adultos porque ______________.
4. Enquanto a criança avança em idade e chega aos 6 anos, todos os itens seguintes aumentam, *salvo* (a) equilíbrio; (b) pressão arterial; (c) intervalo de atenção; (d) ritmos respiratório e cardíaco.
5. As percepções dos pais com relação a seus filhos variam conforme os tipos físicos das crianças. Que efeito pode ter isto sobre o comportamento destas últimas?
6. A incapacidade de uma criança de reconhecer um objeto, quando a aparência do mesmo fica sensivelmente alterada por sua posição, reflete uma falta de compreensão das relações ______________________.
7. O lapso de tempo dedicado por uma criança a uma nova atividade tem o nome de ___ ______________________.
8. O intervalo de atenção de uma criança depende de tudo que vem a seguir, *salvo* (a) maturidade neuromuscular; (b) capacidade de percepção; (c) constância do tamanho; (d) quantidade do interesse.
9. A habilidade com que uma criança distingue os estímulos depende de sua ______ __________ e ______________.
10. O processo mental que as crianças pré-escolares, mas não os bebês, são capazes de utilizar é conhecido com o nome de ______________.
11. Por que os pré-escolares não classificam os objetos de acordo com os materiais de que eles são feitos?

12. As características do estágio pré-operacional incluem tudo que vem a seguir, *salvo* (a) pensamento egocêntrico; (b) transdução; (c) "imitação retardada"; (d) descentralização.
13. O pensamento egocêntrico diz respeito à convicção da criança de que ___________
14. Durante a primeira infância, a criança insiste em afirmar que um copo alto e estreito contém mais água que um baixo e largo, embora ambos contenham a mesma quantidade. Isto revela a incapacidade da criança de ____________________.
15. Uma expressão que descreva um aspecto do pensamento ilógico da criança é (a) seriação; (b) realismo; (c) discurso interior; (d) pensamento indutivo.
16. Os pré-escolares compreendem facilmente que os monstros da TV, por exemplo, pertencem apenas ao mundo do faz-de-conta. Certo ou errado?
17. A complexidade do raciocínio de uma pessoa não tem nenhuma relação com seu domínio da língua materna. Certo ou errado?
18. O emprego incorreto das regras gramaticais prova que as crianças (a) aprendem a linguagem por imitação; (b) interiorizam as regras gramaticais mas ainda não percebem as exceções a essas regras; (c) estão procurando atrair a atenção; (d) são incapazes de fazer descrições verbais com precisão.
19. O conhecimento da linguagem tem relação com a capacidade de percepção da criança e com sua capacidade de formar imagens mentais. Pode-se então esperar que, durante o estágio pré-operacional, as crianças comecem a desenvolver maneiras mais complexas de utilizar a linguagem. Certo ou errado?
20. O discurso egocêntrico diminui e o socializado passa a predominar quando a criança entra em contato com pessoas que não pertencem a seu círculo familiar, à medida que ela vai crescendo em idade e aprendendo a ____________________ do resto do mundo.
21. Um aspecto do discurso do pré-escolar, a respeito do qual têm surgido ultimamente relatos conflitantes, é (a) o discurso do pré-escolar é egocêntrico; (b) a falta de compreensão das regras gramaticais por parte do pré-escolar; (c) a função dos monólogos repetitivos; (d) a capacidade de exercer um autocontrole sobre o próprio comportamento.
22. No aprendizado da linguagem, as crianças das classes mais baixas são menos expostas a ____________________ que as da classe média.
23. A aceitação da autoridade sem discussão não encoraja as crianças a raciocinar, a questionar nem a resolver simbolicamente os problemas. Certo ou errado?
24. Por que motivos os testes de QI passaram a ser controvertidos?
25. As experiências na pré-escola podem ter efeitos duradouros sobre as atitudes da criança com relação a si mesma, à escola, e ao resto do mundo. Certo ou errado?
26. Quando as crianças são autorizadas a participar na tomada de decisões, desenvolve-se a sua ____________________.
27. O QI de uma criança aos três anos permanecerá sempre o mesmo, a vida toda. Certo ou errado?
28. Descreve alguns dos fatores suscetíveis de retardar o desenvolvimento das crianças pré-escolares.
29. Quais são os desenvolvimentos cognitivos característicos das crianças no estágio pré-operacional?
30. Que características deveria você possuir se quisesse cuidar de crianças num ambiente de pré-escola?

Para encontrar as respostas, consulte a página 197.

Capítulo VI

OS ANOS PRÉ-ESCOLARES: DESENVOLVIMENTO SOCIAL

Idéias diretrizes:

- *O pré-escolar precisa aprender novas maneiras de se comportar em seus relacionamentos.*
- *Freud descreve os anos pré-escolares como sendo o tempo do conflito de Édipo (para os meninos) e do complexo de Eletra (para as meninas).*
- *Segundo Erikson, a tarefa primordial da criança nessa idade é resolver o conflito entre a iniciativa e a culpa.*
- *Quando os pais são capazes de tratar os filhos aplicando a dosagem certa de permissividade e de autoridade, as crianças acham mais fácil desenvolver um senso de autonomia pessoal.*
- *Nesse estágio, a criança também aprende a assumir os papéis sexuais considerados aceitáveis pelos pais e pela sociedade.*
- *Os relacionamentos sociais e as atividades lúdicas preparam agora a criança para lidar com um mundo mais vasto, fora do círculo familiar.*

Módulo 24. TEORIAS DO DESENVOLVIMENTO DA PERSONALIDADE

Ao analisarmos o desenvolvimento físico e mental do pré-escolar, nós nos referimos à enorme importância do bem-estar emocional e da auto-imagem em formação, para o desenvolvimento normal. Muitas de nossas atividades são governadas por nosso estado psicológico. Alguns de nossos sentimentos e atitudes — a confiança ou a desconfiança em nós mesmos e nos outros — são partes integrantes de nossa personalidade. Em geral, esses sentimentos são modificados apenas temporariamente por nossas experiências positivas ou negativas. Essas atitudes influem sobre a maneira com que reagimos às situações e nos relacionamos com as pessoas.

Emoções como a cólera, o medo, a alegria e o amor permanecem em estado de constante alteração, pois são continuamente substituídas por outros sentimentos. Além disso, a maneira com que exprimimos nossas emoções varia de acordo com a intensidade com que as experimentamos e com o maior ou menor controle que aprendemos a exercer sobre nossas reações.

Embora o temperamento de uma criança já esteja pelo menos parcialmente determinado antes do nascimento, suas experiências durante a primeira infância com os pais e outras pessoas lhe fornecem muitas das atitudes que ela provavelmente levará consigo durante a maior parte de sua vida. No decorrer dos anos pré-escolares, a criança se transforma numa pessoa relativamente autônoma que, segundo se espera, será capaz de lidar com uma série de emoções conflitantes. À medida que se torna menos dependente dos pais e mais cônscia de si mesma como pessoa por direito próprio, ela também vai compreendendo que existem muitas outras pessoas a seu redor. Ao se relacionar com outras pessoas, a criança deve aprender novas formas de comportamento que levem em conta as emoções e os desejos dos outros.

■ Concepção freudiana do desenvolvimento da personalidade

Sigmund Freud considerou o período pré-escolar como um estágio de desenvolvimento durante o qual a atenção da criança se volta centralmente para a região genital. O estágio *fálico*, ou *genital precoce*, abrange o período dos três aos seis anos de idade. Durante esse período, as crianças se sentem curiosas a respeito das diferenças sexuais entre meninos e meninas, e entre crianças e adultos, assim como a respeito da maneira com que nascem os bebês. Tomam consciência de que seus órgãos genitais representam uma fonte de prazer e por vezes começam a masturbar-se.

Complexo de Édipo é o nome dado por Freud ao conflito crucial que surge durante esse período. O nome dado a esse fenômeno lembra Édipo, um rei grego mítico que havia sido separado dos pais na infância. Quando se fez homem, matou o próprio pai e casou-se com a mãe, sem saber que, na realidade, aquelas pessoas eram seus verdadeiros pais. Na opinião de Freud, todo menino odeia o pai, até certo ponto, porque vê no homem mais velho um rival no amor da mãe. Os meninos alimentam supostamente um desejo subconsciente de matar o pai para ficar com a mãe exclusivamente para eles. Mas, ao mesmo tempo, os meninos temem os pais que são, a seus olhos, personagens muito poderosos. Freud sustentava que o menino teme que o pai venha a castrá-lo (cortar-lhe o pênis), castigando-o assim por odiar o pai e tentar possuir a mãe. Para resolver o conflito entre o ódio e o medo, o menino reprime o desejo sexual pela mãe e se identifica com o pai.

Segundo Freud, as meninas sentem *inveja do pênis*, julgando que podem ter sido castradas. Para ele, elas reagem a esta situação de uma das duas maneiras seguintes. A menina pode se identificar com a mãe e substituir o desejo original de possuir um pênis pelo desejo de ter um filho. Ou então, ela pode continuar a ansiar por um pênis e adotar certas formas masculinas de comportamento, com a esperança de vir a adquirir um. Na opinião de Freud, a menina deseja a princípio ter um filho com o pai a fim de conquistar seu amor só para ela. Mas desiste da idéia quando compreende que isso é impossível e procura mais tarde pais substitutos como objetos amorosos. Esse processo é designado por vezes com o nome de *complexo de Eletra.*

O *superego,* que pode ser aproximadamente equiparado à "consciência", se desenvolve durante o período pré-escolar. O superego surge como um resultado da identificação com o progenitor do mesmo sexo. Quando se identifica com o progenitor, o menino ou a menina introjeta, ou interioriza, os valores, as atitudes e as esperanças desse adulto, incorporando-as à sua própria personalidade. A princípio, a consciência do pré-escolar é muito inflexível e moralista. As crianças aderem às regras com muita rigidez. Quando as infringem, seus sentimentos de culpa podem ser intensos.

■ Concepção de Erikson do desenvolvimento da personalidade

Entre os três e os seis anos de idade, a criança se defronta com uma nova crise quando ela se torna menos apegada aos pais e seu senso de autonomia continua a se desenvolver. Erikson dá a isto o nome de conflito entre a iniciativa e a culpa. A *iniciativa* diz respeito à superabundância de energia da criança e a seu desejo de explorar e manipular o ambiente. Tendo agora a possibilidade de usar seu corpo e sua mente com mais eficiência, ela pode fazer muitas coisas novas. Ela se sente tão fortemente compelida a aprender que vive a testar constantemente as possibilidades de sua crescente capacidade de usar os objetos que a cercam. Os erros só a desencorajam temporariamente. O prazer que lhe dá sua capacidade de resolver os problemas e de atingir as metas desejadas a mantém sempre ativa.

Dependendo agora menos dos pais, a criança está pronta para envolver-se com outros adultos e crianças. Começa a compreender que pessoas diferentes podem ampliar sua esfera de conhecimento e experiência. Aprende a usar os outros adultos como fontes de orientação e informação, e passa a trabalhar e brincar com outras crianças. Suas novas relações a ajudam a compreender que as necessidades e as perspectivas dos outros nem sempre coincidem com as dela.

A criança fica às vezes frustrada pelo conflito entre seus próprios desejos e a consideração dos direitos alheios. Sob este aspecto, o superego que se está desenvolvendo é muito rígido. A criança se sente sequiosa de tirar vantagem de sua iniciativa, mas sabe que deve ficar atenta para não infringir as regras. Sente-se culpada quando não consegue se manter dentro dos limites impostos por sua consciência. Para Erikson, a culpa constitui uma maneira de punir-se a si mesmo.

Segundo Erikson, a personalidade da criança se divide em duas partes durante os anos pré-escolares. Uma delas permanece infantil, e continua a motivá-la para atender aos impulsos naturais que a ajudam a tornar-se mais competente. A outra parte da personalidade se faz mais paternal, encorajando a criança a controlar suas próprias ações, de acordo com os padrões morais, e a evitar a culpa.

A feliz resolução do conflito entre a iniciativa e a culpa tem como efeito a capacidade de se envolver em atividades construtivas, beneficiando-se ao mesmo tempo da orientação dos adultos e da companhia dos pares. A criança que estabelece um equilíbrio confortável entre os aspectos infantil e paternal de sua personalidade pode atender a alguns dos impulsos básicos que a levam a procurar realizar-se, continuando, não obstante, a levar em conta os pontos de vista dos outros.

Algumas crianças não conseguem chegar a um compromisso entre a iniciativa e a culpa. O superego pode se tornar tão forte que não permite a livre expressão dos desejos e impulsos. Com isso, a criança se torna excessivamente complacente e receosa de experimentar novas atividades. O medo da culpa reprime seu desejo de chegar a adquirir competência. Será tão grande o seu receio de falhar e de se ver alvo da conseqüente desaprovação dos outros que ela própria se há de restringir às atividades que serão inevitavelmente bem sucedidas.

A repressão dos desejos naturais pode fazer com que a criança se sinta ressentida consigo mesma pelos anseios não atendidos, ou com os pais, aos quais ela atribui a responsabilidade pelas restrições que impõe a si mesma. Os adultos, que não deixaram bem estabelecido o seu senso de iniciativa, inibem-se e alimentam esperanças pouco realistas com relação a si mesmos e aos outros. Eles esperam uma submissão total aos princípios morais. Seu ressentimento pode se voltar para dentro, sob forma de ódio por sua própria pessoa e de acabrunhantes sentimentos de culpa.

Os pais esperam às vezes que os filhos obtenham resultados acima de suas capacidades. Conseqüentemente, as crianças podem sofrer tantos reveses que elas relutam em empreender tarefas com as quais já não estejam familiarizadas. Quando os adultos emprestam uma ênfase exagerada às realizações, as crianças podem interiorizar a tal ponto esses valores que elas se sentem constantemente compelidas a se jactar de suas capacidades.

Antes de passar adiante...

1. Por que motivo Freud qualificou os anos pré-escolares de estágio fálico?
2. Define-se o ________________ como o sentimento de ódio e medo de um menino por seu pai e de desejo pela mãe.
3. A menina que adota um comportamento masculino tem provavelmente tendências homossexuais. Certo ou errado?
4. O ________________ é também conhecido com o nome de consciência.
5. Erikson acredita que a criança experimenta um conflito entre ________________ e ________________.
6. Na opinião de Erikson, a culpa é o recurso de que se vale a criança para evitar agir erradamente. Certo ou errado?
7. Qual a razão da jactância de certas crianças?

Respostas:

1. Porque, durante essa fase, o interesse da criança se volta centralmente para a região genital.
2. Complexo de Édipo.
3. Errado. Freud considera esse comportamento como resultado da inveja do pênis.
4. Superego.
5. Iniciativa; culpa.
6. Errado. Para ele, a culpa é uma forma de autopunição.
7. Essas crianças se jactam porque atribuem uma importância exagerada às realizações.

Módulo 25. IDENTIFICAÇÃO E TIPO SEXUAL

Já observamos que Freud via a identificação como um resultado da resolução do conflito de Édipo. A criança suprime seu desejo de ter só para ela o amor do progenitor do sexo oposto e se identifica com o do mesmo sexo. Para Erikson, a identificação com um dos progenitores ocorre quando a criança começa a perceber que é capaz de participar em atividades mútuas com aquele adulto.

A *identificação* é um desenvolvimento importante que ocorre nos anos pré-escolares. Ela favorece o processo de socialização. Uma criança fica motivada para se identificar com um dos progenitores porque vê naquele adulto uma pessoa dotada das qualidades invejáveis que ela própria deseja. As crianças tendem a adotar os valores, os sentimentos e os modos de comportamento das pessoas que lhes parecem atraentes. Ao observar o comportamento dos pais, a criança compreende que eles possuem muitas capacidades, muitos privilégios e outros traços positivos. Ela os vê como seres poderosos, competentes e merecedores do amor das outras pessoas. Ela se dá conta, ao mesmo tempo, de sua própria falta de autoridade e de competência para o desempenho de muitas habilidades. Ela anseia por adquirir as qualidades que lhe parecem tão atraentes. Ela dá a impressão de acreditar que se os seus próprios atributos fossem semelhantes aos da pessoa admirada, também ela possuiria as demais virtudes da pessoa em questão.

O desejo de vir a assemelhar-se a uma outra pessoa, particularmente ao pai ou à mãe, motiva a criança a aceitar e adotar as características da personalidade dessa outra pessoa. Ela interioriza essas características e imita as ações da pessoa. É mais propensa a imitar o comportamento de um modelo positivo que o de um outro destituído de atrativos. Os pais são geralmente modelos positivos porque são vistos como figuras revestidas de autoridade, porque são eles que fornecem a *ambientação* e porque são competentes.

A *ambientação* constitui um incentivo particularmente poderoso para que uma criança se identifique com um adulto. Quando recebe dos pais carinho e elogios, ela os equaciona com a gratificação. O resultado é que os atos e as convicções da pessoa se tornam características positivas. A criança reproduz o comportamento do modelo porque associou essas ações ao prazer. Acredita que os comportamentos copiados trazem consigo os outros atributos positivos. Quando age da mesma maneira que um de seus progenitores, ela se julga revestida de parte do poder e da segurança que eles possuem e se sente mais digna de ser amada. Mas se os pais não se mostram afetivos e carinhosos, é provável que a criança não se sinta motivada para imitar seu comportamento porque eles não constituem modelos positivos.

Na mente da criança, a reprodução das atividades dos pais a transforma numa pessoa semelhante à que está sendo copiada. Sentindo-se mais parecida com o progenitor, a criança vai ficando cada vez mais motivada para imitar o comportamento do adulto. Com o aumento de sua capacidade de desempenhar as habilidades, a criança consegue realizar muitas das tarefas que vê serem desempenhadas pelos pais. Com isto, ela está em via de se fazer mais semelhante ao progenitor. Uma menina pode compreender que é capaz de pôr a mesa ou de andar de bicicleta da mesma maneira que a mãe. Um menino pode se achar capaz de pintar ou de se vestir como o pai. Essas habilidades representam para a criança uma prova de que ela se está tornando parecida com os pais. Outras pessoas podem fazer comentários sobre sua semelhança com um dos progenitores. Esses comentários reforçam a percepção da similitude. Uma avó pode dizer, por exemplo, à criança que ela se parece ou age tal como o pai quando tinha a mesma idade. A identificação vai se fortalecendo à medida que a criança observa cada uma das características que ela tem em comum com um dos progenitores.

Uma das conseqüências da identificação com os pais é o aprendizado do *comportamento sexual adequado.* A maioria das diferenças de conduta entre meninos e meninas resulta da socialização. Durante os anos pré-escolares, as crianças se sentem geralmente estimuladas a identificar-se com o progenitor do mesmo sexo, e a imitar as atividades associadas ao gênero particular de cada criança.

Os pré-escolares se identificam até certo ponto com os dois progenitores. Quando ambos são vistos como provedores do sustento e possuidores de características dignas de apreço, a criança adota as atitudes e imita os comportamentos de ambos. Num momento qualquer, entretanto, ela compreende que se assemelha mais a um deles que ao outro. Como as similitudes favorecem a identificação e a imitação, a criança é mais propensa a copiar as ações e os sentimentos do progenitor do mesmo sexo.

Quando as crianças correspondem às expectativas relacionadas com seu sexo particular, geralmente são recompensadas. O menino que faz de conta que se está "barbeando como o papai" receberá provavelmente elogios dos pais. Mas se quiser usar jóias ou vestir-se "como a mamãe", ele quase certamente não encontrará aprovação. Alguns pais não tomam conhecimento desse comportamento inadequado. Outros podem reagir mais severamente, recriminando ou mesmo castigando a criança.

Como dissemos anteriormente, os pais carinhosos, afetivos têm mais probabilidades de serem imitados que os autoritários e os que não criam uma boa ambientação. No decorrer de uma pesquisa, dois grupos de mães foram solicitados a dar às filhas instruções para a resolução de problemas. Um dos grupos foi classificado como "bom educador" e o outro como "não-educador", segundo sua maneira de conceber a educação da criança. Enquanto estavam ensinando às filhas, cada mãe fazia comentários ocasionais ou movimentos desnecessários, sem nenhuma relação com o problema. Os pesquisadores verificaram que as filhas das mães boas educadoras copiavam as ações não-essenciais e os comentários muito mais freqüentemente que as filhas das mães que não eram boas educadoras.

Os meninos parecem motivados para imitar o comportamento dos pais afetuosos e fortes. Numa pesquisa, vinte garotos de cinco anos foram divididos em dois grupos, segundo seu grau de masculinidade. A "masculinidade", neste caso, incluía características como a auto-afirmação, a independência e a agressividade. Havia dez meninos extremamente masculinos num grupo, e dez meninos de masculinidade reduzida no outro. Quando observados em situações de brinquedo com bonecas, descobriu-se que os meninos altamente masculinos consideravam os pais como bons educadores. Os meninos de masculinidade mais reduzida não pareciam achar os pais afetuosos nem gratificantes. Os meninos altamente masculinos estavam aparentemente identificados com os pais bons educadores, ao passo que os outros não revelavam uma identificação muito forte com os respectivos pais.

Os meninos podem não encontrar em casa modelos masculinos fortes e adequados, quer porque os pais lhes dão pouca atenção, quer por estarem a maior parte do tempo ausentes. Nesses casos, os meninos podem imitar o comportamento dos homens vistos no cinema, na televisão ou na comunidade. Em geral, os homens são retratados como seres, em média, autoritários e, na vida real, o desempenho do poder cabe habitualmente aos homens. Por isso muitos meninos imitam os traços afirmativos associados com a masculinidade. Sua maneira de ver os homens como sexo forte fica ainda mais confirmada pelo fato de serem os homens geralmente maiores que as mulheres.

Livros, filmes, televisão, assim como os tipos de ocupação a que se entregam os homens e as mulheres têm perpetuado os papéis sexuais estereotipados. Em média e na vida real, os homens têm mais probabilidades de ocupar cargos associados com a responsabilidade, o poder, a força física ou a cultura. As mulheres têm sido tradicionalmente relegadas para as funções menos prestigiosas de dona-de-casa, enfermeira, professora e secretária, enquanto os homens têm sido estimulados a se fazerem médicos, advogados, diretores e supervisores. Até na escola maternal as crianças compreendem que, em nossa sociedade, os homens ocupam uma posição mais elevada.

Nos últimos anos, o movimento feminista vem lutando para modificar a maneira tradicional de se encarar os homens e as mulheres. Esse movimento vem tentando alterar os métodos de recrutamento, os estereótipos apresentados nos livros escolares e nos currículos, assim como as atitudes gerais da sociedade em conjunto. Esperam as feministas que homens e mulheres venham a ter em breve oportunidades iguais de realizar suas potencialidades e de ver menos cerceadas as suas opções de trabalho. É uma ironia o desprestígio do papel das mulheres como mães e professoras, considerando-se a tremenda influência dessas mulheres sobre os futuros adultos. Ao mesmo tempo, os homens têm-se visto privados da oportunidade de expressar livremente os seus sentimentos. Também eles têm sido colocados sob uma intensa pressão para que se desempenhem a contento. Com muita freqüência, espera-se que homens e mulheres desempenhem papéis que não coincidem com sua capacidade mental e emocional. Se pretendemos educar nossos filhos de modo a ensinar-lhes a se realizar de acordo com suas aptidões individuais, temos de começar no nível da pré-escola, onde as crianças começam a aprender os preconceitos sexuais.

Antes de passar adiante...

1. O que motiva uma criança a identificar-se com os pais?
2. ________ desempenha um papel importante no processo de identificação.
3. Quando uma criança imita as atividades dos pais, ela se julga no momento tão forte e poderosa quanto eles. Certo ou errado?
4. Por que motivo as crianças imitam mais freqüentemente o progenitor do mesmo sexo que o outro?
5. O pai ________ tem mais probabilidades de ser imitado que o ________.
6. Um menino que não tem um pai forte que ele possa imitar terá inevitalmente uma masculinidade reduzida. Certo ou errado?
7. As crianças começam a aprender os preconceitos sexuais ________.

Respostas:

1. Ela vê nos pais pessoas competentes, poderosas e merecedoras de amor.
2. A ambientação.
3. Errado. Ela acredita que isso a torna mais parecida com os pais.
4. Elas vêem em si mesmas mais semelhanças com esse progenitor e ficam reforçadas para adotar um comportamento adequado a esse sexo.
5. Bom educador; que não sabe educar.
6. Errado. A criança buscará em outra pessoa um modelo para o papel, como num tio, por exemplo, num amigo da família ou num herói de televisão.
7. Durante os anos pré-escolares.

Módulo 26 IDENTIDADE E DEPENDÊNCIA

Uma criancinha depende inteiramente dos cuidados do adulto e não possui nenhum sentimento verdadeiro de identidade. A *identidade*, ou auto-imagem, surge aos poucos, à medida que diminui a dependência da criança com relação aos pais. Os pré-escolares podem dar a impressão de serem relativamente independentes. Na realidade, porém, eles apenas aprenderam a revelar sua dependência de maneira diferente. A maioria das pessoas continua dependente de outras a vida toda. Mas sua busca do apoio de outrem e a maneira de demonstrar sua confiança vai se modificando à medida que passam a adotar formas mais amadurecidas de comportamento. Uma criança altamente dependente se agarra constantemente aos pais, aos professores e a seus pares, e se empenha em conquistar sua aprovação. Um pré-escolar relativamente independente necessita de menos atenção e segurança, continuando porém a depender dos outros quanto ao que se refere à informação e à orientação. Uma auto-imagem positiva, ou a confiança em si mesmo, parece ter uma certa relação com uma independência relativa. Um grau elevado de dependência associa-se a uma auto-imagem pouco favorável, ou à dúvida com relação a si mesmo, e à timidez.

Provavelmente, a melhor maneira de encorajar uma independência futura é satisfazer as necessidades iniciais de dependência da criança. Quando essa necessidade inicial não é atendida, a criança pode de fato se tornar futuramente mais dependente de outrem. Todavia, num determinado momento, os pais devem começar a esperar de seus filhos um comportamento mais auto-suficiente. Se, depois da primeira infância, eles continuarem a gratificar a dependência e a se mostrarem solícitos demais para resolver os problemas dos filhos, eles estarão desestimulando a auto-afirmação. A incoerência também pode trazer como resultado uma dependência excessiva. As crianças que recebem pouco ou nenhum carinho e freqüentes castigos, assim como aquelas cujo comportamento é por vezes tolerado e outras vezes punido, se tornam receosas de seguir seus próprios critérios. Entregam aos outros o encargo de tomar por elas as decisões, evitando com isto o perigo de uma desaprovação.

Ao amadurecerem, as crianças geralmente aprendem a expressar sua necessidade de dependência de diferentes maneiras. Quando muito novas, elas são mais propensas a solicitar carinhos físicos que as mais velhas, as quais habitualmente se contentam com elogios e atenção. A dose de aprovação exigida por uma criança costuma diminuir à medida que ela vai crescendo, quando sua necessidade inicial de dependência foi atendida e seu comportamento independente recebeu uma gratificação constante

Ao chegar aos cinco anos de idade, a criança já deve ser capaz de se desincumbir de muitas tarefas sem ajuda de ninguém. Deve estar também disposta a passar algum tempo sozinha quando entregue a algum brinquedo construtivo. Uma criança excessivamente dependente pede auxílio até nas atividades que ela deveria levar adiante sozinha e pode desejar estar sempre acompanhada.

A *realização* diz respeito ao domínio das habilidades físicas e intelectuais. Os pais que estimulam a independência estão muito provavelmente encorajando, ao mesmo tempo, a realização. A criança que tenha demonstrado um certo senso de independência terá geralmente adquirido confiança em si mesma. Estará ansiosa por demonstrar competência em seus desempenhos porque está interessada em preservar sua auto-estima.

Um pesquisador chegou à conclusão de que os pré-escolares que ficavam entretidos em atividades construtivas exigindo um mínimo de orientação adulta tinham mães que premiavam constantemente esse comportamento realizador. As mães dos pré-escolares que revelavam um "alto grau de realização" declararam que davam aos filhos um reforço positivo sempre que eles tentavam algum desempenho e que elas deixavam muitas vezes de atender aos pedidos de auxílio.

Em geral, a realização está relacionada com um alto grau de independência. Existem porém outros motivos para um desempenho habilidoso. Até mesmo as crianças dependentes podem ser motivadas a realizar com o intuito de obter um reforço positivo de algum adulto. Numa experiência, uma pesquisadora criou uma ambientação favorável permanente para um grupo de crianças, e somente temporária para outro grupo. A atenção dada às crianças do segundo grupo cessava após um curto lapso de tempo. Supunha-se que aqueles pré-escolares se mostrariam sequiosos de buscar a atenção que lhes havia sido retirada. Em seguida, a pesquisadora ensinou uma habilidade simples às crianças dos dois grupos, e demonstrou sua aprovação pelas tentativas de dominar a tarefa. As crianças que haviam sido privadas de uma ambientação atenta aprenderam a tarefa em menos tempo quando receberam elogios por seus esforços que as crianças do primeiro grupo. A pesquisadora chegou à conclusão de que a retirada da atenção leva a um aumento da necessidade de consegui-la. E o desejo de elogios constitui uma motivação eficiente para o aprendizado. Os meninos dependentes se mostravam particularmente ansiosos por obter a aprovação, e faziam esforços enormes para aprender a tarefa.

Certas práticas aplicadas à educação parecem particularmente favoráveis à formação de um comportamento realizador nas crianças. Baumrind classificou os pais em três tipos, e estabeleceu uma relação entre os comportamentos particulares dos pré-escolares e cada um desses tipos. O pai despótico foi descrito como sendo o que restringe as atividades da criança, espera uma obediência completa e castiga com freqüência. Pai *permissivo* é o que espera pouca coisa do filho, não acredita em castigos, estabelece muito poucas limitações e permite que o filho tome sozinho quase todas as decisões. O pai *autoritário* controla e dirige até certo ponto as atividades do filho, mas raciocina com a criança e lhe dá explicações para as regras. Esse tipo de pai permite que a criança participe da tomada de algumas decisões, se mostra carinhoso, espera grandes realizações e respeita a integridade da criança.

Baumrind e Black observaram 103 pré-escolares e registraram muitas diferenças de comportamento dos filhos dos diversos tipos de pais. Os filhos de pais despóticos relutavam em tomar decisões e em se envolver em atividades, porque temiam incorrer na desaprovação dos pais (e dos outros adultos). Eram crianças tímidas e infelizes. Os pais permissivos tendiam a ter filhos francamente dependentes, desregrados e angustiados com relação ao próprio comportamento. Como não dispunham de padrões a que pudessem recorrer para avaliar-se a si mesmas, essas crianças se sentiam confusas e incapazes de distinguir uma conduta adequada de outra inaceitável. Os filhos dos pais autoritários davam a impressão de serem os mais confiantes, seguros, felizes e independentes de todos. Como sabiam o que deles se esperava, eram capazes de decidir entre um comportamento adequado e um inadequado. Podiam escolher entre agir de uma maneira que seria provavelmente aprovada e correr o risco de um possível castigo comportando-se inconvenientemente.

As crianças que logo cedo estabelecem um comportamento orientado para uma meta tendem a continuar motivadas para se realizarem quando crescem. Os pais que estimulam a independência em seus filhos pré-escolares e permitem que eles se afirmem e adquiram confiança em si mesmos, insuflam nos mesmos um desejo muito forte de agir de modo competente na escola e em outras áreas em sua vida futura.

Antes de passar adiante...

1. Quais são os traços da personalidade relacionados com uma independência relativa?
2. É importante atender à necessidade que tem a criancinha de ________________.
3. Os castigos freqüentes e a incoerência estimulam a criança a tomar suas próprias decisões. Certo ou errado?
4. ________________ diz respeito ao domínio das habilidades físicas e intelectuais.
5. Por que motivo as crianças seguras de si mesmas se sentem motivadas para as realizações?
6. Os pais ________________ são os que criam filhos mais independentes e mais confiantes.
7. Muitas crianças que se orientam logo cedo para a realização perdem essa orientação quando crescem. Certo ou errado?

Respostas:

1. A confiança em si mesmo, a auto-afirmação e a capacidade de tomar decisões.
2. Dependência.
3. Errado. Esse tipo de tratamento torna a criança angustiada e ainda mais dependente.
4. A realização.
5. Porque elas desejam preservar seu amor-próprio.
6. Autoritários.
7. Errado. Essas crianças tendem a continuar motivadas para a realização quando crescem.

Módulo 27. MEDO E AGRESSÃO

Todos nós temos os nossos medos, e as crianças pré-escolares aparentemente têm muitos. Os medos que sentimos mudam com o passar do tempo, e as situações (reais ou imaginárias) que os provocam também variam. Certos medos têm uma função protetora: eles nos ajudam a evitar as situações perigosas e desagradáveis. Receamos, assim, as experiências que nos acarretaram algum sofrimento no passado: o fogo, um lugar elevado de onde caímos, e as pessoas ou circunstâncias que fizeram com que nos sentíssemos desprotegidos. Nós tememos igualmente o que imaginamos potencialmente maléfico, mesmo que essas coisas não nos tenham causado nenhum dano real no passado. Nós nos mantemos distantes de automóveis que passam correndo, e dos animais selvagens, porque nos afirmaram que eles nos podem ferir.

Uma dose limitada de medo é imprescindível para a preservação. Pode constituir, inclusive, uma motivação para o aprendizado. Uma criança que tenha medo de se afogar, por exemplo, pode encontrar aí um incentivo para aprender a nadar. Todavia, um medo intenso pode provocar o efeito contrário, levando à fuga diante de toda experiência nova.

Quase todas as crianças temem o desconhecido. Elas, muitas vezes, têm medo do escuro por não estarem certas de que ele não esconde nenhum perigo. As crianças pequenas, assim como muitos adultos, se retraem muitas vezes diante de estranhos ou de lugares desconhecidos por não estarem muito seguras do comportamento que delas se espera. Podem relutar em agir de uma maneira qualquer susceptível de lhes acarretar uma desaprovação ou algum sofrimento. À medida que aumentam seus conhecimentos e sua experiência, as crianças aprendem a distinguir as situações capazes de provocar um medo legítimo e as outras nas quais elas podem se sentir seguras.

Uma das razões primordiais do aumento dos medos durante os anos pré-escolares é provavelmente o desenvolvimento da imaginação. A mente de uma criança é capaz de criar um sem-número de fantasias assustadoras. Para os adultos, essas fantasias podem parecer irracionais, mas para a criança elas são extremamente ameaçadoras. Para os pré-escolares, é difícil estabelecer uma distinção entre a realidade e a fantasia, por isso eles podem deixar de compreender que as visões fabricadas por sua mente têm poucas probabilidades de virem a acontecer. Muitos medos de perigos reais vão diminuindo com a idade, mas os medos do sobrenatural e de danos possíveis (pouco importando que sejam improváveis) aumentam durante os anos pré-escolares.

Os pais muitas vezes insuflam medos em seus filhos alertando-os contra tantos perigos que as crianças não se sentem seguras em nenhuma circunstância. Uma mãe superprotetora pode privar a criança do precioso aprendizado que advém muitas vezes dos perigos enfrentados. Os pais transmitem freqüentemente aos filhos os seus próprios medos. Tem-se verificado que as crianças compartilham os medos de suas mães.

Os medos se difundem por *generalização* a estímulos semelhantes. Uma criança que tenha sido assustada por um médico de avental branco pode temer todas as pessoas vestidas de branco. A criança mordida por um cão pode estremecer ao avistar qualquer animal peludo. As crianças extremamente dependentes revelam mais temores que as crianças menos dependentes e, segundo parece, as meninas sentem medo mais freqüentemente que os meninos. Talvez seja porque as meninas são encorajadas a se mostrar mais dependentes. A inteligência tem um efeito sobre a intensidade do medo sentido pela criança. As crianças inteligentes são mais conscientes, mais atentas e mais imaginativas. Nos primórdios dos anos pré-escolares essas características podem elevar os níveis do medo nas crianças mais inteligentes pois estas são capazes de imaginar um número maior de motivos para ter medo do que os pré-escolares menos inteligentes. Por volta dos cinco ou seis anos de idade, esta relação começa a inverter-se de modo que a criança mais inteligente passa a demonstrar menos medo que sua correlativa menos inteligente.

Os pais tentam muitas vezes eliminar os medos raciocinando com os filhos. Freqüentemente, porém, as explicações isoladas não bastam para convencer a criança de que ela nada precisa temer. Muitas são incapazes de compreender um raciocínio lógico em virtude de suas próprias insuficiências de linguagem e de seus processos ilógicos de pensamento.

As crianças superam seus medos com mais facilidade quando se vêem gradualmente expostas aos estímulos assustadores. Os temores geralmente diminuem quando as crianças se habituam aos poucos a uma situação temível enquanto vão sendo reconfortadas por um adulto cheio de atenção. Um pesquisador se dispôs a ajudar as crianças a eliminar seu medo do escuro. Começou por acompanhá-las diversas vezes quando entravam num quarto escuro. Depois, as crianças foram sendo atraídas para entrarem sozinhas no quarto a fim de apanhar um brinquedo que ali havia sido deixado. A tranqüilização proveniente do adulto somada ao condicionamento gradativo com o incentivo de uma recompensa (o brinquedo) ajudou a eliminar a maior parte do medo que as crianças tinham do escuro.

Pode-se definir a *agressão* como um comportamento hostil destinado a ferir alguém ou alguma coisa. O comportamento agressivo pode ser um ato físico, como bater ou chutar. Ou verbal: gritar, dizer palavrões e discutir. Pode visar a ferir uma outra pessoa emocionalmente ou fisicamente. Um pré-escolar pode dar murros ou empurrar quando zangado, mas à medida que for crescendo aprenderá provavelmente a substituir a agressão física pela agressão verbal.

A agressividade resulta freqüentemente da *frustração* — sentimento causado pela inibição dos desejos e impulsos, ou por uma ameaça ao conceito que uma pessoa tem de si mesma. Quando uma criança se vê impedida de atingir uma meta, cerceada numa atividade, ou insultada por outra pessoa, é bem possível que se torne frustrada. A frustração também pode ser acarretada por um conflito interior entre a consciência e o desejo, ou pela própria incapacidade pessoal de realizar uma tarefa.

As crianças reagem diferentemente às situações frustradoras, de acordo com seus temperamentos individuais. Alguns reagem agressivamente, até mesmo aos acontecimentos mais insignificantemente frustradores. Outras se mostram mais capazes de tolerar uma frustração. A frustração nem sempre acarreta uma agressão, mas, quando nova, a criança é mais propensa a se tornar hostil quando frustrada.

As crianças se mostram mais propensas a apresentar um comportamento agressivo depois de o ter presenciado em outras pessoas. Por esse motivo, os pais que recorrem a castigos físicos podem estar fornecendo um exemplo que será imitado pelos filhos. Estes podem reproduzir o comportamento agressivo dos pais mostrando-se também agressivos para com outras pessoas. Além disso, os castigos levam a uma frustração crescente que motiva, por sua vez, um comportamento mais agressivo. Para comportar-se agressivamente, uma criança não precisa sentir-se frustrada. Ela pode imitar o comportamento de um modelo agressivo, muito embora não se sinta frustrada.

Podemos lidar eficazmente com os acessos de cólera das crianças ignorando suas exibições temperamentais. Mas permitindo que os pré-escolares se mostrem agressivos, podemos levá-los a imaginar que eles estão autorizados a se comportar dessa maneira. Durante uma pesquisa, dois grupos de crianças ainda novas brincavam na presença de um adulto permissivo. Esse adulto permissivo continuou com um dos grupos durante um segundo período de brinquedo. As crianças desse grupo acentuaram seu comportamento agressivo para com seus amiguinhos. Não houve nenhum adulto presente durante o segundo período de brinquedo do outro grupo. Essas crianças foram menos agressivas nesta situação sem supervisão do que quando estavam brincando diante do adulto permissivo. Segundo parece, quando os adultos ficam a observar sem interferir na agressividade, as crianças supõem que têm o consentimento do adulto. Mas quando não há adultos presentes, é mais provável que elas exerçam um controle sobre si mesmas.

O treinamento para o controle da agressão constitui um processo importante e difícil. Os pais podem reduzir o comportamento agressivo do filho reforçando positivamente as respostas mais construtivas à frustração, fazendo com que a criança perceba que esse tipo de comportamento não é aprovado, e agindo de maneira não-agressiva, servindo assim como modelo não-agressivo.

Antes de passar adiante...

1. Por que as pessoas temem o desconhecido?
2. Os medos das crianças aumentam durante os anos ____________.
3. A criança muito imaginativa e inteligente durante os primeiros anos pré-escolares é menos propensa a sentir medos desarrazoados. Certo ou errado?
4. A melhor maneira de vencer o medo de uma criança é ____________.
5. Cite algumas causas da frustração.
6. O castigo físico geralmente acaba com um comportamento agressivo. Certo ou errado?
7. A resposta permissiva a um comportamento agressivo leva muitas vezes uma criança a pensar que ____________.

Respostas:

1. Porque elas não sabem como reagir a estímulos não-familiares.
2. Pré-escolares.
3. Errado. Essa criança tem mais probabilidades de fantasiar situações e coisas assustadoras.
4. Expô-la gradualmente ao estímulo amedrontador, fazendo ao mesmo tempo com que ela se sinta encorajada e amparada.
5. A inibição dos desejos, a incapacidade de atingir uma meta, ou uma auto-imagem ferida.
6. Errado. Esse castigo tende freqüentemente a estimular a agressão.
7. Conta com a autorização dos pais para ser agressiva.

Módulo 28. DESENVOLVIMENTO SOCIAL E MORAL

A criança estabelece seu primeiro contato social com os pais e as outras pessoas que encontra no lar. Quando começa a se envolver com outros adultos e com seus pares na escola e nas brincadeiras, o pré-escolar passa a usar suas experiências iniciais como clichês para a formação de novos relacionamentos. Os pais afetuosos e compreensivos insuflam em seus filhos, muito provavelmente, sentimentos de confiança e independência. Esses sentimentos ajudam a criança a relacionar-se com as pessoas com um mínimo de agressão e um forte desejo de cooperar.

Os pré-escolares são egocêntricos em seu modo de pensar e em suas atitudes. Para chegar a uma compreensão gradativa de pessoas diferentes, é preciso que tenham experiências com outros e sejam orientados pelos adultos. Os pré-escolares aprendem a lidar com seus pares no decorrer das atividades lúdicas. Eles assumem então diversos papéis e experimentam praticar várias habilidades sociais, a fim de determinar as que funcionam melhor em cada situação. Um aspecto importante desse aprendizado de associação com outras pessoas é o desenvolvimento de um conjunto de padrões morais, ou consciência. Esses padrões fornecem à criança um guia pelo qual ela pode avaliar suas próprias ações, tanto quanto o comportamento dos outros.

Aprender a agir segundo uma moral é uma função do desenvolvimento da consciência. De acordo com Freud, a consciência é adquirida através da identificação. À medida que se vai identificando com os pais, o pré-escolar interioriza os valores e atitudes dos mesmos. Compreende que os pais reprovam certos comportamentos, e por isto ele tenta agir de acordo com seus padrões. O pré-escolar deseja ardentemente vir a assemelhar-se aos pais que ele admira, adotando conseqüentemente o seu comportamento. Ele começa, além disso, a punir suas próprias transgressões, sentindo-se culpado sempre que age de uma maneira que não se coaduna com os padrões morais paternos.

As crianças aprendem mais facilmente a controlar seu próprio comportamento quando os pais são afetivos, gratificantes e relutam em aplicar castigos físicos. Já fizemos notar que a recompensa dada a um comportamento desejável (como a obediência às regras) tem como resultado uma apresentação crescente desse comportamento. Além do mais, a ambientação propícia leva a uma identificação mais íntima e a uma futura motivação para agir de uma maneira moralmente aceitável. Os castigos físicos não são apenas menos eficientes para o controle do comportamento de uma criança: esse tipo de disciplina, além disso, não é favorável ao desenvolvimento de uma relação cordial com os pais. De modo que eles têm menos probabilidades de promover uma identificação forte com os pais; adotarão, por conseguinte, os seus padrões por medo dos castigos e não por terem interiorizado o código moral.

Piaget estudou o julgamento moral das crianças e verificou que elas respondiam aos códigos morais de maneiras diferentes à medida que amadureciam. Um pré-escolar compreende que deveria seguir as regras mas é incapaz de compreender os princípios que estão por trás dessas regras. De acordo com Piaget, as crianças pequenas seguem um código moral para imitarem os adultos e não porque têm realmente um senso ético. O pensamento egocêntrico do pré-escolar não lhe permite levar em conta as diferenças individuais. Nessa idade, a criança é um "realista moral". Pensa que as regras devem ser sempre obedecidas. Toda regra é imutável e é interpretada ao pé da letra. As crianças muito novas demonstram pouca simpatia e não podem ajustar as regras de acordo com as circunstâncias particulares.

Piaget afirma também que muitos pré-escolares se controlam mais com o intuito de evitar as punições que por acreditarem que a moralidade em si mesma seja mais eficaz. São também incapazes de distinguir um ato intencional de outro acidental. Acreditam que uma pessoa deve ser punida mais severamente por um comportamento errôneo que acarrete danos muito graves mesmo que esse comportamento não tenha sido intencional, do que por um ato proposital que provoque danos de pouca monta. Na opinião de Piaget, o conceito de *justiça imanente* também constitui um aspecto da moralidade do pré-escolar. Esse conceito reflete a convicção da criança de que um "mau" comportamento acarreta automaticamente um castigo. As crianças pequenas acreditam que os objetos inanimados têm o poder de infligir castigos e que os infortúnios enfrentados pelas pessoas são uma retribuição por algum ato contrário à moral. Elas ainda não compreendem que o castigo precisa ser imposto por um indivíduo.

Sugeriram outros pesquisadores que os pré-escolares são na verdade capazes de simpatizar com seus pares. Borke observou um grupo de pré-escolares e chegou à conclusão de que eles tentavam compreender os sentimentos dos outros e eram capazes de levar em consideração os sentimentos suscitados pelas diferentes situações. Em outro estudo, verificou-se que meninos pré-escolares eram capazes de se mostrarem muito generosos quando sabiam também cooperar, quando se mostravam simpáticos e não agressivos e sentiam que os pais criavam para eles uma boa ambientação.

As meninas revelavam mais amadurecimento em seus julgamentos morais que os meninos da mesma idade. Isto talvez se explique pela maior probabilidade que têm as meninas de serem disciplinadas por meio de táticas orientadas pelo amor (retração da afeição) que os meninos. As meninas também podem ser capazes de interiorizar os códigos morais mais facilmente que os meninos porque além de depender de suas mães para a socialização, elas as utilizam como modelos adultos de um comportamento adequado. Por outro lado, os meninos em geral precisam estabelecer um relacionamento cordial com seus pais para dispor de modelos sexuais adultos adequados.

O declínio do raciocínio egocêntrico tem como resultado uma preocupação crescente com os sentimentos dos outros. No final do estágio pré-escolar, as crianças já são capazes de agir de acordo com um conjunto interiorizado de regras morais. À medida que vão crescendo, elas passam a controlar sua conduta devido mais a uma consideração pelas necessidades e pelos princípios morais das outras pessoas do que por receio de um castigo ou desaprovação por parte dos pais.

Antes de passar adiante. . .

1. Quais são os primeiros contatos sociais da criança?
2. Para relacionar-se com outras pessoas, o pré-escolar precisa compreender que elas têm ______________________.
3. O castigo físico insufla um poderoso senso de moralidade. Certo ou errado?
4. O que é realismo moral?
5. ______________________ é a idéia segundo a qual no próprio comportamento inadequado está a fonte do castigo.
6. Os meninos acham mais fácil interiorizar os padrões morais. Certo ou errado?
7. No fim do estágio ______________________, quase todas as crianças já adquiriram um conjunto de regras morais interiorizado.

Respostas:

1. Os contatos com os pais e outras pessoas que encontra em casa.
2. Necessidades e valores diferentes.
3. Errado. A criança punida desta maneira aprende a se comportar apenas para evitar os castigos .
4. É a concepção segundo a qual as regras são invioláveis e não podem ser alteradas quando as circunstâncias mudam.
5. Justiça imanente.
6. Errado. Nas meninas, ocorre mais cedo o amadurecimento do julgamento moral.
7. Pré-escolar.

Módulo 29. O BRINQUEDO

O brinquedo é muitas vezes qualificado de "o trabalho das crianças". Brincando, as crianças aprendem inúmeras lições preciosas. As criancinhas manipulam o ambiente para adquirir uma compreensão das relações entre os estímulos e as respostas. Os pré-escolares continuam a explorar o que os cerca. Manipulam também suas imagens mentais para criar figuras e situações imaginárias, que eles utilizam para experimentar os relacionamentos entre as pessoas.

Um pré-escolar nem sempre distingue a realidade da fantasia. Para ele, os sonhos são tão reais quanto o que ele experimenta durante o dia. Os personagens das histórias em quadrinhos são supostamente dotados de vida e as imagens da televisão são tidas como entidades reais. A imaginação de uma criança tem o poder de fazer com que qualquer acontecimento mágico pareça possível e ela não acreditará nas explicações de um adulto com referência à improbabilidade da mágica. Os pré-escolares acreditam que podem alterar uma situação desde que estejam convencidos desse poder. Esperam que a chuva deixe de cair porque eles desejam brincar fora de casa, e recusam compreender que seu programa de televisão favorito não pode ser visto no momento exato em que eles desejam assisti-lo.

As atividades que envolvem a imaginação das crianças são conhecidas com o nome de *brinquedo dramático*. A princípio, o brinquedo dramático consiste em simples imitações das atividades dos adultos. Um pré-escolar pode se revelar surpreendentemente exato ao reproduzir o comportamento de um de seus progenitores. Pega no telefone e imita o modo de falar da mãe, sem esquecer nem mesmo as pausas para "ouvir" a pessoa do outro lado do fio. Muitas vezes, porém, o conteúdo do brinquedo dramático revela as limitações do padrão de raciocínio de uma criança. Ela tem muitas idéias falsas com relação à natureza do ambiente, e interpreta erroneamente muitos motivos e habilidades dos adultos. Para "consertar" um carro, basta-lhe tocá-lo com uma chave inglesa e acredita que um adulto é capaz de consertar ou substituir tudo que se tenha estragado.

Para um pré-escolar é particularmente difícil compreender os conceitos relacionados com o *tempo*. Em suas brincadeiras, um edifício pode ser construído num minuto, um bebê dormirá alguns segundos, e papai sairá para o trabalho e voltará para casa num piscar de olhos. Sendo enorme o seu desejo de participar nas atividades dos adultos, não é fácil para uma criança aceitar o fato de que um de seus progenitores esteja cansado demais ou muito ocupado para tomar parte no brinquedo que, para ela, é tão atraente.

O brinquedo dramático constitui uma válvula para as emoções que não poderiam ser expressas de outra maneira. O ciúme despertado numa menininha por um irmão recém-nascido pode ser descarregado numa boneca, sujeita então a maus-tratos de todo tipo. Um menino zangado com um dos pais pode se comportar agressivamente numa situação lúdica que envolva uma luta ou briga com brinquedos ou pessoas imaginárias. Conferem-se também sentimentos positivos aos brinquedos. Os meninos se mostram tão desejosos quanto as meninas de possuir bonecas que possam ser abraçadas, carregadas para toda parte, e levadas para a cama na hora de dormir. Nessa idade, os meninos imitam o comportamento de suas mães tão freqüentemente quanto as meninas. Como a maioria dos pré-escolares passa grande parte de seu tempo em companhia das mães, não é de admirar que eles imitem muitas vezes as atividades maternas.

As fantasias permitem às crianças dispor do poder que, como elas percebem, os adultos possuem. A imaginação da criança pode transformá-la numa pessoa revestida de autoridade para tomar decisões ou distribuir castigos. Poderá possuir também a força física indispensável para carregar móveis nas costas, ou a capacidade de guiar um carro em meio à confusão do trânsito. Ao assumir esses papéis adultos, o pré-escolar se sente menos inepto e impotente, e mais semelhante aos adultos poderosos cujo comportamento ele imita.

Quando uma criança começa a entrar em contato com outras da mesma idade, elas podem se entregar a um *brinquedo paralelo.* Brincam lado a lado, sem fazerem, entretanto, muitas tentativas de interação. Nos primórdios dos anos pré-escolares, as crianças passam para um *brinquedo associativo.* Copiam as atividades uns dos outros, compartilham os brinquedos, e falam de suas atividades. Mas as brincadeiras não são organizadas nem existe uma cooperação completa. No *brinquedo cooperativo,* as crianças põem gradualmente em prática as suas fantasias, assumindo papéis diferentes e planejando juntas as suas atividades. Conversam para decidir as situações e os personagens de suas cenas dramáticas.

O brinquedo cooperativo contribui eficazmente para que as crianças se tornem mais conscientes das necessidades e emoções dos outros. Elas não somente assumem as identidades dos modelos adultos como também aprendem a lidar com as idéias e desejos de seus pares. As crianças seguras de si mesmas podem se revezar nos papéis de líderes e seguidores, de pais e bebês, de professores e alunos. A cooperação dá às crianças uma oportunidade de afirmar de vez em quando suas opiniões, enquanto vão aprendendo a levar em conta, em outras ocasiões, os pontos de vista diferentes. Além disso, elas vão aprendendo a compreender suas próprias identidades ao observarem as reações de seus pares diante delas.

Os pré-escolares nem sempre são capazes de cooperar. Às vezes, suas metas ou seus desejos entram em conflito. Pode haver discordância quanto à distribuição dos papéis (quem será a mãe e quem será o filhinho), ou quanto ao tipo de atividade (se vão brincar com os cubos ou "brincar de casinha"). Quando há um desacordo, a cooperação se transforma em briga. As crianças podem então trocar murros ou empurrões ou recorrer à forma mais socialmente aceita da agressão verbal.

Durante os anos pré-escolares, as crianças aprendem a competir com seus pares. Começam a discutir quem é o mais forte ou o mais competente. Querem exibir suas capacidades crescentes e esperam que os outros também as apreciem. Como os adultos fazem freqüentes comparações entre as crianças, não é de admirar que elas se empenhem em superar umas às outras, com a esperança de conquistar uma maior aprovação. As crianças são muitas vezes estimuladas a se afirmarem desde tenra idade. Nos últimos tempos do estágio pré-escolar, muitas se tornam participantes entusiastas dos jogos competitivos.

As crianças das escolas maternais estabelecem muitas vezes estreitos laços de amizade com um, ou mais de um, de seus pares. Seu egocentrismo persistente as leva a relacionar-se melhor com as crianças que se pareçam com elas. Os meninos tendem a brincar com meninos, e as meninas com meninas. Esta separação dos sexos talvez se deva também à maior agressividade a que recorrem as fantasias dos meninos, em contraposição às atividades mais tranqüilas das meninas.

A personalidade de uma criança influi sobre sua tendência a fazer amigos e sobre a probabilidade de outras crianças se mostrarem amistosas para com ela. Certos traços de personalidade interferem com a capacidade de travar amizades. As crianças que se mostram francamente hostis e afirmativas dificilmente adquirem popularidade. As excessivamente dependentes e tímidas podem nem sequer tentar relacionar-se com outras crianças, considerando mais seguro permanecer junto aos professores.

Têm mais probabilidade de se tornarem populares as crianças que se mostram cooperativas, aceitando as idéias e desejos alheios, carinhosas, dispostas a imitar o comportamento das outras crianças e generosas. As crianças populares tendem igualmente a se mostrar úteis, dispostas a aderir às regras, e desejosas de agradar aos professores. Não são excessivamente submissas, nem dependentes dos adultos, mas buscam apoio e companheirismo nas outras crianças.

Algumas inventam *companheiros imaginários* que as ajudem a satisfazer a alguma necessidade emocional ou simplesmente porque desejam uma companhia extra. Os primogênitos e os filhos únicos são mais propensos a recorrer a companheiros imaginários, provavelmente por não terem muitos contatos com outras crianças. Algumas, entretanto, se valem desses companheiros para expressar seus sentimentos de agressividade, de frustração ou de culpa. O amigo imaginário age muitas vezes fazendo coisas que a criança não ousaria fazer ou tem habilidades que ela gostaria de ter. Por vezes esses companheiros se convertem numa segunda consciência para a criança, lembrando-lhe as regras e castigando-a quando as infringe. Todavia, em muitos casos, o companheiro imaginário representa uma conseqüência natural da tendência a fantasiar do pré-escolar.

As crianças dessa faixa de idade desenvolvem com freqüência um senso de humor relacionado com seu pensamento imaginativo. Inventam por vezes frases sem sentido e riem de sua própria tolice, ou tentam executar truques que lhes parecem divertidos. Quando uma situação ameaçadora se revela menos perigosa do que haviam imaginado, elas demonstram seu alívio rindo. Gostam também de assumir identidades diferentes, ficando particularmente satisfeitas quando um adulto toma parte na paródia evidente. Uma criança pode se divertir usando um objeto qualquer com um intuito diferente do habitual (como, por exemplo, usar um pente como instrumento musical), e também pode rir das caretas que ela própria faz diante de um espelho. Com seu domínio cada vez maior da linguagem, o pré-escolar se diverte repetindo seus versos e histórias favoritas, e começa bem depressa a gostar de inventar suas próprias rimas e cantigas.

Antes de passar adiante...

1. ______________________ utiliza a imaginação para criar situações e personagens que interagem numa cena lúdica.
2. Quais são algumas das funções da fantasia?
3. As crianças aprendem a lidar com os sentimentos dos outros graças ao brinquedo paralelo. Certo ou errado?
4. As crianças gostam de competir porque ______________________.
5. As crianças que são ______________ têm poucas probabilidades de se tornarem populares.
6. As crianças populares tendem a buscar nas outras crianças apoio e companheirismo. Certo ou errado?
7. Para que servem os companheiros imaginários?

Respostas:

1. O brinquedo dramático.
2. A fantasia fornece uma válvula para as emoções, permite que as crianças assumam identidades diferentes, e as torna capazes de imitar o comportamento adulto.
3. Errado. Elas aprendem isso no brinquedo cooperativo.
4. Elas desejam superar seus pares e obter aprovação.
5. Excessivamente hostis e afirmativas, ou exageradamente dependentes e tímidas.
6. Certo.
7. Esses companheiros proporcionam uma uma companhia, permitem que a criança expresse seus sentimentos inadmissíveis ou seus desejos ocultos, e podem agir como segunda consciência.

Revisão de Capítulo

OS ANOS PRÉ-ESCOLARES: DESENVOLVIMENTO SOCIAL

1. Os freudianos acreditam que o ______________ se desenvolve quando a criança começa a se identificar com o progenitor do mesmo sexo.
2. De acordo com o ponto de vista de Erickson sobre o desenvolvimento da personalidade, a criança pré-escolar se defrontará com um conflito entre sua ______________ crescente e seu sentimento de ______________.
3. A incapacidade da criança de chegar a um compromisso entre a iniciativa e a culpa pode (a) levá-la a ter medo de tentar o que é difícil; (b) levá-la a ficar ressentida consigo mesma; (c) tanto *a como b*; (d) nem *a* nem *b*.
4. Freud caracterizou o período de desenvolvimento dos três aos seis anos como sendo o estágio ______________ porque as crianças se tornam mais fortemente conscientes de seus ______________ durante esse período.

5. De acordo com a teoria freudiana do Complexo de Édipo, o menino sente ao mesmo tempo amor e ódio pelo pai. Certo ou errado?
6. Uma criança se sente motivada para adotar os traços de personalidade dos pais a fim de se tornar mais parecida com um deles, ou com ambos. Certo ou errado?
7. Os padrões de conduta dos meninos e das meninas diferem amplamente devido à socialização. Certo ou errado?
8. A identificação de uma criança com um dos progenitores se fortalece sempre que a criança descobre novas maneiras de ____________________ ao mesmo.
9. O menino que não tem pai desenvolve características masculinas quando consegue encontrar modelos masculinos adequados com os quais possa identificar-se. Certo ou errado?
10. Uma ____________ positiva constitui uma característica de personalidade que aparece juntamente com a independência cada vez maior no pré-escolar.
11. A incoerência dos pais pode levar a uma dependência excessiva nos filhos. Certo ou errado?
12. As mães de pré-escolares que obtêm um nível ____________ de realização, deixam freqüentemente de atender as solicitações de ajuda de seus filhos, dando-lhes ao mesmo tempo ______________ por suas tentativas de desempenho.
13. Os filhos de pais imperativos podem se tornar (a) altamente independentes; (b) insubordinados; (c) relutantes em tomar decisões; (d) relativamente confiantes.
14. A investigação dos níveis de desempenho na pré-escola revela que a retirada da ambientação leva a (a) uma diminuição da necessidade de mais ambientação; (b) mesma necessidade do prosseguimento da ambientação; (c) maior necessidade do prosseguimento da ambientação; (d) nada disso.
15. Os filhos de pais ____________ se mostram muitas vezes pouco independentes, e confusos quanto ao que deles se espera.
16. O medo do sobrenatural e de perigos improváveis diminui durante os anos pré-escolares. Certo ou errado?
17. As crianças relativamente independentes são ____________ temerosas que as mais dependentes.
18. O pré-escolar usa os relacionamentos na ____________ como clichês para os novos relacionamentos sociais.
19. Os padrões morais pessoais são também conhecidos com o nome de ego. Certo ou errado?
20. Freud afirma que a consciência de uma pessoa se desenvolve devido a sua ______________ com as atitudes dos pais.
21. Se um pré-escolar acredita que as regras, sejam elas quais forem, devem ser obedecidas, isso constitui um exemplo de (a) consciência; (b) terapia; (c) realismo moral; (d) critério.
22. Piaget acredita que uma criança de quatro anos é capaz de simpatia por seus pares. Certo ou errado?
23. Para as crianças, o brinquedo é uma forma de ____________.
24. Um pré-escolar é sempre capaz de distinguir a realidade da fantasaia. Certo ou errado?
25. Quando um pré-escolar imita um adulto, isso é conhecido com o nome de brinquedo ______________.
26. As idéias relacionadas com o tempo ficam particularmente claras entre os quatro e os cinco anos de idade. Certo ou errado?
27. Quando duas crianças brincam lado a lado sem entretanto interagir, esse brinquedo recebe o nome de (a) paralelo; (b) associativo; (c) cooperativo; (d) imaginativo.

28. Descreva em poucas palavras como se desenvolve a consciência nas crianças em idade pré-escolar, segundo Freud.

29. Explique como as atitudes dos pais afetam a identidade e a dependência nos filhos.

30. Como pode o brinquedo social ajudar os pré-escolares a desenvolver um senso de identidade e uma percepção dos outros?

Para encontrar as respostas, consulte a página 198.

REVISÃO GERAL

CAPÍTULOS V E VI

1. Para Sheldon, o temperamento corresponde ao tipo físico. Seus três tipos físicos básicos são ____________, ____________ e ____________.

2. Uma criança de cinco anos cuja altura é superior à media para sua idade, quando se tornar adulta terá muito provavelmente uma altura também acima da média. Certo ou errado?

3. A percepção da constância do tamanho de um determinado objeto visto a diferentes distâncias surge com (a) uma percepção visual mais aguçada; (b) com a experiência; (c) intervalos de atenção mais prolongados; (d) nenhuma das anteriores.

4. Quando uma criança dedica mais tempo a uma tarefa absorvente, diz-se que ela tem ____________ mais prolongados.

5. Quando começa a pensar simbolicamente, a criança entra no estágio ____________ do desenvolvimento.

6. Por volta dos dois anos de idade, uma criança imita uma ação algum tempo depois de a ter observado. É o que se denomina (a) imitação retardada; (b) centralização; (c) pensamento transdutivo; (d) pensamento indutivo.

7. No estágio pré-operacional, a criança pode acreditar que ocorreram de fato algumas coisas que ela sonhara. Dá-se a isto o nome de animismo. Certo ou errado?

8. Para colocar objetos em ordem de comprimento ou peso, é preciso o conceito de ____________.

9. O discurso não-comunicativo recebe, por vezes, o nome de discurso egocêntrico. Certo ou errado?

10. A participação na tomada de decisões ajuda a desenvolver a ____________ nas crianças.

11. Comparado à consciência de uma pessoa mais velha, o superego de uma criança ainda nova é (a) mais rígido; (b) igualmente rígido; (c) mais indulgente; (d) subdesenvolvido.

12. Na opinião de Erikson, o conflito entre a iniciativa e a culpa ajuda a criança a adquirir independência com relação aos pais. Certo ou errado?

13. Pode faltar motivação a uma criança para reproduzir os ____________ dos pais quando não recebe dos mesmos carinho e apreço.

14. Os pais tornam com freqüência uma criança desnecessariamente tímida quando se mostram (a) autoritários; (b) superprotetores; (c) bons educadores; (d) nada disso.

15. Uma criança constantemente impedida de participar das atividades de grupo de seus pares pode reagir apresentando um comportamento ____________.

16. Muitas crianças expressam sua convicção de que podem ser castigadas pelos objetos, tanto quanto pelas pessoas. Este conceito tem o nome de (a) justiça imanente; (b) justiça iminente; (c) justiça eminente; (d) justiça infligida.
17. Há um acordo geral quanto à idéia de que os pré-escolares são incapazes de simpatia para com outras crianças da mesma idade. Certo ou errado?
18. Dá-se o nome de ________________ ao tipo de brinquedo no qual as crianças novas imitam o comportamento umas das outras.
19. No brinquedo cooperativo, as crianças planejam conjuntamente as situações dramáticas. Certo ou errado?
20. O fato de os meninos brincarem com meninos e as meninas com outras meninas, nas escolas maternais resulta, em parte, da persistência do ________________.
21. De que maneira se relacionam o desenvolvimento da percepção e a linguagem?
22. Por que motivo o estágio pré-operacional do desenvolvimento é imprescindível à linguagem e à cognição?
23. De acordo com Freud, como se adquire a consciência? O que tem ela a ver com o superego? Pode explicar em que as idéias de Piaget a respeito da moralidade pré-escolar diferem das de Freud?
24. O brinquedo dramático entre as crianças pré-escolares revela o complexo de Édipo em diferentes estágios de resolução. Explique.
25. Erikson afirma que a personalidade de uma criança se divide em duas partes durante os anos pré-escolares. O que quer ele dizer, e de que maneira o fato de ser menor que a média afeta essa divisão numa criança de cinco anos?

Para encontrar as respostas, consulte a página 199.

Capítulo VII

SEGUNDA INFÂNCIA: DESENVOLVIMENTO FÍSICO E COGNITIVO

Idéias diretrizes:

- *Durante a segunda infância, a criança atravessa um período de crescimento gradual e relativamente tranqüilo.*
- *Com a maior maturidade cognitiva, os processos mentais da criança começam a assemelhar-se aos do adulto.*
- *O desenvolvimento moral tem início nos anos da segunda infância.*
- *Segundo Piaget, o desenvolvimento moral é, em grande parte, uma questão de treinamento social; para Kohlberg, é em grande parte interno.*
- *A partir da segunda infância, quase todas as crianças são submetidas a um certo número de testes de inteligência e aptidão. Mas os resultados desses testes nem sempre são claros ou dignos de confiança.*

Módulo 30. DESENVOLVIMENTO FÍSICO

Durante a segunda infância, isto é, dos seis aos doze anos, o desenvolvimento físico é mais constante e mais gradual do que durante os períodos que vêm antes ou depois: o pré-escolar e o da adolescência. O corpo da criança se torna mais alto e mais delgado. O tórax se alarga e a cabeça fica maior. Nesta época, o desenvolvimento do cérebro está quase completo. Enquanto o olho vai adquirindo sua forma final, a criança desenvolve uma visão adulta normal. Entre o sexto e o décimo ano de vida, os dentes de leite são substituídos pelos dentes permanentes, maiores, o que parece provocar um alargamento da parte inferior do rosto. Como algumas partes do corpo apresentam um crescimento não proporcional ao de outras, a criança pode parecer um pouco desajeitada.

As meninas pesam mais que os meninos e, em geral, na parte final da segunda infância, elas são mais altas. As crianças negras são um pouco mais altas que as brancas e as pertencentes às classes sócio-econômicas mais baixas são geralmente menores que as filhas de famílias mais abastadas. Essa diferença de tamanho, sócio-econômica, se deve em grande parte à melhor alimentação, e não tem nenhuma significação genética.

Muitos pais se preocupam com a previsão do desenvolvimento físico futuro de seus filhos durante esse período. Na verdade, é bastante fácil prever, dentro de certos limites, a altura final de uma criança. O melhor indicador é a idade esqueletal da criança. Trata-se de uma medida do desenvolvimento dos ossos. A idade cronológica isoladamente nem sempre dá uma boa idéia do tamanho final. Entretanto, não se pode prever com exatidão o tamanho e a altura. Um pediatra famoso aconselha: "Observe o tamanho do sapato imediatamente antes da adolescência; relativamente ao tamanho do resto do corpo, trata-se provavelmente de um indicador do desenvolvimento alcançado neste ponto melhor que qualquer outro."

■ Desenvolvimento motor

O desenvolvimento motor geral aumenta enormemente durante a segunda infância. A criança média aprende um número espantoso de habilidades: correr, pular, lançar, chutar, subir, andar de bicicleta, esquiar — é uma lista interminável — e continua a se aprimorar consideravelmente em todas as áreas. Em todos os casos, as habilidades estão intimamente ligadas ao tamanho e ao arcabouço e, em alguns casos, ao sexo.

Essa diferença sexual no desenvolvimento motor é complexa e desconcertante. Envolve, provavelmente, fatores de ordem tanto física como social. Os meninos e meninas do mesmo tamanho e da mesma idade se saem geralmente quase igualmente bem na maioria das habilidades e até a puberdade seu aprimoramento obedece aos mesmos ritmos. (Embora os meninos se saiam um pouco melhor em algumas, como lançar e chutar.)

Todavia, os meninos tendem a melhorar continuamente suas habilidades motoras entre os cinco e os sete anos de idade, enquanto as meninas alcançam um pico aos treze anos. As meninas em geral amadurecem mais cedo, atingindo antes seu tamanho máximo e o desenvolvimento completo de suas características sexuais secundárias. Isto talvez constitua um fator do padrão diferente de desenvolvimento motor. Mas a maioria das pessoas acredita que os motivos de ordem social também contribuem para que os meninos comecem a tomar a dianteira nas habilidades motoras. Isto, por sua vez, afeta o futuro desenvolvimento físico. Por exemplo: se os meninos são encorajados a jogar futebol enquanto as meninas se vêem ativamente excluídas da prática desse tipo de esportes, pode ser muito real a maior habilidade do menino para chutar. Mas essa habilidade se desenvolve mais em virtude da prática que de alguma "diferença biológica" entre os sexos. Outrora, a maioria das escolas estimulava o atletismo masculino e proporcionava aos meninos um sem-número de jogos e oportunidades. As meninas ficavam relegadas a algumas sessões facilitadas de ginástica. Contudo, as alterações legais recentemente ocorridas exigem para os dois sexos uma igualdade de oportunidades e de facilidades. De modo que esse "efeito da socialização" sobre o desenvolvimento das habilidades motoras pode começar a se modificar.

■ Tipos físicos

O tamanho do corpo e seu arcabouço parecem afetar o desenvolvimento das habilidades motoras durante a segunda infância. As crianças mais altas e mais corpulentas se saem melhor em todos os tipos de atividades físicas que seus pares de menor tamanho. Mais uma vez, entretanto, parece que entram em ação os fatores psicológicos. Não há nada que deixe isso mais claro que as atitudes da sociedade com relação aos tipos físicos. O tipo físico preferido é o *mesomorfo* — sólido e musculoso. Os pais esperam que essas crianças "de bom arcabouço" se saiam melhor, e as próprias crianças aprendem bem depressa essa mesma atitude. Como as pessoas expressam sua confiança nele, o mesomorfo tem mais probabilidades de obter êxito em todos os tipos de jogos. Os *ectomorfos,* crianças extremamente magras, são menos admirados e não sobressaem nos esportes. Os *endomorfos,* dotados de corpos gordos e freqüentemente mal proporcionados, são os que se saem pior. Quase todos somos capazes de simpatizar com a triste segunda infância da criança gorda, eliminada dos esportes, obrigada a aceitar um papel social passivo, e muitas vezes vítima de cruéis sarcasmos. Mesmo quando os ectomorfos e os endomorfos são bem sucedidos nas atividades físicas, como por vezes acontece mais tarde na vida, a atitude formada na infância é extraordinariamente rígida. "Ele se movimenta muito depressa para um gordo", ou "Ela é maravilhosamente forte para seu tamanho", são comentários habituais nas conversas de adultos.

■ Maturidade psicológica

De um modo geral, a segunda infância é o período de que as pessoas se lembram como tendo sido o mais feliz. Livre das terríveis pressões da primeira infância, quando o bebê tinha de aprender uma série inteiramente desconhecida de maneiras de ser. Livre também da tensão que virá com a adolescência, quando a criança tem de lidar ao mesmo tempo com seu próprio mundo e com os padrões conflitantes do mundo adulto. A segunda infância constitui uma espécie de zona livre — muito embora haja uma grande pressão do exterior. Cada um dos aspectos do esforço da segunda infância se insere numa postura adulta. As pequenas equipes que se formam são desanimadoramente profissionais. Os campos de futebol, de tênis e de basquetebol tiram vantagem do receio que têm os pais de ver seus filhos colocados em posição um pouco menos que a excelente nas atividades de equipe das escolas superiores.

De certa forma, nós demos uma volta completa nestes últimos cem anos. Há cem anos, as crianças eram tratadas como adultos em miniatura. Eram vestidas, falava-se com elas e lhes era entregue um trabalho responsável como se fossem um adulto qualquer. Foi só recentemente que se concedeu à infância um domínio particular, ao abrigo das realidades mais ásperas da vida. Hoje, porém, de uma maneira diferente, espera-se que as crianças se comportem ainda como adultos, não para aceitar sua cota de trabalho manual, mas para refletirem à sua própria maneira o universo dos pais.

Contudo, a segunda infância não é dominada pelas imagens paternas. Embora possam se tornar conscientes mais cedo dos conceitos adultos, as crianças também amadurecem mais depressa. São suficientemente inteligentes para preferir seus próprios tipos de atividades e de valores. São mais urbanizadas, mais flexíveis, mais ricas e, acima de tudo, mais familiarizadas com os desenvolvimentos técnicos que alargam o espírito. Sob uma centena de aspectos, elas sabem muito mais coisas que as crianças de anos atrás.

■ Problemas de saúde

O adulto médio ainda se lembra da segunda infância como de um tempo de doenças bastante graves. Escarlatina, coqueluche, caxumba, difteria, sarampo e até poliomielite eram ainda bastante comuns. Essas doenças deixaram hoje de fazer parte da experiência da infância, salvo em algumas regiões muito pobres onde é pouca a assistência médica. A tuberculose continua entretanto a ameaçar as crianças, particularmente nas classes sócio-econômicas mais baixas.

A principal ameaça à saúde durante a segunda infância não está nas doenças ou enfermidades: está nos acidentes. Como as crianças são muito curiosas e ativas, e também porque nossa sociedade usa uma tecnologia muito complexa, chegam literalmente a centenas as maneiras com que uma criança pode se ferir, por vezes fatalmente. Elas se afogam nas piscinas; são colhidas por maquinismos, morrem queimadas em incêndios, eletrocutadas ao brincar com aparelhos elétricos; caem de lugares altos e são atropeladas por automóveis ... a lista seria interminável. Têm sido promulgadas leis federais destinadas a proteger as crianças desses acidentes, porém muita gente considera necessária uma legislação mais rigorosa particularmente no campo da fabricação de brinquedos e da segurança no lar e nos automóveis. A melhor defesa contra os acidentes é a atenção por parte dos pais com relação ao ambiente e às atividades da criança. Vacinas e exames médicos são de pouca utilidade quando se permite que a criança brinque em pátios de recreio perigosamente construídos.

Antes de passar adiante...

1. Por que as crianças pobres são geralmente menores que as ricas?
2. A que fator se deveria dar maior peso na predição do tamanho?
3. Com que características físicas estão relacionadas as habilidades motoras?
4. O tipo físico ______________ é o preferido por adultos e crianças.
5. De que maneira os aperfeiçoamentos tecnológicos modernos afetam a mente infantil?
6. Qual é a maior ameaça à saúde durante a segunda infância?
7. Qual a melhor defesa contra os acidentes durante a infância?

Respostas:

1. Devido às desvantagens ambíentais, como a alimentação deficiente.
2. A idade do esqueleto, ou ritmo do desenvolvimento dos ossos.
3. Tamanho, arcabouço e, por vezes, sexo.
4. Mesomorfo.
5. Eles ampliam a esfera das percepções da criança.
6. Os acidentes.
7. A atenção dada pelos pais ao ambiente e às atividades da criança.

Módulo 31. PERÍODO OPERACIONAL CONCRETO

Como dissemos anteriormente, Jean Piaget dividiu o processo de aprendizado da criança em vários estágios cognitivos. Os dois primeiros estágios são o da inteligência sensório-motora, que ocorre durante os dois primeiros anos de vida, e o do pensamento intuitivo ou simbólico (denominado, por vezes, fase pré-operacional), que se desenvolve durante os anos pré-escolares. Esses dois estágios já foram analisados em partes anteriores deste livro. Voltemos agora nossa atenção para o estágio cognitivo seguinte, a que Piaget deu o nome de operações concretas.

■ Operações concretas

Nos primeiros anos da segunda infância, a criança entra num novo estágio de aprendizado cognitivo, denominado período *operacional concreto*. Durante esse período, ela é capaz de efetuar operações mentais sobre objetos físicos. Sua inteligência já não fica limitada a uma visão mental estática do objeto à sua frente. Pelo contrário, ela pode visualizá-lo sob diferentes formas e aspectos. A criança é capaz de imaginar um objeto tal como era antes ou tal como será mais tarde. Essa capacidade, fundamental para o desenvolvimento operacional concreto, é a *conservação.*

■ Conservação

Antes de chegar ao período das operações concretas, a criança não vê nenhuma conexão entre duas formas diferentes de um mesmo objeto. Numa célebre experiência, despeja-se um certo volume de água de um copo alto e estreito dentro de outro, mais baixo e mais largo. Os pré-escolares se deixam iludir pelo aspecto dos dois recipientes e não vêem que o volume da água continuou o mesmo. Quando chegam à segunda infância, as crianças já não se deixam enganar por essas operações. Da mesma forma, as crianças são capazes de compreender que dois pedaços de argila modelados de modo a formar duas bolas idênticas continuam os mesmos ainda que uma das bolas tenha sido estirada até adquirir o formato de uma minhoca. Dá-se a isto o nome de *conservação.* Em outras palavras, nesta idade, as crianças são capazes de compreender que os objetos físicos são susceptíveis de passar por uma série de alterações de forma ou aspecto, permanecendo, no entanto, inalterados quanto à quantidade, desde que nada lhes seja acrescentado nem retirado. Elas são capazes de "lembrar" ou visualizar esses objetos de um estágio para outro.

■ Descentralização

A criança sensório-motora e a pré-operacional vêem o mundo que as cerca apenas em termos de situações imediatas e momentâneas. Só prestam atenção às situações que as afetam. Tem-se comparado freqüentemente a criança pequena a um "magicozinho". Quando sua atenção se afasta de algo que havia atraído seu interesse, essa coisa simplesmente "desaparece" de seu quadro de referência. Mas na segunda infância não se fica mais limitado a um ponto de vista exclusivamente egocêntrico. A criança pode *descentralizar-se.* Em outras palavras, ela é capaz de ver as coisas como os outros as podem ver. É capaz de se concentrar em mais de um aspecto de uma situação ao mesmo tempo.

■ Reversibilidade

Como a conservação exige que a criança acompanhe um objeto ou um processo ao longo de uma série de transformações, fica nela implícito um aspecto ainda mais fundamental do pensamento, conhecido como *reversibilidade.* A reversibilidade dá à criança a possibilidade de ver que um processo pode seguir em duas direções. Tal como uma subtração pode desfazer uma adição, também uma ação posterior pode desfazer uma ação feita anteriormente. Mais importante ainda: a própria reversibilidade implica numa série de relações de causa-efeito. A criança já é capaz de prever as conseqüências de algo que ela está fazendo agora.

■ Aptidão para o aprendizado

Todos esses conceitos operacionais concretos forçam a criança a sair de dentro de si mesma. Permitem que ela avance, saindo do autoconceito de "pequeno mágico" a que nos referimos anteriormente. Começa a ver os fatos e idéias exteriores a seus interesses imediatos e às áreas que lhe dizem respeito. Desta maneira, ela fica preparada para classificar os fatos e armazená-los para utilizá-los em diferentes processos de pensamento. Isto tudo se inclui na categoria da *aptidão.* Desse conceito básico, os educadores extraem os conceitos de "aptidão para a leitura", "aptidão para os números", e assim por diante. Sem esse preparo, a educação precoce representa muitas vezes um período de provações e frustração, tanto para a criança como para o adulto.

■ Fatores em ação na maturidade cognitiva

Até pouco tempo atrás, a aptidão para o aprendizado era tida como função quase exclusivamente da idade cronológica. Hoje, entretanto, está claro que tanto a maturidade emocional, como o ambiente e a educação desempenham um papel na maturidade cognitiva. O próprio Piaget percebeu que o processo de maturação ocorreria normalmente sempre que a criança estivesse preparada para isso. Ele compreendeu que esse desenvolvimento era muito pouco afetado por um treinamento formal.

Experiências ainda mais recentes lançaram dúvidas sobre essa maneira de pensar. Foram aplicados alguns testes a grupos de crianças escolarizadas e não-escolarizadas. Os resultados mostraram que as crianças que freqüentavam escolas tinham muito mais probabilidades de compreender o princípio de conservação que as crianças não-escolarizadas da mesma idade. Em outra experiência, as crianças a quem se havia ensinado a reversibilidade aprenderam mais depressa a conservação dos números. Pode-se observar um aprendizado mais rápido nos efeitos de programas educativos de televisão como "Vila Sésamo". Tem-se controvertido o impacto desse programa e ainda é muito cedo para colher todos os resultados do mesmo. Mas, para muitas crianças, esses programas têm trazido a aquisição das habilidades operacionais concretas para fases bem antecipadas do período pré-escolar.

O ambiente também desempenha um papel importante na maturação cognitiva. As crianças não-familiarizadas com os livros, palavras, objetos e gravuras utilizados no treinamento não têm muitas probabilidades de se saírem bem nas diversas tarefas cognitivas. Da mesma forma, as crianças famintas, sonolentas, subnutridas ou perturbadas por situações exteriores à sala de aula, enfrentam obstáculos muito sérios para aprender.

■ Aptidão moral

O movimento a partir do estado centralizado dos anos pré-escolares em direção à descentralização da segunda infância é importantíssimo por um outro motivo. A recém-adquirida habilidade que tem a criança de considerar um ponto de vista diferente do seu e de compreender que as ações podem ser revertidas, altera a posição da criança no mundo. Tornam-se possíveis novas ações — e o autocontrole — e isto terá uma importância crucial na habilidade que terá a criança de funcionar socialmente. Por conseguinte, é nesse estágio que a criança começa a desenvolver atitudes de comportamento social e moral.

Antes de passar adiante...

1. O que descobriu Piaget com relação à maneira com que as crianças percebem as coisas?
2. Em que estágio do aprendizado cognitivo entra a criança, durante a segundo infância?
3. O que significa conservação?
4. Por que é a criança pré-operacional qualificada de "pequeno mágico"?
5. O que é reversibilidade?
6. O que é aptidão para o aprendizado?
7. Quais são alguns dos fatores que devem ser considerados na determinação da maturidade cognitiva?

Respostas:

1. As crianças percebem as coisas de uma maneira fundamentalmente diferente da dos adultos.
2. No estágio operacional concreto.
3. A conservação dá à criança a possibilidade de ver que os objetos permanecem inalterados quanto à sua quantidade, a despeito das alterações de forma ou aspecto, desde que nada lhes seja acrescentado nem retirado.
4. Porque a criança pensa que faz acontecer todas as coisas a seu redor.
5. A capacidade que tem a criança de ver que uma operação pode se realizar tanto numa direção como na outra.
6. O domínio dos conceitos operacionais concretos que torna a criança capaz de aprender certas habilidades, como a leitura, por exemplo.
7. A idade cronológica, a maturidade emocional, o ambiente e a educação.

Módulo 32. DESENVOLVIMENTO MORAL

Durante o estágio operacional concreto, a criança desenvolve habilidades essenciais para o desenvolvimento moral. Realmente, Piaget propôs o ponto de vista (adotado por muitos psicólogos e educadores modernos) segundo o qual os valores morais se desenvolvem através de um processo racional. Esse processo corresponde aos estágios da maturidade cognitiva. Por conseguinte, o processo através do qual se desenvolvem esses valores morais constitui uma parte previsível da maturação.

■ Piaget: As regras do jogo

Piaget estudou cuidadosamente as regras do jogo de bolinhas de gude. Utilizando então esse método clínico, ele e seus colaboradores começaram a entrevistar garotos de diversas idades e a observá-los quando jogavam. "Você pode inventar novas regras?", perguntaram aos meninos. "As regras podem ser modificadas?", "Era assim que seu pai jogava?", "De onde vêm as regras?", e assim por diante. As perguntas insistentes de Piaget tiveram origem em sua convicção de que, tal como um jogo, a moralidade se baseia em regras e que, essencialmente falando, a moralidade significa tão-somente que o indivíduo deve aprender a respeitar as regras. Piaget completou seu estudo do jogo de bolinhas de gude com histórias que contava às crianças. Essas historietas sempre propunham algum dilema moral. O sujeito era geralmente solicitado a fazer uma opção entre dois cursos de ação. Resultou desses estudos que Piaget ficou capacitado para traçar um padrão bastante regular de desenvolvimento moral durante a segunda infância. Ele dividiu esse padrão em três estágios.

Antes dos cinco anos de idade, as crianças não dão mostras de se interessar pelas regras de um jogo. Estão ansiosas por testar suas habilidades motoras, mas não fazem muita questão de acompanhar um jogo até o fim. Aos cinco anos, entretanto, as regras adquirem uma importância muito grande. Durante esse período, que Piaget qualifica de realismo moral, aos olhos da criança, as regras têm uma existência independente, parecida até certo ponto com a das regras naturais. Elas não podem ser manipuladas de maneira alguma e quando se infringe uma regra o conceito de justiça da criança exige que sobrevenha um castigo rápido, direto e proporcional à própria infração. (Esse conceito é perpetuado nos filmes exibidos na televisão nas horas tardias da noite, nos quais até o "mocinho" deve pagar em espécie os seus malfeitos, antes do final do filme. Pelo menos em nossas diversões, nós aparentemente não desistimos inteiramente desse modo de pensar.)

Aos dez anos, a criança relaxa seu conceito das regras. Pode até mostrar-se disposta a alterar as regras de um jogo se os outros jogadores estiverem de acordo. Nesse estágio, ela está mais preocupada com o efeito absoluto de um ato do que com a intenção moral. Piaget costumava contar a seus filhos uma história a respeito de um menino que fez uma enorme mancha numa toalha de mesa quando tentava encher o tinteiro do pai. O irmãozinho caçula entrou em cena e, brincando com o tinteiro, fez uma mancha bem menor. Os sujeitos de Piaget se punham geralmente de acordo, afirmando que o irmão mais velho tinha sido mais travesso pois a mancha feita por ele tinha sido maior. Nesse estágio, as crianças começam a aceitar o que os adultos e outras crianças lhe dizem a respeito do certo e do errado. Ficam cerceadas pelo que lhes é dito, muito embora talvez não o compreendam com clareza. Já não dão atenção apenas à sua própria interpretação das regras. Isso corresponde ao desenvolvimento inicial da descentralização: a aceitação dos pontos de vista dos outros.

Por volta dos doze ou treze anos de idade, as crianças começam a considerar justa qualquer regra, desde que todos se ponham de acordo a esse respeito. Estão agora bem avançadas no processo de descentralização e é forte o seu senso social. A autoridade dos adultos já não é reconhecida sem discussões; as crianças agora se consideram igualmente capazes de estabelecer ou de alterar as regras. Ao julgarem as ações, elas estão começando a fazer uma distinção entre a moralidade da intenção e a moralidade do efeito objetivo.

■ Kohlberg: Os níveis de desenvolvimento moral

Tomando como ponto de partida o trabalho (e os métodos) de Piaget, Lawrence Kohlberg dividiu o raciocínio moral em diferentes tipos que se desenvolviam em estágios. Na opinião de Kohlberg, a criança passa por seis estágios distintos de alterações internas e pessoais das atitudes sociais. Cada estágio abre caminho para o seguinte, somente quando a criança acha as "regras" desse estágio inadequadas para enfrentar os novos problemas. A criança precisa então abandonar o raciocínio moral do estágio primitivo e passar para o seguinte. Ela vai avançando, desta maneira, e passa por três níveis distintos de maturação que quase todas (mas não todas) as crianças são capazes de dominar.

Os dois primeiros níveis, os da moralidade *pré-convencional* e *convencional*, ocorrem entre os quatro e os dez anos de idade. (O último nível, o da moralidade dos princípios morais auto-reconhecidos, não é alcançado antes da adolescência.) No nível pré-convencional, a necessidade de obedecer às pessoas revestidas de poder e autoridade representa o fator motivante. A criança é fraca. Precisa obedecer aos que são mais fortes, caso contrário será castigada. A moralidade de um ato é determinada por suas conseqüências agradáveis ou dolorosas. Esse estágio vai gradualmente cedendo terreno ao da moralidade definida em termos de satisfação das necessidades da criança: se permanecer obediente às regras estatuídas por outros, você tolherá resultados tangíveis e agradáveis. É um estágio eminentemente prático de conduta moral, e a criança espera uma reciprocidade estrita das pessoas que exercem a autoridade. Nesse estágio, o comportamento moral se baseia no interesse pessoal, mais do que numa consideração real dos sentimentos ou direitos alheios.

A criança começa aos poucos a ir além de uma base de conduta moral estritamente centralizada em sua própria pessoa. Ao se aproximar o fim da segunda infância, a criança começa a compreender que a lei é válida por si mesma. A moralidade convencional é por vezes qualificada de moralidade "da Lei e da Ordem". É a compreensão de que a sociedade necessita do princípio do certo e do errado para que as pessoas possam agir. Para a maioria das crianças, esse princípio começa a substituir o da reciprocidade individual. Embora nesse estágio a criança tome decisões individuais a respeito do que é certo ou errado, essas decisões são sempre avaliadas frente a uma idéia abstrata do direito ou da ordem.

Antes de passar adiante...

1. Qual o outro tipo de desenvolvimento que torna possível o desenvolvimento moral na segunda infância?
2. Como descobriu Piaget as regras da moralidade na segunda infância?
3. Segundo Piaget, o que é realismo moral?
4. Sob que aspectos as teorias de Kohlberg diferem das de Piaget?
5. Quais são os níveis de desenvolvimento moral de Kohlberg?
6. Quais são os níveis de Kohlberg que ocorrem na segunda infância?
7. Segundo Kohlberg, o que deve a criança descobrir antes de poder passar para um novo estágio de desenvolvimento moral?

Respostas:

1. O desenvolvimento cognitivo.
2. Observando o brinquedo das crianças com bolinhas de gude.
3. A convicção das crianças de que as leis têm uma existência absoluta e independente.
4. Piaget acredita que as crianças formam regras morais baseadas nas influências sociais; Kohlberg está convencido de que o processo é pelo menos parcialmente interno.
5. Moralidade pré-convencional, moralidade convencional e período de princípios morais reconhecidos.
6. Os dois primeiros.
7. Que as regras do estágio presente são inadequadas para lidar com os novos problemas.

Num momento qualquer do início da segunda infância, geralmente quando começa a escolarização formal, a criança será submetida a seu primeiro teste de inteligência ou teste de realização. Sendo a inteligência um conceito extremamente complexo, verificou-se ser muito difícil defini-la e medi-la. Todas as tentativas feitas com esse objetivo desencadearam alguma controvérsia: em torno da teoria, da metodologia ou dos resultados. Para compreender os problemas implicados na avaliação da inteligência, será proveitoso um certo conhecimento da história dos testes.

■ O teste Stanford-Binet

O primeiro teste moderno de inteligência foi formulado por dois psicólogos franceses, Théophile Simon e Alfred Binet, em 1905. Seu teste utilizava uma escala relativamente simples e arbitrária que foi determinada da seguinte maneira. Pedia-se às crianças testadas que respondessem a uma série de perguntas que se iam tornando cada vez mais difíceis. Desenvolveram-se normas para especificar as perguntas que poderiam ser respondidas, em média, por uma criança de uma determinada idade. A *idade mental* da criança é computada determinando-se o número de perguntas respondidas em cada grupo de nível de idade. Posteriormente, este teste sofreu alterações importantes, tendo-se desenvolvido uma maneira diferente de expressar os escores. Isto implicava uma divisão do escore do teste que representava a idade mental do indivíduo pela idade cronológica do mesmo (e multiplicando por 100 para eliminar os valores decimais). Uma criança de cinco anos com idade mental de seis, por exemplo, deveria fazer 120 pontos ($6/5 \times 100$). Esse escore, decorrente de uma divisão da idade mental pela idade cronológica, tornou-se conhecido como *quociente de inteligência* (QI).

O assim chamado teste de Stanford-Binet foi o primeiro método amplamente conhecido para deduzir o que passou a ser conhecido como QI. Os primeiros defensores do Stanford-Binet acreditavam que a inteligência é inteiramente determinada pela genética e que os escores do teste apresentavam pequenas alterações à medida que a criança amadurecia. Eles tinham, por conseguinte, uma confiança muito grande no valor preditivo do teste. Embora seja ainda utilizado, o teste de Stanford-Binet tem sofrido críticas gerais, em grande parte porque ele depende sensivelmente da habilidade verbal, susceptível de ser poderosamente afetada pelo ambiente, pela cultura e até pelo pesquisador que está aplicando o teste. Além disso, o teste de Stanford-Binet não leva em conta as oscilações dos escores do QI ocorridas quando as crianças vão crescendo e ficando expostas às várias influências ambientais.

■ Testes posteriores de inteligência

Surgiram logo em seguida novos testes. Quase todos procuravam aplicar as novas teorias ao campo da avaliação e da definição da inteligência. Entre eles alinhavam-se o Estudo do Crescimento de Berkeley que acompanha o mesmo progresso individual ao longo de um extenso período. O estudo de Berkeley fez uma importante descoberta: a de que a inteligência não se mantém constante; os resultados do teste durante a primeira infância pouca relação tinham com os resultados do teste aplicado depois de terem as crianças adquirido habilidades lingüísticas.

■ Análise multifatorial da inteligência

Em 1927, Charles Spearman propôs a *teoria dos dois fatores* para a inteligência. Um desses fatores, o *fator g*, representava a inteligência geral (é o que os testes como o de Stanford-Binet visavam a medir). Mas Spearman viu um aspecto adicional da inteligência, a que ele deu o nome de *fator s*. Esse fator *s* era o responsável por certas habilidades específicas. Por exemplo: uma criança brilhante em matemática pode conseguir escores medíocres em inteligência verbal. Os investigadores posteriores ampliaram essa idéia e introduziram a *análise fatorial*: uma maneira de agrupar os tipos de habilidades que parecem ocorrer conjuntamente. Desta maneira, podem ser descobertos os diferentes componentes que se combinam para constituir a inteligência. Um pesquisador arrolou as áreas distintas da inteligência como a memória, o raciocínio, os conceitos de números, a rapidez de percepção, espaço, compreensão verbal e fluência verbal.

Alguns teóricos redefiniram a "inteligência" para significar a capacidade de se sair bem em diversas atividades não-relacionadas. Têm sido feitos esforços visando a desenvolver testes capazes de detectar as incapacidades de aprendizado, como as dificuldades com a leitura, suscetíveis de virem à tona mais tarde, na vida da criança. Mas a aplicação do teste de inteligência geral continua amplamente difundida e até agora a nova definição de "inteligência" só tem sido aceita por um pequeno número de pesquisadores.

■ Controvérsias em torno dos testes de inteligência

Mas a maioria dos testes continua a ter como chave a linguagem; e esta, por sua vez, se esteia na cultura. Isto representava um incômodo problema com relação ao tipo de teste que se possa considerar "justo" numa sociedade multicultural. Um teste comercial recente propôs a seguinte pergunta: "Se sua mãe mandasse você à padaria comprar um pão e a padaria estivesse fechada, o que você faria?" A resposta "certa" seria: "Eu iria a outra padaria." Entretanto, uma criança de gueto se mostraria mais esperta se escolhesse uma das respostas "erradas": "Voltaria para casa." Para essa criança, procurar outra padaria, num bairro diferente, poderia ser perigoso, e uma criança inteligente saberia disso.

Há uma coisa indiscutível: os testes de inteligência apresentam muitos pontos vulneráveis às críticas. São bem poucos os teóricos que sabem construir testes, e bem poucos os construtores de testes que têm uma teoria qualquer por trás de suas construções. A maioria dos testes é hoje preparada por grandes companhias comerciais que se preocupam primordialmente com a maneira de computar seus resultados. Essa preferência pela classificação mecânica tem resultados importantes. Muito freqüentemente, um vestibulando consegue escores excelentes nos testes preparados para todos os candidatos de todas as universidades do país. No entanto, uma amostragem solicitada pela faculdade pode revelar que esse estudante não sabe realmente manejar a sua língua.

Antes de passar adiante...

1. Como tentaram Simon e Binet medir a inteligência?
2. Como é computado o QI (quociente de inteligência)?
3. Que descoberta importante fez o Estudo do Crescimento de Berkeley?
4. Segundo Charles Spearman, o que é o fator *s*?
5. Qual é a principal objeção feita aos testes que têm como chave a linguagem?
6. O que podem os testes de inteligência descobrir além da inteligência natural?

Respostas:

1. Determinando a capacidade de uma criança de responder a uma série de perguntas cada vez mais difíceis.
2. Dividindo a idade mental pela idade cronológica e multiplicando por 100.
3. Que a inteligência não se mantém constante.
4. A inteligência responsável por habilidades em áreas específicas.
5. Que eles tendem a sofrer distorções provocadas pelas tendências culturais.
6. As incapacidades de aprendizado.

Módulo 34. TEORIAS DO DESENVOLVIMENTO DA PERSONALIDADE

A segunda infância é um período de acentuado desenvolvimento da personalidade. A criança dá passadas enormes em direção à formação de uma personalidade capaz de funcionar no mundo adulto. Os meninos e meninas se tornam conscientes de seus papéis sexuais diferentes e modificam conseqüentemente a sua conduta. As crianças começam a se interessar pelas habilidades e ocupações dos adultos, e se empenham, por vezes compulsivamente, em adquirir essas mesmas habilidades. Os motivos subjacentes para essas alterações da personalidade durante a segunda infância, e as razões do desenvolvimento dos mesmos, foram investigados por dois célebres psicólogos: Sigmund Freud e Erik Erikson. Muitos dos nossos conhecimentos nesse campo decorrem de suas teorias.

Segundo Freud, quando as crianças entram na segunda infância tem início um período de latência sexual. Os conflitos de Édipo e de castração da primeira infância estão resolvidos, e a busca ativa de parceiros sexuais não começará antes da adolescência.

Essa calmaria na atividade sexual, a que Freud dá o nome de sublimação, permite que a criança dirija suas energias psíquicas para outras direções, particularmente em direção ao processo de educação. À maioria dos pesquisadores modernos parece que Freud exagerou a importância do argumento da latência sexual. Acreditam eles que em lugar de terem diminuído suas energias sexuais, as crianças protegem suas atividades nessas áreas contra a atenção dos adultos. A criança que não demonstra nenhum interesse sexual evidente pelos pais ou por outros membros da família de sexo contrário pode ter simplesmente transferido essa curiosidade para seu próprio corpo e interiorizado suas atividades exploratórias. Além disso, a latência sexual talvez não indique necessariamente uma latência comportamental. O aparecimento de um comportamento dirigido para os outros, com seu concomitante desenvolvimento da personalidade, pode ser na realidade um comportamento sexual disfarçado.

O superego infantil estabilizou-se e fortaleceu-se. Está começando a substituir as forças externas da autoridade paterna e o temor de um castigo como guia da conduta e do critério nas decisões sociais e morais. Além disso, o ego está desenvolvendo uma capacidade cada vez maior de funcionar eficazmente. Mas esse desenvolvimento não se faz sem tropeços. O ambiente da criança está cheio de situações ameaçadoras e criadoras de angústias. O ego pode tentar enfrentar a angústia utilizando os mecanismos de defesa. A criança pode tentar reprimir os resquícios dos sentimentos edipianos que ela já não pode exprimir sem se tornar consciente da culpa. Ela pode tentar lutar contra seu nervosismo com relação à crescente tensão dos novos relacionamentos sociais no ambiente escolar regredindo a um comportamento pré-escolar como o de chupar o dedo ou urinar na cama. O comportamento ou os pensamentos suscetíveis de suscitar a culpa na criança são muitas vezes projetados sobre os irmãos e os pares. A criança pode criticar nos outros o desmazelo, o mau humor, a preguiça, etc., para aliviar as angústias produzidas pelo fato de se considerar culpada. A formação de uma reação constitui uma defesa comum contra a rejeição por parte dos outros. As hostilidades desenvolvidas com relação a outras crianças podem encobrir uma grande afinidade que a criança não quer correr o risco de revelar por receio de não encontrar reciprocidade.

Já se observou que "o brinquedo é o trabalho das crianças". Durante a segunda infância pode-se acompanhar na criança uma pronunciada mudança de atitude com relação ao brinquedo. Ela desiste dos jogos infantis enquanto vai crescendo o seu desejo de imitar as ocupações dos adultos e de adquirir suas habilidades. Mas não se trata da imitação infantil das figuras revestidas de autoridade, observadas com tanta freqüência nos pré-escolares. Para sua auto-estima é agora fundamental que ela se torne capaz de reproduzir as habilidades dos adultos, convencendo-se desta maneira, a si mesma e aos outros, de que ela pode se colocar na sociedade adulta.

Erikson vê nisto uma crise do desenvolvimento, a que ele deu o nome de crise entre o esforço e a inferioridade. Segundo Erikson, a criança desenvolve um interesse muito grande pelo trabalho — dominando os instrumentos de sua sociedade, quer se trate de um ofício manual, de lavoura, ou do aprendizado da leitura e da escrita — e uma concomitante angústia com referência à sua capacidade de fazer qualquer coisa dessas. Para ele, trata-se de um estágio socialmente mais decisivo porque seu esforço implica fazer coisas ao lado de outras pessoas e juntamente com elas. Esse esforço estabelece os alicerces do senso de caráter tecnológico particular de uma determinada cultura, e fornece à criança uma primeira impressão de como as pessoas se inter-relacionam na sociedade. Quando fica frustrada esta primeira introdução à engenhosidade (que, em nossa sociedade, geralmente se faz por intermédio da instrução formal na escola) a criança é dominada por um avassalador sentimento de inferioridade diante de seus pares. Decepcionada pelo malogro no novo ambiente da vida escolar, consciente do valor dos instrumentos e voltada para o esforço, a criança tende a regredir para a situação familiar do período edipiano.

Por outro lado, a angústia da criança pode se manifestar através de um excesso de compensação. O receio de um malogro potencial estimula muitas crianças a se preocuparem demasiadamente com o trabalho. É bem familiar o retrato do estudante eternamente mergulhado no estudo a fim de conservar o primeiro lugar. Trata-se de um dos aspectos do comportamento obsessivo-compulsivo, associado muitas vezes à segunda infância. A preocupação obsessiva com certas coisas como o asseio, a atividade incessante e os cálculos são comuns durante esse período.

De modo que a crise entre o esforço e a inferioridade tem um duplo aspecto. Para a criança, é essencial o domínio dos instrumentos básicos de sua sociedade para que lhe seja possível ter um desempenho produtivo e cômodo na sociedade competitiva de seus pares. A incapacidade de realizá-lo e os conseqüentes sentimentos de inferioridade daí advindos podem marcá-la para o resto da vida. Por outro lado, se atribuir um valor excessivo à realização, ela poderá fazer do trabalho o centro único de sua existência. Isto poderá transformá-la num membro exageradamente conformista da área tecnológica de sua sociedade. De certa forma, ela se faz instrumento dos instrumentos que deve supostamente dominar como parte de seu próprio desenvolvimento. Também pode desenvolver angústias e um comportamento supercompetitivo que irá afastar os seus pares e obstruir o ajustamento mais geral que lhe cabe fazer como membro atuante da sociedade.

Devemos mais uma vez salientar que, embora as teorias de Freud e Erikson sejam as mais freqüentemente encontradas em qualquer análise da segunda infância, elas não são de maneira alguma as únicas que tratam desse assunto. Na verdade, muitos pesquisadores tendem a rejeitar muitas conclusões a que chegaram esses dois pioneiros, no campo do desenvolvimento infantil. Não há dúvida de que pelo menos parte das teorias de Freud e Erikson terá comprovada a sua validade. Até agora, entretanto, não existe nenhuma maneira de determinar que parte será essa.

Antes de passar adiante...

1. Quais são as alterações básicas que ocorrem na personalidade durante a segunda infância?
2. Na opinião de Freud, as crianças entram num período de ____________ aos seis anos aproximadamente.
3. A maioria dos pesquisadores concorda com as teorias freudianas sobre o desenvolvimento na segunda infância. Certo ou errado?
4. O ____________ substitui a autoridade paterna e o medo dos castigos como controle do comportamento durante a segunda infância.
5. Qual é a crise que ocorre durante a segunda infância, segundo Erikson?
6. As habilidades que dão à criança a possibilidade de agir em cooperação com outras como um adulto foram denominadas ____________ por Erikson.
7. O ____________ pode tornar uma criança excessivamente preocupada com suas tarefas.

Respostas:

1. A criança passa a ficar orientada para o domínio das habilidades de adulto.
2. Latência sexual.
3. Errado. Muitos acreditam que o comportamento orientado para os outros pode ter origens sexuais disfarçadas.
4. O superego.
5. O conflito entre o esforço e a inferiori- ocupações que refletem seu esforço, o dade. A criança teme um malogro nas que dá origem a sentimentos de inferioridade.
6. Instrumentos sociais.
7. Receio de um malogro potencial.

Módulo 35. AUTOCONCEITO

À medida que vai se apercebendo das pessoas que a cercam (Piaget explicaria isto como sendo um movimento para fora do egocentrismo da primeira infância) e transferindo sua atenção do brinquedo puro para as atividades adultas, a criança começa a encarar-se a si mesma sob uma nova luz. Em primeiro lugar, ela *interioriza* muito mais. As demonstrações externas de medos comuns na primeira infância cedem agora lugar para a angústia, manifestada através de diversos mecanismos de defesa. A criança está também intensamente consciente de seus pares e tende a avaliar suas habilidades pelas deles. Ao escolher os companheiros cujos interesses combinem com os seus, e ao imitar as características dos mesmos que são por ela identificadas como socialmente prestigiosas, a criança está iniciando um complicado processo de *auto-avaliação.* Além de lhe fornecer uma medida de seu atual desempenho dentro de sua sociedade, esse processo influirá sobre seu sucesso ou malogro futuros.

Quando bem ajustadas, as crianças tendem a atingir um alto grau de auto-aceitação. Gastam menos tempo examinando suas próprias motivações e medindo o êxito de suas atividades. Isto, por sua vez, lhes deixa mais tempo para envolver-se em atividades externas, praticar suas habilidades, desenvolver sua iniciativa e aproveitar os ensinamentos colhidos em suas associações com seus pares. O êxito obtido as condiciona para futuros êxitos. De certa forma, elas estão aprendendo a "programar-se" para o tipo de conduta que continuará a ser gratificante. As crianças com auto-estima elevada aceitam os papéis de líderes e exercem sua iniciativa mesmo que se arrisquem a uma desaprovação. Confiam em suas capacidades, que parecem decisivamente influenciadas pelo desenvolvimento dos padrões de êxito.

Os pesquisadores descobriram muitos fatores suscetíveis de influir sobre o autoconceito durante a segunda infância. Mas nem todos estão de acordo quanto ao que são esses fatores. Alguns não vêem nenhuma correlação entre os fatores físicos como altura ou beleza física. Mas isto parece ser uma conclusão duvidosa, tendo em vista o que sabemos a respeito do desenvolvimento das habilidades motoras, de estereotipia dos tipos físicos e outros fatores que analisamos anteriormente. Existe, entretanto, um relativo acordo quanto à influência de certos fatores sobre a auto-estima de uma criança.

As crianças que se têm a si mesmas em alta conta vêm de famílias em que também os pais se tinham em alta conta. Esses pais também amavam e aceitavam os filhos quase integralmente. Ao contrário dos pais que não se têm em grande conta, eles estabelecem padrões muito mais elevados de conduta e realização. Dentro de limites bem definidos e invariáveis, eles tendiam a considerar a motivação individual e a conduta pessoal ao formular um julgamento, e recorriam ao reforço positivo de um bom comportamento, muito mais freqüentemente que à punição de um mau comportamento.

A ascendência dos pais é um fator da auto-estima na criança, embora não seja fácil nem simples compreender seu *modus operandi*. Diversas experiências levaram a pensar que os meninos filhos de mães dominadoras tendem a formar uma opinião muito elevada de si mesmos. Por outro lado, os pais dominadores têm muito menos probabilidades de ter filhos com um autoconceito muito elevado. Não está muito claro o que isto pode significar com referência ao relacionamento dos meninos com suas mães e ao tipo de reforço em ação neste caso. Podemos porém inferir que os pais dominadores, com altos padrões de realização, podem representar ameaças, sob forma de padrões que talvez pareçam excessivamente elevados. As mães, tidas de um modo geral pelos filhos como figuras não-competitivas, podem incutir seus padrões sem representar uma grande ameaça de malogro por comparação com uma conseqüente perda da auto-estima.

O tamanho da família também desempenha um certo papel no desenvolvimento da auto-estima. Os primogênitos, os filhos únicos, e os filhos de famílias pouco numerosas, são os que têm maiores probabilidades de desenvolver um conceito muito favorável de suas próprias pessoas, o mesmo acontecendo com as crianças provenientes de famílias "afetuosas", nas quais elas encontram uma atmosfera de amor e aprovação. Não nos seria possível superestimar a importância da influência dos pais. O ambiente familiar tem um valor muito mais crucial para o desenvolvimento da auto-estima numa criança que os fatores mais gerais de ordem social e econômica como rendas, vizinhanças, ou posição da criança no seio do grupo de seus pares.

Contrariando o ponto de vista popular, estudos recentes indicaram que a pobreza dos antecedentes sócio-econômicos talvez não esteja necessariamente ligada a uma diminuição na auto-estima. Esses estudos revelaram interessantes tendências a uma maior autoconfiança nas crianças ditas "desfavorecidas" que em seus pares das classes médias. Davam a impressão de ser muito mais positivas em sua capacidade de formarem opiniões, de enfrentar as situações difíceis e de assumir posições de liderança. Mesmo nas áreas de êxito acadêmico, onde podem se ver mal colocadas nas escalas de avaliação padronizadas, as crianças mais pobres desenvolveram poderosos mecanismos de defesa a fim de proteger sua auto-estima. Elas invariavelmente contrabalançavam todas as suas manifestações deficientes nas áreas acadêmicas, argumentando que poderiam se sair melhor se quisessem, ou que a escola não estava cumprindo sua função. Por outro lado, as crianças de classe média eram muito mais propensas a aceitar como absolutas e fidedignas as avaliações externas de suas capacidades, e a pautar por elas a sua auto-estima. É difícil interpretar o significado dessas investigações. A capacidade que têm as crianças pobres de manter elevada sua auto-estima diante dos valores sociais que tendem a fornecer medidas menos positivas para suas habilidades talvez dependa da validade que elas continuem a atribuir a esses valores sociais e da persistência desses valores na atual atmosfera de transformação e contínua alteração.

Um fator crucial para a definição e desenvolvimento da auto-estima é a crescente divergência dos papéis sexuais que se desenvolvem durante a segunda infância. Em geral, as meninas amadurecem durante esse período mais depressa que os meninos. Verificou-se que a maturidade, com o concomitante aumento da capacidade de proceder realisticamente a uma auto-avaliação diante das metas, constitui um fator significativo de um autoconceito elevado. Por esse motivo, as meninas tendem a se sair melhor que os meninos. Numa sociedade dominada pelos homens, os meninos se vêem sujeitos a uma pressão muito maior para ser bem sucedidos e, conseqüentemente, correm mais riscos de malogro que as meninas. Resta ver se essa vantagem persistirá em nossa sociedade cada vez mais livre.

Antes de passar adiante...

1. O fator mais importante para o desenvolvimento de um autoconceito elevado durante a segunda infância é ________________.
2. Os pais ____________ e ______________ suscitam aparentemente uma auto-estima elevada em seus filhos.
3. A disciplina aplicada incoerentemente tende a gerar na criança uma auto-estima elevada. Certo ou errado?

4. De que maneira o tamanho da família influencia a auto-estima?
5. As crianças saídas de ambientes sócio-econômicos pobres são mais propensas a se terem em pouca conta. Certo ou errado?
6. As crianças pobres podem reagir a um malogro acadêmico ________________.
7. De que maneira o sexo afeta o autoconceito durante a segunda infância?

Respostas

1. A personalidade e a conduta dos pais.
2. Amorosos, afetivos e que se tenham em alta conta.
3. Errado. Ela suscita uma auto-estima reduzida.
4. Os filhos de famílias pequenas, os primogênitos e os filhos únicos se têm aparentemente em alta conta.
5. Errado. Em muitos casos, elas têm de si mesmas uma opinião mais elevada que seus pares mais abonados, com relação a si mesmos.
6. Atribuindo seu malogro a outros motivos que não a falta de capacidade.
7. As crianças tendem a dar importância ao êxito somente nas áreas de empenho consideradas pela sociedade como adequadas a seu sexo.

REVISÃO DE CAPÍTULO

SEGUNDA INFÂNCIA: DESENVOLVIMENTO FÍSICO E COGNITIVO

1. Durante a segunda infância, dos seis aos doze anos, o desenvolvimento do cérebro está quase completo e desenvolvida a visão adulta. Certo ou errado?
2. A superioridade das habilidades motoras dos meninos com relação às meninas está ligada a ________________.
3. O tipo físico sólido e musculoso é conhecido com o nome de ________________; o tipo magro é o ________________; e o gordo é o ________________.
4. A segunda infância se caracteriza pelo (a) desenvolvimento de uma confiança básica; (b) terríveis pressões advindas da tensão provocada pelo aprendizado de um conjunto de maneiras de agir inteiramente diferentes; (c) domínio exercido pelas imagens paternas; (d) uma maturidade que não era habitual em crianças da mesma idade em períodos históricos anteriores.
5. Piaget usou um método ________________ para descobrir que as crianças tinham modos de perceber o mundo fundamentalmente diferentes dos do adulto. Ele propôs às crianças perguntas abertas e procurou ouvir suas respostas sem noções pré-concebidas.
6. Durante o período operacional concreto, a criança (a) vê o mundo em termos de situações imediatas e momentâneas, à medida que estas a afetam; (b) aprende por imitação; (c) concentra-se num único aspecto de uma situação de cada vez; (d) é capaz de perceber as relações de causa e efeito, o que faz com que ela procure prever as conseqüências das ações imediatas.
7. Durante a segunda infância, a criança aprende a olhar para as coisas como os outros talvez as vejam e a dar atenção a mais de um aspecto de uma situação de cada vez. A criança deixa para trás a concepção exclusivamente egocêntrica do mundo. Esse desenvolvimento é chamado ________________.
8. A aptidão para o aprendizado significa que a criança (a) se vê como um "pequeno mágico"; (b) pode classificar e armazenar os fatos para diferentes propósitos; (c) é capaz de perceber que um objeto pode passar por uma série de transformações; (d) está suficientemente intelectualizada para rejeitar grandes partes da conduta do adulto.

9. Piaget previu que o treinamento formal poderia fazer com que as habilidades operacionais concretas surgissem mais cedo. Certo ou errado?
10. O comportamento social e moral se desenvolve durante os anos pré-escolares. Certo ou errado?
11. Qual das seguintes pessoas tinha mais probabilidade de dizer que "A essência de toda moralidade está no fato de que a buscamos devido ao respeito que o indivíduo adquire pelas regras"? (a) Freud; (b) Kohlberg; (c) Piaget; (d) Erikson.
12. Em que idade se tornam importantes as regras do jogo?
13. As reações dos sujeitos de Piaget à história do irmão mais velho, que fez uma grande mancha de tinta numa toalha, e do irmãozinho que fez uma mancha menor demonstra que para as crianças de cerca de dez anos (a) as regras parecem ter uma existência independente, mais ou menos como as leis naturais; (b) o efeito absoluto de um ato parece mais importante que a intenção moral; (c) as regras são tidas como justas desde que todos concordem com elas; (d) a moralidade da intenção pode ser distinta da moralidade do efeito objetivo.
14. Uma das contribuições mais importantes de Piaget foi a concepção segundo a qual as crianças passam por estágios distintos de raciocínio moral. Certo ou errado?
15. Considera-se como altamente pragmático o nível ________________ de moralidade; o interesse por si mesmo é muito mais importante que a consideração pelos outros.
16. Qual dos seguintes itens é geralmente mais importante para uma criança de 10 a 13 anos? (a) A consideração do valor pessoal e da auto-estima. (b) O castigo deve acompanhar rapidamente qualquer infração das regras morais. (c) A reversibilidade. (d) A prevenção dos acidentes.
17. A moralidade da "lei e da ordem" constitui o estágio final do nível ________________ de moralidade.
18. Com relação ao teste de QI, de Stanford-Binet, qual das seguintes afirmações está **errada** (a) Ele depende em grande parte da capacidade verbal, a qual pode ser muito afetada pelo ambiente e pela cultura. (b) Ele não pode prever os futuros escores da inteligência, pois os mesmos podem mudar. (c) Os escores do QI nos podem dar algumas informações com referência à determinação genética da inteligência. (d) Nenhuma das alternativas.
19. Enumere sete áreas distintas da inteligência.
20. Spearman sugeriu que as capacidades de uma criança são aproximadamente as mesmas em todas as áreas. Certo ou errado?
21. A inteligência é geneticamente dotada da capacidade de funcionar. Certo ou errado?
22. Os testes de inteligência dão margem a muitas críticas. Certo ou errado?
23. Os primeiros testes de inteligência foram elaborados por (a) Spearman; (b) Simon e Binet; (c) Lewis Terman; (d) Arnold Gesell.
24. Têm sido propostas teorias de desenvolvimento que incluem estágios para todas as áreas seguintes do desenvolvimento, **exceto** (a) cognição; (b) valores morais; (c) tipos físicos; (d) psicossexualidade.
25. Uma das falhas dos testes de inteligência está no fato de que a resposta "certa" a uma pergunta pode depender de ________________.
26. A inteligência vai se desenvolvendo ao longo dos anos da segunda infância. Certo ou errado?
27. A inteligência tem relação com a classe sócio-econômica. Certo ou errado?
28. Explique, em poucas frases, o que significa a expressão "período operacional concreto".
29. Compare as concepções de Piaget e Kohlberg referentes aos estágios de desenvolvimento moral na segunda infância.
30. Descreva de um modo geral algumas das características físicas das crianças durante a segunda infância.

Para encontrar as respostas, consulte a página 200.

Capítulo VIII

SEGUNDA INFÂNCIA: DESENVOLVIMENTO SOCIAL

Idéias diretrizes:

- *Durante a segunda infância, a criança se aventura a penetrar no mundo mais vasto da escola e dos companheiros de brinquedo.*
- *Desenvolvem-se agora muito rapidamente novas habilidades técnicas e sociais.*
- *As experiências de um menino ou menina durante a segunda infância contribuem muito para determinar seu futuro senso de auto-estima.*
- *Aumentam agora as possibilidades de conflito. O grupo dos pares começa a substituir a família e o lar como fonte dos padrões e guia para o que seja certo ou errado.*

Módulo 36. O GRUPO DOS PARES

Durante a segunda infância, surge um padrão definido e previsível de socialização. A criança começa aos poucos a passar um tempo cada vez mais prolongado longe dos pais e da família. A influência e a autoridade dos pais começa a diminuir. O *grupo dos pares* da própria criança passa a determinar os padrões de comportamento e as atitudes. A associação com o grupo dos pares confere à criança uma impressão de aumento de poder e uma oportunidade de atuar independentemente dos pais. Ao grupo dos pares cabe um importante papel na socialização da criança, contribuindo para prepará-la para agir como adulto.

Os grupos de pares entre as crianças têm agido ao longo da história na maioria das sociedades. A importância do grupo varia, entretanto, em função da cultura onde ele aparece. Como nação, nós nos movimentamos muito. Hoje em dia, as famílias já não têm no lar o seu centro quase que exclusivo. A família ampliada, com a qual se contava outrora tão firmemente para o desempenho das funções domésticas, está com freqüência separada por meio continente. A base de operações da criança também se ampliou no seio da comunidade. São poucos os adultos que a conhecem bem, simplesmente porque tanto os adultos como as crianças já não se mantêm geograficamente arraigados num espaço muito reduzido. Os tios e tias podem estar vivendo em cidades situadas a muitos quilômetros de distância. O farmacêutico da cidade talvez more muito longe de seu estabelecimento, e o dono da mercearia se transformou em gerente de supermercado. Seja como for, a criança também é levada de automóvel ou de ônibus até seus estabelecimentos comerciais para depois voltar da mesma maneira. Fora de um círculo muito estreito de adultos, poucas pessoas a conhecerão pelo nome. E essas transformações sociais intensificam o padrão de filiação aos pares que se estabelecem durante a segunda infância.

Um dos fatos mais importantes e imutáveis com relação ao grupo de pares da segunda infância é o seu isolamento da sociedade dos adultos e a instituição de regras próprias de aplicação interna. O fato de serem ou não essas regras inspiradas pela sociedade adulta que a criança tenta imitar não é o que realmente interessa. As regras formuladas e a conduta apresentada são interpretações muito características dos valores, parcialmente decorrentes de processos interiorizados.

O grupo dos pares assume o encargo de ensinar à criança seu papel na sociedade. Fornece um esquema de avaliação das habilidades perfeitamente realista. A influência dos pais pode ser importantíssima para o desenvolvimento do autoconceito da criança. Mas é nas avaliações do grupo de pares, que se fundamentam na implacável realidade da realização (e nas diversas e sutis maneiras de medir e alcançar essa realização) que fica determinado o primeiro lugar da criança na sociedade.

No grupo dos pares, a criança aprende o valor de uma identidade e a necessidade de aceitar a que lhe é própria. Uma conduta típica de grupo é captar algum traço marcante (ou por vezes um que seja muito característico ou de origem complexa) e daí deduzir um "apelido" para o membro. Igualmente típica é a tendência do mesmo a aceitar esse apelido, mesmo que não seja nada elogioso, tão intenso é o desejo de possuir uma identidade. A criança começa desta maneira a aprender um sem-número de regras complicadas para sobreviver numa sociedade. O fato de se tratar de uma sociedade exclusivamente sua lhe fornece uma justificativa para aceitá-la. E a criança talvez jamais se dê conta de que essa sua sociedade será gradualmente absorvida pela sociedade dos adultos; talvez não perceba também que sua adaptação à sociedade do grupo dos pares na segunda infância exercerá uma poderosa influência sobre o seu papel na outra sociedade, a dos adultos, agora rejeitada. Mas é isto que os pesquisadores estão começando a descobrir. As reações apresentadas pelos adultos podem ser poderosamente influenciadas pela maneira com que se comportavam na situação de grupo de pares durante a infância.

Assim como a atuação dos pais exerce uma influência sobre o desenvolvimento da auto-estima, parece caber ao grupo dos pares o papel mais importante durante a segunda infância para o aprendizado das regras sociais.

No seio do grupo, existem fortes pressões para que haja uma adaptação. Num célebre estudo, o pesquisador solicitou a um grupo de crianças que comparassem o comprimento das fileiras de pares de cartões. As crianças foram primeiro testadas individualmente. Em seguida, foram submetidas ao mesmo teste em grupo, juntamente com oito alunos tidos por seus pares como sendo os mais inteligentes da classe. Os oito estudantes inteligentes tinham sido subornados para dar uma maioria de respostas erradas. Como se previa, as respostas publicamente formuladas por pares que elas respeitavam mas que contrariavam suas próprias opiniões pessoais firmemente estabelecidas, confundiram e perturbaram os alunos honestos. Uma grande percentagem deles alterou as respostas que haviam dado no teste individual (muito embora não sem sussurrar às vezes a resposta correta para um vizinho ou demonstrar algum outro comportamento dualista). Embora ficasse claro que as crianças conheciam as respostas certas, as pressões para que houvesse uma concordância exerceram uma influência mais poderosa que as da necessidade de estar objetivamente certo.

Aquele pesquisador conseguiu provar a força da influência do grupo. Mas o grupo de pares não domina a existência da criança. Durante a segunda infância, as crianças oscilam entre a influência dos adultos e a do grupo. Vários tipos de valores sociais estão sendo simultaneamente transmitidos à criança: os dos pais, os da escola, os de outras origens como o ensinamento religioso e o da leitura, além dos de seus pares. É um erro imaginar que durante este período não estão em ação outras influências ou que o efeito das mesmas talvez não consiga substituir de muitas maneiras o do grupo de pares.

A *liderança* nos grupos de crianças é com freqüência mais pragmaticamente conquistada que nos grupos de pares adultos onde a posição, os títulos e os antecedentes sócio-econômicos oferecem recursos para isolar os "canais" de liderança e reduzir as bases de seleção. Nos grupos infantis, o tamanho, a força, a maturidade e a inteligência desempenham o seu papel. Mas os papéis de liderança são flexíveis, dependendo da natureza da tarefa empreendida. As crianças tendem a designar os líderes de acordo com as tarefas, transferindo a liderança de uma pessoa para outra segundo a opinião que formam da capacidade do líder numa área específica. Podem escolher uma pessoa para liderá-las nos jogos de futebol, por exemplo, e outra para dirigir o jornalzinho da escola. Por conseguinte, essa ligação entre a popularidade e a liderança não é totalmente reversível. Quase todos (mas não todos) os líderes são populares, mas nem todas as pessoas populares são líderes.

A *popularidade* pode ser melhor interpretada em termos de aceitação no grupo. Sob sua forma mais poderosa, quando associada a outros fatores (como certas habilidades específicas), pode-se dizer que a popularidade corresponde à liderança. Ela apresenta porém diversas outras características mais gerais. As crianças que gozam das simpatias gerais, em geral, demonstram uma simpatia correspondente pelos outros membros do grupo de pares. Essas crianças tendem a ser nitidamente menos egocêntricas. Mostram-se muito mais sensíveis às necessidades e atitudes dos outros membros do grupo que os demais, que são menos populares. Os líderes, em particular, são capazes de formar apreciações complicadas e aparentemente intuitivas a respeito das motivações dos outros. E são capazes da autodisciplina necessária para agir de acordo com essas apreciações. Para a criança, a capacidade de afirmar sua própria posição corretamente é essencial para a aceitação no grupo.

Uma das maneiras de determinar a popularidade é através da aplicação das técnicas *sociométricas*. Essas técnicas assumem formas diversas, mas a abordagem básica consiste em perguntar às crianças qual dos seus pares elas escolheriam em certas situações específicas. "Junto de qual de seus amigos você prefere viajar no ônibus escolar?" "Com qual deles você gostaria de passar uma tarde chuvosa, sem mais ninguém?" As respostas a essas perguntas são transformadas em dados quantitativos contando-se o número de vezes que cada criança é escolhida. Esses dados de escolha são então convertidos numa representação gráfica denominada *sociograma*. Os sociogramas que medem as diferentes qualidades — habilidade nos esportes, afinidades, honestidade — no interior de um mesmo grupo podem muitas vezes revelar componentes ocultos da popularidade.

Não é fácil estabelecer correlações de popularidade entre a infância e a vida adulta. Aparentemente, as atitudes com relação aos outros e a capacidade de auto-afirmação que começa a aparecer na segunda infância podem ter um valor enorme para a continuação. Mas o contrário nem sempre é verdadeiro. Crianças que, por um motivo qualquer, não se ajustavam bem ao grupo de seus pares — tamanho, tipo físico, habilidade em atividades específicas aprovadas pelo grupo — podem mais tarde vir a ser muito bem sucedidas e conquistar popularidade nos grupos adultos onde os parâmetros são outros. O ás universitário do basquetebol algumas vezes não consegue conservar a popularidade entre seus pares no campo mais vasto do mundo adulto, enquanto o garoto calado que vivia à sua sombra naqueles anos do início da vida pode mais tarde triunfar nos negócios, na vida profissional e social. Este padrão não fugiria ao normal.

Antes de passar adiante...

1. Durante a segunda infância, o grupo de pares atua para ________________.
2. Por que no seio do grupo de pares as crianças aceitam até mesmo os apelidos que não lhes são elogiosos?

3. As crianças sempre selecionam seus líderes no grupo de pares, tomando como base a personalidade. Certo ou errado?

4. Em geral, as crianças muito ________ não são muito apreciadas.

5. A natureza impessoal e transitória de nossa sociedade enfraquece a estrutura tradicional do grupo de pares?

6. Durante a segunda infância, a ________ constitui o padrão mais poderoso para a imitação e apreciação.

7. Além das exercidas pelo grupo de pares, quais são as outras influências que desempenham algum papel na socialização durante a segunda infância?

Respostas

1. Ensinar à criança o seu papel na sociedade.
2. Os apelidos lhes fornecem uma identidade no seio do grupo.
3. Errado. Elas muitas vezes conferem uma liderança baseando-se na habilidade comprovada numa área específica.
4. Egocêntricas.
5. Aparentemente não. Na realidade, dir-se-ia que ela fortalece o grupo de pares.
6. Opinião do grupo de pares.
7. As dos pais, das escolas, da leitura e da educação religiosa.

Módulo 37. O LAR

Fica-se muitas vezes facilmente confundido ao considerar as influências normativas em ação durante a segunda infância. Como se isolam diversos fatores para analisá-los, é difícil visualizar de que maneira os pais, o grupo de pares, e o lar, por exemplo, coexistem no quadro do desenvolvimento da criança. As afirmações da importância da influência dos pais parecem colidir com as que proclamam a interação do grupo de pares. A resposta pode estar, em parte, no sem-número de elementos complexos e contraditórios em ação durante a segunda infância. As crianças dispensam conscientemente a aprovação dos pais, dando preferência à do grupo de pares, mas nunca o fazem de maneira definitiva e completa. Nos momentos de tensão, quando profundamente perturbadas por algum problema referente à maneira mais acertada de comportar-se, a criança pode colocar um conselho dos pais acima do de seus pares. Mesmo no decorrer das atividades diárias normais, a criança pode pender ora para um lado, ora para outro, nesta competição entre o grupo de pares e a afetividade da família à hora das refeições ou durante as atividades da hora de ir para a cama.

Autonomia

A *autonomia* representa um dos aspectos cruciais do desenvolvimento na segunda infância. Essa questão fica em grande parte resolvida no lar. O grau em que se permite que uma criança exerça suas capacidades em desenvolvimento, a liberdade de que ela pode gozar ao tomar suas decisões (e a responsabilidade que deve assumir ao enfrentar as conseqüências dessa liberdade) contribuem para que ela adote modos de agir saudáveis, independentes e responsáveis quando adulto. É no lar, mais que no grupo de pares, que se pode desenvolver essa autonomia fundamental, de uma maneira controlada e direta. Mesmo no seio do grupo de pares é a autonomia criada no ambiente familiar que fornecerá as bases para uma conduta que começará a modelar um padrão de êxito ou malogro.

■ Influências dos pais sobre a autonomia

Muitas das modalidades de conduta dos pais que influem sobre a auto-estima entram em ação no desenvolvimento de um grau saudável de autonomia. Uma disciplina firme, dentro dos limites de uma orientação bem definida, o reforço coerente e positivo, um alto grau de consideração mútua e carinhosa são essenciais. São essas coisas que fornecem uma base sólida para uma extensão democrática dos privilégios e responsabilidades de que a criança necessita ao encaminhar-se para o seu autocontrole.

Os antecedentes de classes parecem influir sobre o êxito dos pais nesta área. Isto porque as solicitações de ordem econômica feitas aos pais influem muitas vezes sobre o comportamento dos mesmos com relação aos filhos. Os pais de classe média, em particular, parecem mais sensíveis às necessidades dos filhos e mais democráticos em seus procedimentos disciplinares. Os pais das classes mais baixas passam mais tempo fora de casa para ganhar o sustento da família; e são muitas vezes investidos da função de aplicadores de castigos quando voltam para o lar, talvez por disporem de menos tempo que os pais de classe média para consagrar às atividades de grupo com a família.

■ Educação feita por um único progenitor

Esse tipo de educação está se tornando atualmente muito comum por diversos motivos. O divórcio e o abandono, sobretudo nas classes econômicas inferiores, são os responsáveis por grande número de lares dirigidos por um único progenitor. Na imensa maioria desses casos, o progenitor ausente é o pai.

O divórcio pode ter um efeito pernicioso sobre os filhos. Os meninos, particularmente, podem achar difícil desenvolver seus papéis sexuais sem dispor de um modelo com o qual possam identificar-se e imitar. Mas a intensidade e a duração dos efeitos nocivos parecem depender em grande parte da maneira com que os pais enfrentam a situação. Quando ocorre o divórcio, a criança pode não estar suficientemente amadurecida para considerar objetivamente a situação. Os pesquisadores têm verificado que os filhos tendem muitas vezes a assumir a culpa e a responsabilidade pelo divórcio. Alguns afirmaram saber que o pai tinha ido embora porque eles tinham quebrado um prato naquele dia, ou porque estavam tirando notas baixas na escola. Quando o divórcio é precedido de longas e amargas discussões entre os pais, ou quando estes procuram usar os filhos como instrumentos para se ferir mutuamente ou para reconfortar seus próprios egos, a criança fica sujeita a um certo grau de sofrimento emocional. Nestes últimos tempos, os psicólogos e conselheiros de família começaram a realizar sessões com filhos de pais divorciados, numa tentativa de desfazer algumas das situações pouco saudáveis, inerentes ao ambiente de uma família que se está desunindo. Esse reconhecimento dos dilemas de uma criança num divórcio é bom e necessário. Quando a situação é tratada com cuidado e tanto o pai como a mãe insistem continuamente em tranqüilizar a criança quanto ao amor que ambos lhe dedicam, tanto durante como depois do divórcio, os efeitos negativos podem ficar reduzidos e, em certos casos, inteiramente neutralizados. Indiscutivelmente, quando enfrentado desta maneira, o divórcio é preferível às brigas constantes entre os pais num lar mantido sem nenhum amor "por causa das crianças".

Certos fatores menos dramáticos também podem criar situações de presença de um só progenitor. As pressões econômicas vêm forçando cada vez mais os dois membros do casal a procurar trabalho. Por vezes, um dos dois pode ser obrigado a permanecer afastado do lar durante longos períodos de tempo, ou os pais podem se alternar para tomar conta das crianças. Também neste caso, a maneira com que os pais enfrentam a situação é mais importante que a situação em si mesma. Quando a criança recebe provas contínuas do amor e do interesse dos dois progenitores, são provavelmente bem reduzidos os riscos de que sua personalidade venha a ficar prejudicada.

■ Influência dos irmãos

Assim como o grupo de pares fornece um ambiente social importante fora do lar, também a interação entre irmãos e irmãs mais velhos e mais novos exerce, no seio do lar, uma influência sobre o desenvolvimento da personalidade durante a segunda infância. Num certo sentido, pode-se dizer que os irmãos constituem o primeiro grupo de pares da criança. Indiscutivelmente, as crianças que possuem irmãos e irmãs levam uma vantagem inicial sobre os filhos únicos. Elas podem observar a conduta dos irmãos, avaliar o êxito das reações num certo número de situações, e começar a formar alguns padrões de conduta que lhes serão úteis como diretrizes em suas primeiras interações com o grupo de pares. Desenvolve-se entre os irmãos um certo tipo de hierarquia que tem importantes conseqüências para o desenvolvimento da personalidade. Como não é de admirar, atribui-se ao filho mais velho uma grande parte de responsabilidade pelos irmãos mais novos. Isto, por sua vez, é capaz de suscitar certas características de liderança. Entretanto, quando a responsabilidade é excessiva, pode-se criar um alto nível de angústia e sentimentos de inadequação e inferioridade. Os filhos mais novos podem reagir negativamente aos mais velhos, particularmente quando são muitos e de idades suficientemente próximas para tornar difícil e acirrada a competição pela atenção. Essas crianças podem se afastar das atividades da família e rejeitar qualquer responsabilidade dentro do grupo. Os problemas mais conhecidos entre irmãos são os que afetam o caçula. Às vezes mimado pelos pais e superprotegido pelos irmãos mais velhos ou então despertando ressentimentos nos mesmos, o caçula pode ter de lutar com dificuldades para conseguir uma autonomia dentro de casa e uma posição satisfatória em seu grupo de pares fora do lar.

Antes de passar adiante...

1. A influência da família cessa quando a criança se junta ao grupo de seus pares. Certo ou errado?

2. Uma das características mais importantes que uma criança pode desenvolver em casa é ________.

3. Quais são algumas maneiras pelas quais os pais podem influir sobre o desenvolvimento da autonomia?

4. Em certos casos, os efeitos do divórcio podem ser muito prejudiciais para a criança. Certo ou errado?

5. Como podem os pais que trabalham fora de casa evitar os efeitos nocivos das longas separações para seus filhos?

6. Onde pode a criança aprender padrões de conduta que lhe serão úteis quando ingressar no grupo de seus pares?

7. Tende-se a dar ao filho ________________ uma responsabilidade maior pelos irmãos.

Respostas

1. Errado. A criança continua a oscilar entre a família e o grupo de pares para satisfazer a necessidades diferentes.

2. A autonomia.

3. Aplicando uma disciplina firme porém justa, oferecendo reforço coerente e positivo para o comportamento, e tendo pela criança uma consideração muito grande e cheia de carinho.

4. Certo. Quando os pais revelam amargura diante da criança, usam-na como instrumento em seus conflitos, ou deixam de tranqüilizá-la quanto à persistência de seu amor e de seu apoio; o filho pode sofrer danos emocionais muito duradouros.

5. Eles podem manter em nível muito elevado a qualidade de seus contatos com os filhos.

6. Com os irmãos, dentro de casa.

7. Mais velho.

Modulo 38. A ESCOLA

Uma das transformações mais nítidas e mais duradouras na vida coincide com o início da segunda infância. É a do primeiro contato da criança com uma escolarização formal. Ela pode ter freqüentado a escola maternal e grupos de brinquedo; em seu currículo pode até haver um diploma de jardim-de-infância, mas a criança percebe que, de uma certa forma, isso é diferente. Ela entra agora na fase crucial. E tem razão. Sua aptidão para a leitura foi aguçada pelo grupo de brinquedo e pelo jardim-de-infância e ela já está começando a desvendar os mistérios da leitura, da escrita e dos conceitos dos números.

As crianças já ingressam na escola preparadas para isso. A maioria considera o início da vida escolar como um marco muito especial, uma espécie de símbolo de *status* no processo de desenvolvimento de uma individualidade. Mas esse entusiasmo inicial é muitas vezes de curta duração. São muitos os obstáculos que surgem quando uma criança se está habituando ao ambiente escolar. O tipo de escola que ela está freqüentando, a espécie de professores que encontra, seus próprios antecedentes sociais e culturais, o grau de liberdade que lhe é concedida para aprender certas inabilidades, e até suas expectativas com relação a si mesma e aos outros, tudo isso pesa tremendamente sobre o grau de êxito ou malogro no ambiente onde transcorrerá a maior parte das horas que ela passará acordada durante os quinze anos vindouros.

■ Tipos de escolas

O tipo de escola em que a criança vai se ver varia consideravelmente de acordo com inúmeros fatores. O tipo dos professores contratados, a dose de controle exercido pela comunidade, a circunstância de ser a escola pública, particular ou religiosa, e um sem-número de outros fatores se conjugam para modelar qualquer escola. Fundamentalmente, entretanto, todas elas tendem a incluir-se em três categorias, dependendo de suas concepções básicas com referência à maneira com que se deve dirigir a educação.

A primeira categoria, e indiscutivelmente a mais antiga entre nós, é a da escola *tradicional*. Sua orientação é dirigida precipuamente para o assunto. É conservadora e empresta muita ênfase ao conhecimento em áreas bem definidas. As línguas clássicas, as matemáticas e a história tendem a receber maior atenção que a sociologia e a psicologia. As escolas tradicionais são, em geral, mais antigas, particulares e freqüentemente elitistas.

Uma outra maneira de encarar a educação, associada também habitualmente ao ensino particular, porém muito distanciada da posição assumida pelas escolas tradicionais, é a da assim chamada *escola aberta.* Decorrente em grande parte da estrutura das escolas primárias inglesas, a escola aberta aplicou os princípios familiares de Piaget. O que se propõe primordialmente é que a criança aprenda fazendo, e não ouvindo ou recitando. A escola aberta é um lugar onde as crianças podem fazer diversas coisas — individualmente ou em pequenos grupos — ao mesmo tempo, na mesma sala de aula. As matérias específicas não são ensinadas separadamente em horários diferentes, como acontece na escola tradicional. Pelo contrário, o tema é orientado em função da criança. As matérias e a orientação vão sendo dadas de acordo com os interesses da criança, e esta aprende seguindo o seu próprio ritmo. Na realidade, esse tipo de situação de aprendizado não precisa ser tão pouco dirigido quanto pode parecer. As espécies de tarefas que os alunos escolhem por si mesmos são muitíssimo influenciadas pelos materiais que eles encontram à mão. Os professores podem oferecer uma orientação reforçadora sem interferir no processo de descobrimento.

O terceiro tipo de escola se *orienta para as habilidades.* Tem sido esta a abordagem fundamental da educação na maioria das escolas públicas dos Estados Unidos. Nesse país, considera-se que a escola se destina a preparar um grande número de alunos, de uma maneira uniforme, para que eles possam adquirir certas habilidades básicas como a leitura e a escrita. As escolas orientadas nesse sentido apresentam uma tendência social muito forte. Consciente ou inconscientemente, e particularmente nos anos iniciais, consagra-se muito tempo ao ensino dos padrões de conformidade. As crianças são treinadas para permanecer sentadas, quietinhas, atrás de uma cadeira, para se manter em fila diante dos bebedouros e no umbral das portas, para erguer a mão antes de falar: tudo isto visa mais a incutir um comportamento social consagrado que a desenvolver educacionalmente as inteligências.

Historicamente, a educação que visa ao desenvolvimento das habilidades permitiu que um corpo docente muito grande treinasse um corpo discente ainda mais amplo num conjunto de habilidades suscetíveis de terem grande utilidade para a sociedade. Esta abordagem nunca foi bem aceita pelos tradicionalistas que têm em mira o sujeito, nem pelos progressistas que consideram o assunto: dois grupos que representam os segmentos mais ricos da sociedade, capazes de pagar pelo que querem. Predominou, porém, na maioria dos sistemas escolares públicos. Todavia, nestes últimos anos, pressões de ordem social, política e econômica provocaram mudanças no sistema da escola pública. Têm sido aplicadas diversas abordagens. Em alguns casos, os progenitores podem optar por uma orientação de um tipo qualquer, escolhida entre várias outras no âmbito do sistema escolar público.

■ A influência dos professores

As escolas podem se encaixar em categorias. Mas os professores que nelas trabalham, quando fecham as portas de suas salas de aula, podem oferecer um vasto espectro de abordagens ao ensino. Divergem muitas vezes, de acordo com a natureza da escola. Particularmente nos primeiros anos da vida escolar, os professores exercem uma influência muito poderosa sobre as crianças. Em alguns casos, essa influência rivaliza com a exercida pelos pais. De um modo geral, os professores podem ser classificados em vários tipos: formais ou informais, rígidos ou relaxados, abertos ou estruturados. Aos olhos dos alunos, entretanto, a técnica de ensino parece secundária diante de qualidades mais básicas. As crianças exigem compreensão por parte dos professores. Atribuem a esta qualidade um valor muito maior que à habilidade didática ou às características pessoais. O professor capaz de se mostrar compreensivo, independentemente de suas outras qualidades, deve ter um respeito profundo e genuíno por seus alunos. Sendo, porém, humanos, os professores gostam mais de certas crianças que de outras. Essas simpatias e antipatias tendem, geralmente, a corresponder ao grau maior ou menor com que a personalidade e o comportamento da criança se aproximam de uma imagem aprovada pelo professor. Por este motivo, torna-se possível que sutis fatores culturais e sócio-econômicos atuem nas relações entre aluno e professor. Isto pode afetar tanto o aprendizado como os processos de graduação.

■ Alguns obstáculos ao aprendizado

Uma escola errada e um professor errado podem criar problemas para um escolar na segunda infância. Existem porém outros problemas que a criança pode levar consigo para a escola. Ela talvez pertença a um grupo significativo de alunos — certos peritos chegam a calcular seu número em 10 por cento — que padecem de *incapacidades específicas do aprendizado*. Essas crianças em geral têm uma inteligência normal, sendo também normais sua audição e sua visão. Mas, por alguma razão desconhecida, elas não parecem capazes de aprender a ler, a escrever, nem a calcular no mesmo grau, nem com a mesma rapidez de seus pares. Os problemas de aprendizado podem ser tratados e minimizados. Quando não são descobertos, eles se transformam numa fonte de frustração constante e de possíveis prejuízos para a personalidade de suas vítimas.

A *hiperatividade* constitui outro obstáculo para o aprendizado. Caracteriza-se por uma agitação contínua, um excesso de energia, e uma falta generalizada de controle. A hiperatividade pode ser provocada por fatores de ordem fisiológica ou de ordem psicológica, ou por uma combinação de ambas. É fácil perceber que a criança hiperativa — os meninos são duas vezes mais propensos a apresentar essa síndrome que as meninas — encontrará grandes dificuldades na escola. Um dos tratamentos padronizados para a hiperatividade é o recurso a medicamentos estimulantes como as anfetaminas. Por motivos ainda não compreendidos, esses estimulantes produzem um efeito tranqüilizante sobre muitas crianças hipercinéticas. Todavia, muitos especialistas acham que seu uso deveria ser muito restringido e talvez até proibido. Existem muitos argumentos ponderáveis justificando esta posição. Antes de mais nada, é difícil diagnosticar a hiperatividade com precisão. Muitas autoridades escolares propõem o controle do aluno por meio de medicamentos quando o problema é disciplinar ou quando a atividade talvez se mantenha dentro de limites normais. Nem todas as crianças respondem ao tratamento medicamentoso da hiperatividade. Algumas desenvolvem incômodos efeitos secundários. Finalmente, quando a hiperatividade é induzida pela personalidade, os efeitos a longo prazo da reação modificada pelo medicamento podem acarretar um dano maior para o indivíduo que a hiperatividade irrestrita.

Antes de passar adiante...

1. A maioria das escolas pode ser classificada em ________, em ________, ou em ________.
2. As escolas voltadas para o assunto não são socialmente orientadas. Certo ou errado?
3. Quais são as coisas suscetíveis de suscitar obstáculos para que uma criança se habitue à escola?
4. Em que tipo de escola a criança pode trabalhar independentemente, seguindo seu próprio ritmo?
5. Para as crianças, a ________ é a característica mais importante num professor.
6. A hiperatividade produz efeitos negativos sobre a capacidade de aprendizado da criança. Certo ou errado?
7. As crianças com problemas de aprendizado geralmente têm dificuldades de visão ou audição. Certo ou errado?

Respostas:

1. Orientada para o assunto (tradicional); orientada para a criança (classe aberta); orientada para as habilidades.
2. Errado. Todos os tipos de escolas são socialmente orientados, em maior ou menor grau.
3. O tipo de escola e de professor à disposição, e a espécie de antecedentes que a criança leva para a escola.
4. No ambiente de uma "classe aberta" de uma escola voltada para a criança.
5. Compreensão.
6. Certo.
7. Errado. Em geral, sua visão e sua audição são normais.

REVISÃO DE CAPÍTULO

SEGUNDA INFÂNCIA: DESENVOLVIMENTO SOCIAL

1. Durante a segunda infância, é pequena a ênfase atribuída às atividades sexuais, enquanto a criança se concentra em outras atividades. Dá-se a isto o nome de ______________.
2. Os mecanismos de defesa são muitas vezes indícios de ______________.
3. A tensão das novas relações sociais na escola pode provocar tudo isto, **salvo** (a) acentuação dos sentimentos edipianos; (b) regressão a um comportamento anterior à pré-escola; (c) projeção de sentimentos de culpa; (d) hostilidade.
4. A ______________ pode ser interpretada como uma máscara. A criança recorre a ela para não correr o risco de demonstrar afeição, por recear que seu carinho não seja retribuído.
5. Segundo Erikson, o estágio da engenhosidade *vs.* inferioridade, é (a) de latência sexual; (b) moralidade pós-convencional; (c) grande significação social; (d) imitação das figuras revestidas de autoridade.
6. Quando se revela incapaz de adquirir as habilidades sociais e técnicas com que se defronta na escola, a criança pode desenvolver um opressivo senso de ______________; ela pode então regredir para a situação familiar do período ______________.
7. O aluno que estuda ininterruptamente para ser bem sucedido manifesta tudo isto, *salvo* (a) medo de um malogro; (b) compulsão obsessiva; (c) supercompensação; (d) domínio de suas próprias capacidades.
8. O valor excessivo atribuído à realização pode acarretar um comportamento exageradamente competivo. Certo ou errado?
9. Tudo que vem a seguir se desenvolve durante a segunda infância, *salvo* (a) mecanismos de defesa; (b) angústia; (c) o ego e o superego; (d) atividades adultas e percepção dos outros.
10. Comparativamente aos pais que pouco os valorizam, os pais que muito os valorizam estabelecem para os filhos padrões de conduta menos elevados e mais facilmente alcançados. Certo ou errado?
11. Ficou experimentalmente comprovado que os meninos filhos de mães dominadoras tendem a ter um autoconceito muito elevado, enquanto os filhos de pais dominadores são menos propensos a terem um elevado autoconceito. Esses resultados levam a pensar que (a) o autoconceito das mães pode ser insuflado nos filhos enquanto o dos pais não o pode; (b) os pais apresentam conflitos edipianos aos filhos; (c) as mães não cons-

tituem uma ameaça para os filhos, ao passo que os pais podem constituir; (d) as mães podem reforçar o autoconceito em virtude de seu papel de educadoras afetuosas.

12. Embora importante para o autoconceito, a influência dos pais não é tão significativa quanto as condições sociais e econômicas em meio às quais a criança cresce. Certo ou errado?

13. Verificou-se que as crianças da classe ________ aceitam as avaliações externas de suas habilidades, tomando-as como inteiramente fidedignas. Tendem, por conseguinte, a pautar por elas seu senso de ________.

14. Numa sociedade dominada pelo homem, muito mais que as meninas, os meninos são submetidos a uma grande pressão para que sejam bem sucedidos, correndo, por conseguinte, maiores riscos de malogro. Certo ou errado?

15. Entre as características do grupo de pares da segunda infância estão incluídas todas as seguintes, *salvo* (a) evitar uma conduta adulta; (b) isolar-se da sociedade adulta; (c) determinação da identidade de uma criança; (d) um conjunto de regras complicadas.

16. Em algumas pesquisas, perguntou-se a muitas crianças com quais de seus pares elas gostariam de estar em determinadas situações. Suas respostas poderiam ser colocadas numa representação gráfica denominada ________.

17. A influência mais importante sobre o desenvolvimento da autonomia numa criança é a do ________.

18. Devido a seus pesados encargos econômicos, os pais pertencentes à classe mais baixa têm freqüentemente menos tempo para dedicar à suas famílias. Seu papel no lar, se limita muitas vezes a aplicar os castigos. Certo ou errado?

19. Os filhos de pais divorciados tendem a desenvolver sentimentos de ________.

20. Uma das dificuldades enfrentadas pelo filho caçula na família é (a) darem-lhe uma responsabilidade excessiva; (b) ter de usar como guia o comportamento dos irmãos; (c) conquistar sua autonomia; (d) falta de amor.

21. A educação nas escolas públicas dos Estados Unidos tem historicamente reforçado todos os aspectos seguintes, *salvo* (a) os padrões de conformidade; (b) a capacidade de ler e a de escrever; (c) o desenvolvimento da individualidade; (d) nenhum desses.

22. Os professores podem ser classificados segundo sejam ________, ________ ou ________.

23. Os professores podem sofrer influências de ordem social e cultural ao lidar com as crianças e ao graduá-las. Certo ou errado?

24. As crianças que apresentam ________ são incapazes de aprender a ler, escrever e calcular na mesma extensão, e com a mesma rapidez que seus pares.

25. As características de uma criança hiperativa são ________.

26. A proporção de meninos e de meninas hiperativos é quase igual. Certo ou errado?

27. Qual dos seguintes argumentos NÃO é válido contra ministrar medicamentos às crianças hiperativas? (a) É difícil diagnosticar com precisão a hiperatividade. (b) Esses medicamentos têm sido ministrados aos alunos mais para resolver os problemas disciplinares que para reduzir uma hiperatividade real. (c) Podem ocorrer efeitos colaterais (d) As crianças se tornarão dependentes desses medicamentos.

28. Compare as teorias de Freud às de Erikson, relativas ao desenvolvimento da personalidade durante a segunda infância.

29. Quais são as contribuições trazidas pelo lar e pelo grupo de pares para o desenvolvimento social da criança?

30. Quais são os fatores que contribuem para a auto-estima de uma criança?

Para encontrar as respostas, consulte a página 201.

Capítulo IX

ADOLESCÊNCIA: DESENVOLVIMENTO FÍSICO E COGNITIVO

Idéias diretrizes:

- *Na adolescência, o desenvolvimento físico da criança volta a acelerar-se.*
- *O surto de crescimento atinge o ápice na primeira adolescência. O corpo da criança começa agora a alcançar o tamanho e as proporções de um corpo adulto.*
- *As alterações hormonais provocam o desenvolvimento da chamada puberberdade. A criança está agora a caminho da maturidade sexual.*
- *Pela primeira vez, a capacidade intelectual da criança e seu senso de responsabilidade moral podem ser comparados com os de um adulto.*

Módulo 39. CRESCIMENTO FÍSICO

A adolescência é tida como um período crítico do desenvolvimento, pelo menos em parte devido às alterações provocadas no corpo pela maturação. O corpo cresce então mais rapidamente que em qualquer outra época depois dos seis primeiros meses de vida. O *surto de crescimento tem* início antes do desenvolvimento sexual que assinala o princípio da puberdade. Puberdade é o período durante o qual a pessoa começa a se tornar capaz de se reproduzir sexualmente. Embora essas transformações físicas ocorram seqüencialmente, existe entre elas uma correlação. Se o crescimento começa precocemente, o mesmo acontece com a puberdade. Esses dois desenvolvimentos resultam de uma produção crescente de hormônios.

A parte anterior da glândula pituitária controla as alterações hormonais da adolescência. Um ou dois anos antes da puberdade, essa glândula segrega um hormônio que estimula a glândula supra-renal. Esta, por sua vez, libera os hormônios que estimulam o crescimento do corpo e a maturação dos órgãos sexuais. Desconhece-se a razão do aumento inicial da atividade da pituitária, mas esse aumento talvez sofra alguma influência genética.

Na maioria dos adolescentes, crescem sobretudo o tronco e os membros. O aumento do tamanho da cabeça e do cérebro é relativamente pequeno. Antes do surto de crescimento, o cérebro já havia atingido 95 por cento de seu peso adulto, enquanto o peso do corpo aumenta mais 50 por cento e a altura mais 25 por cento antes que decaia o ritmo do crescimento. O crescimento começa mais cedo e se faz mais rápido nos membros que no tronco. O alongamento das mãos, dos pés e do pescoço antes das outras partes do corpo contribui para dar aos adolescentes aquela aparência desajeitada que os caracteriza freqüentemente. Os ossos do rosto também se encompridam e se espessam. O ano que precede a puberdade é a época do crescimento máximo. Durante a puberdade, o ritmo do crescimento começa a decrescer.

Os músculos também crescem rapidamente, enquanto o crescimento dos tecidos adiposos fica mais retardado. O aumento dos tecidos musculares, assim como o do coração e dos pulmões, acarreta um ponderável acréscimo de força.

As diferenças de ritmo e índice de crescimento nas diversas partes do corpo são conhecidas com o nome de *assincronia.* Pode haver ritmos assincrônicos de desenvolvimento nos lados direito e esquerdo do corpo, acentuando o efeito de desajeitamento. A disparidade dos ritmos de crescimento diminui com o final do surto de crescimento.

Existem diferenças tanto de ordem sexual como de ordem individual no índice e no montante do crescimento do adolescente. Tanto o montante do crescimento como a idade em que ele tem início são determinados antes de tudo pela composição genética de cada indivíduo. Para a maioria dos meninos, o surto atinge o ápice por volta dos 14 anos, e para as meninas aos 12 anos. Em geral, os meninos atingem sua altura e seu peso adultos dois anos depois das meninas. O crescimento prossegue, em ritmo decrescente, até os 19-25 anos para os rapazes, mas só até os 18-21 para as moças. Durante o período de crescimento máximo, os meninos aumentam mais em peso e altura que as meninas.

Durante a infância, meninos e meninas não apresentam diferenças muito grandes de arcabouço e proporções corporais, mas a adolescência traz consigo mudanças dramáticas sob este aspecto. Os quadris das meninas se alargam e seus seios se desenvolvem; nos meninos, os quadris permanecem estreitos e os ombros se alargam. Além disso, nos meninos crescem muito mais que nas meninas os tecidos musculares, assim como o tamanho do coração e dos pulmões, proporcionalmente ao peso do corpo. De modo que, enquanto durante a segunda infância os sexos quase que se equiparavam em força, quando chega a adolescência os meninos se tornam mais fortes. A partir da puberdade, a pressão arterial dos meninos é mais elevada que a das meninas. Quer isto dizer que seus músculos recebem mais oxigênio e podem ser mais ativos.

A aceleração profunda do ritmo de crescimento, a assincronia no desenvolvimento das diversas partes do corpo e as diferenças individuais de época em que isto tudo ocorre, contribuem para criar uma angustiada preocupação com a aparência física, tão característica dos adolescentes. Acrescente-se a isto a tensão do desenvolvimento sexual que tem início na puberdade.

Antes de passar adiante...

1. A adolescência é considerada como um período crítico devido, em parte, ao ________ ________.
2. A ________ controla o início do surto de crescimento e a puberdade.
3. Durante a adolescência, o ritmo do crescimento não se altera muito, comparativamente à segunda infância. Certo ou errado?
4. Qual é, aproximadamente, o aumento do tamanho do corpo durante o surto de crescimento?
5. Dá-se o nome de ________ à diferença dos ritmos de crescimento das várias partes do corpo.
6. Existem três diferenças entre os meninos e as meninas quanto ao padrão do surto de crescimento. Que diferenças são essas?
7. O ano que se segue à puberdade é a época de máximo crescimento físico para os meninos. Certo ou errado?

Respostas:

1. Rápido aumento do crescimento (surto de crescimento).
2. Glândula pituitária anterior.
3. Errado. É mais rápido que em qualquer outra época depois dos seis primeiros meses de vida.
4. 50 por cento no peso, 25 por cento na altura.
5. Assincronia.
6. As meninas começam a crescer antes. Os meninos crescem durante um número maior de anos. Nas meninas, o aumento de tamanho é menor que nos meninos.
7. Errado. O ritmo do crescimento diminui na puberdade.

Módulo 40 PUBERDADE

Como ficou dito no módulo anterior, a puberdade é a fase na qual os órgãos da reprodução atingem o tamanho e as funções de adulto. Ela começa algum tempo depois do surto de crescimento e pode ser identificada tanto nos meninos como nas meninas pela presença de hormônios sexuais na urina.

A glândula pituitária anterior, responsável pelo início do surto de crescimento, também estimula os testículos e os ovários para que eles produzam os hormônios sexuais, ou *go-*

nadotrópicos. Nas mulheres, esse hormônio é conhecido com o nome de *estrógeno. Andrógino* e *testosterona* são os hormônios masculinos. Tanto os homens como as mulheres produzem os dois tipos de hormônios no decorrer de suas existências, mas durante a puberdade são segregadas maiores quantidades de hormônios.

O aumento da produção hormonal tem como resultado a maturação das características sexuais primárias e o desenvolvimento das características sexuais secundárias que, além do aumento de tamanho, incluem as alterações físicas da adolescência. As *carasterísticas sexuais primárias* se relacionam com os próprios órgãos de reprodução. As *características sexuais secundárias* são as alterações corporais associadas à maturação dos órgãos sexuais e que são afetadas pelos hormônios sexuais.

A ordem em que ocorrem esses desenvolvimentos é a mesma na maioria dos adolescentes. As características sexuais secundárias começam a surgir antes de entrarem em funcionamento os órgãos de reprodução. Quando estes começam a funcionar, há um desenvolvimento contínuo das características sexuais secundárias até alcançar-se o estágio adulto.

Ocorre um alargamento dos genitais externos, nas meninas; mas, sendo internos quase todos os órgãos sexuais e reprodutivos femininos, o desenvolvimento das características sexuais primárias é nelas menos visível que nos meninos. Todos os órgãos internos femininos — vagina, útero, ovários e trompas de Falópio — aumentam de tamanho. A região pélvica se amplia a fim de permitir que o útero se expanda durante a gravidez. Isto, somado ao aumento de gordura, tem como resultado o arredondamento dos quadris.

Para as meninas, a alteração mais notável resultante da maturação do sistema reprodutivo é a menstruação. A *menarca,* ou primeiro período menstrual, é freqüentemente considerada como um sinal de puberdade nas mulheres. O fluxo sangüíneo resultante da ruptura e desprendimento do revestimento do útero pode ocorrer antes do início da ovulação. Mesmo depois de terem começado a funcionar os ovários, a menstruação poderá ser irregular durante um ano, ou mais. Embora os órgãos de reprodução estejam funcionando durante esse primeiro ano, talvez não seja possível uma concepção devido à irregularidade do ciclo ou à imaturidade do sistema reprodutivo.

Em algumas meninas, o ciclo menstrual provoca um desconforto físico que tanto pode ser leve como mais intenso. Dor de cabeça, dor nas costas e cólicas são as queixas mais comuns. As reações da menina diante de seu ciclo menstrual e do incômodo físico são influenciadas por sua atitude com relação à menstruação.

Em muitas culturas não-industriais, existem tabus em torno das mulheres menstruadas. Existem superstições referentes a seu efeito negativo sobre as colheitas, e as mulheres ficam freqüentemente isoladas durante os seus períodos. Essas atitudes negativas têm remanescentes em nossa cultura. O fato de ser a menstruação considerada como uma "doença", ou que se refiram a ela qualificando-a de "a maldição", é uma prova da persistência dessas atitudes. A menina que entra em contato com essas idéias pode ficar temerosa ou envergonhada de um processo biológico normal. Mas, se bem informada a respeito da menstruação e se a aceitar como parte do processo positivo do crescimento, a adolescente estará melhor capacitada para enfrentar esta dramática transformação.

A maturação dos órgãos de reprodução nos meninos adolescentes está menos sujeita a constituir uma fonte de apreensões e de mistério, como acontece com as meninas. O crescimento do pênis e dos testículos é claramente visível porque esses órgãos de reprodução fazem parte dos genitais masculinos externos. Crescem também os canais seminais através dos quais o esperma passa dos testículos para o pênis. Como o esperma, produzido nos testículos, vive em temperatura mais baixa que a do corpo, os testículos se ampliam de modo a ficar distanciados do corpo.

Juntamente com a maturação dos órgãos de reprodução nos meninos ocorrem as *ejaculações noturnas.* Algumas vezes, a descarga de sêmen pode estar relacionada com algum sonho sexual; trata-se porém, com freqüência, de uma maneira de aliviar a tensão no sistema reprodutivo. O pênis se torna capaz de ereção espontânea e reage tanto aos estímulos ambientais como aos pensamentos e fantasias. O fato de nem sempre poder controlar a ocorrência de uma ereção constitui para o rapazinho uma fonte possível de acanhamento.

Embora possa sentir-se embaraçado em virtude das ejaculações noturnas e das ereções espontâneas, não há nenhum estigma associado a esses aspectos da maturação sexual, como acontece com a menstruação. Não obstante, uma atitude compreensiva e bem informada ajuda o rapaz a enfrentar essas transformações. Os adolescentes, tanto meninos como meninas, não podem exercer nenhum controle sobre essas transformações significativas que ocorrem em seus corpos e precisam de apoio para aceitá-las.

As características sexuais secundárias constituem desenvolvimentos físicos mais evidentes que as primárias. São menos sexualmente específicas que as características primárias, pois meninos e meninas apresentam alguns traços idênticos.

O crescimento dos cabelos do corpo e do rosto ocorre em maior ou menor extensão em ambos os sexos. A quantidade de pêlos no corpo e no rosto é determinada pela hereditariedade. Os pêlos da região púbica em geral aparecem primeiro e são finos e lisos. Mais tarde crescem os pêlos em baixo dos braços e no peito, aparecendo finalmente os do rosto. Embora as meninas habitualmente não tenham pêlos no peito nem no rosto, crescem por vezes cabelos esparsos nos seios, na barriga, no lábio superior ou no queixo.

O desenvolvimento dos seios é um aspecto importante da maturação na menina. A princípio, elevam-se os mamilos e aumenta o tamanho da *auréola,* a área mais escura ao redor do mamilo. Os seios, quando vão se erguendo, têm inicialmente uma forma cônica. Tornam-se mais tarde arredondados. Ocorre por vezes um aumento dos seios nos meninos adolescentes mas, quando isto acontece, é geralmente temporário.

A mudança de voz, característica secundária geralmente tida como masculina, também ocorre nas meninas, em menor proporção. É mais pronunciada nos meninos porque o hormônio sexual masculino estimula o crescimento da laringe e das cordas vocais.

Como o surto de crescimento e a puberdade ocorrem em épocas diferentes e obedecem a ritmos também diferentes em cada indivíduo, é impressionante a disparidade de aparência de crianças da mesma idade. Os meninos e meninas que diferem mais acentuadamente de seus pares em virtude de uma maturação precoce ou tardia são muitas vezes ridicularizados ou deixados de lado. Os que mais sofrem são provavelmente as meninas que amadurecem precocemente, e os meninos que o fazem tardiamente.

Os fatores genéticos influem provavelmente sobre a época do início da maturação, mas os estudos feitos no século passado demonstraram que os fatores ambientais desempenham também o seu papel. De um modo geral, durante os 100 últimos anos nas sociedades industriais, as crianças têm chegado à puberdade em idade cada vez mais precoce. Isto é verdade nos climas temperados onde a elevação não é excessiva, e ainda mais verdade com relação às áreas urbanas que às áreas rurais. As crianças estão não somente amadurecendo mais cedo como também crescendo mais. Quando atingem seu tamanho adulto, os indivíduos de hoje são mais altos e mais pesados que seus antepassados. Uma alimentação melhor (particularmente o aumento de proteínas na dieta), melhores condições de vida e o crescente intercâmbio de muitos genes diferentes talvez influam sobre esses efeitos. A tendência para o aumento de tamanho e para uma maturação mais cedo é conhecida como *tendência secular*. *Observe-se*, contudo, que a tendência para o aumento de tamanho parece estar diminuindo nos Estados Unidos.

Antes de passar adiante...

1. O início da puberdade assinala-se por um aumento no crescimento do corpo. Certo ou errado?
2. Os _______________ se desenvolvem para chegar à forma amadurecida e para funcionar durante a puberdade.
3. Nas meninas, a menarca está associada ao desenvolvimento dos genitais externos. Certo ou errado?
4. O desenvolvimento das características sexuais primárias é mais visível nos meninos que nas meninas. Certo ou errado?
5. Três características sexuais secundárias são: _______________, _______________ e _______________.
6. Quais são os dois fatores que influem sobre a aceitação da maturação sexual pelo adolescente?
7. _______________ é a tendência a um desenvolvimento sexual cada vez mais antecipado, e ao crescente desenvolvimento do adolescente.

Respostas:

1. Errado. A puberdade começa algum tempo depois do surto de crescimento.
2. Órgãos de reprodução.
3. Errado. É o primeiro período menstrual.
4. Certo.
5. Mudança de voz, desenvolvimento dos seios e crescimento de cabelos no corpo e no rosto.
6. Informação e atitude.
7. A tendência secular.

Módulo 41. DESENVOLVIMENTO COGNITIVO NA ADOLESCÊNCIA

Ocorre na adolescência uma alteração qualitativa na atividade cognitiva. Essa alteração foi descrita por Piaget que a qualificou de capacidade de raciocinar sobre o raciocínio. É o que ele denomina *representação de segunda ordem.* A maneira com que a inteligência se desenvolve nessa época afeta todos os aspectos da vida, pois o adolescente utiliza as novas capacidades para pensar a respeito de si mesmo e do mundo exterior.

A representação de segunda ordem é a característica que distingue dois tipos de pensamento: as operações mentais formais e as operações mentais concretas. As *operações concretas* tomam como foco a realidade concreta, enquanto as *operações formais* têm como centro o raciocínio abstrato. A capacidade de engendrar possibilidades e de pensar a respeito de símbolos e proposições destituídos de base real capacita o adolescente a introspectar, especular e abstrair.

A utilização das operações formais pode levar a maneiras mais eficientes de resolver os problemas. De modo que com o raciocínio operacional formal desenvolveram-se três estratégias. A capacidade de pensar em todas as alternativas possíveis ajuda a resolver os problemas. Isto se faz nos problemas em que é dado o resultado e se pergunta como se chegou ao mesmo. Essa estratégia é igualmente usada nos problemas onde existem várias causas e se pergunta: "Quais são os resultados possíveis?" Nos últimos dois casos, uma criança mais nova, neste estágio do desenvolvimento mental, dará algumas respostas possíveis, mas não todas. Piaget faz notar que embora as crianças no estágio operacional concreto possam representar as possibilidades, elas ainda não são capazes de refletir sobre essas representações.

A reflexão sobre a atividade mental constitui uma outra capacidade de resolução de problemas. A utilização de símbolos em lugar de símbolos, como acontece na álgebra, é um exemplo dessa capacidade. Em lugar de recorrer a operações como a adição e a multiplicação para lidar com objetos concretos, é possível abstrair as operações do concreto e transformá-las em objetos de raciocínio. Antes desse estágio, as crianças podem agrupar as coisas de acordo com certas características específicas. Por exemplo: elas colocarão numa classe todos os objetos redondos juntos, ou todos os azuis. Somente no estágio formal serão elas capazes de abstrair a propriedade da cor azul ou da forma redonda da classe de objetos.

A capacidade de raciocinar em torno de símbolos permite que o adolescente avalie a verdade ou a falsidade de declarações sem considerar a realidade concreta. Desta maneira, as proposições que não são verdadeiras ou que não têm referência factual podem ser objeto de raciocínio. No estágio operacional formal a criança pode avaliar uma afirmação como "o caracol de três dedos tem cinco dedos", dando-a como falsa, independentemente do fato de os caracóis não terem dedos.

O raciocínio sistemático, a reflexão sobre os processos mentais e a criação de possibilidades constituem três partes daquilo que Piaget denominou *raciocínio hipotético-dedutivo*. A expressão decorre das duas partes do processo mental analítico. *Hipótese* é uma explicação possível para um acontecimento qualquer. O processo *dedutivo* implica o uso sistemático dos fatos para testar a hipótese e determinar sua verdade ou sua falsidade. Segundo Piaget, o adolescente exercita essa nova capacidade representacional tal como o bebê e as crianças utilizam todas as suas novas capacidades. Aplica-a às experiências antigas e às novas, e todos os aspectos do universo do adolescente são abarcados por essa nova forma de pensamento. A gratificação advinda da utilização dessa nova habilidade vem com o exercício da mesma. Exercício que, por sua vez, leva a um maior desenvolvimento e diferenciação do pensamento operacional. Aos poucos, essa forma de pensamento se acomoda à realidade.

Nem todos os adolescentes ou adultos de todas as culturas atingem o nível de pensamento operacional formal. São necessárias tanto a maturação como a experiência. O sistema nervoso, por exemplo, precisa chegar à maturidade. Todavia, mesmo quando isto já ocorreu, um indivíduo pode não ter experiência suficiente ou oportunidades de interagir com seu ambiente. Sem esses dois fatores, as operações mentais formais não ocorrerão necessariamente.

Embora, em alguns casos, o adolescente possa operar no plano operacional formal, ainda subsiste o egocentrismo que representa um plano inferior de funcionamento cognitivo. Durante a adolescência, a autocrítica se faz mais intensa quando o adolescente pensa em tudo que poderia ser e não é. O egocentrismo se manifesta na suposição de que os outros estão pensando alguma coisa a respeito e avaliando-o nas mesmas proporções em que ele, adolescente, o faz. Esta tendência a projetar nas outras pessoas a preocupação consigo mesmo tem como resultado uma autoconsciência exacerbada. O reverso do pensamento egocêntrico é a impressão de ser único. Os que pensam desta maneira têm a impressão de que ninguém mais tem ou compartilha as mesmas experiências. O pensamento egocêntrico vai diminuindo aos poucos quando há um contato social suficiente, de modo que essas preocupações sejam compartilhadas com outros.

O *idealismo* surge também da percepção de que existem possibilidades de influir sobre as questões sociais ou políticas. As maneiras de aprimorar a existência e de pôr em ação essas possibilidades constituem preocupações intelectuais comuns para os jovens idealistas. Enquanto eles têm a possibilidade de transformar a si mesmos, a suas famílias ou a sociedade em pensamento, seus encontros com a realidade são mais penosos por serem tão diferentes de suas visões idealistas.

Os recursos que desenvolvem para lidar com seus poderosos sentimentos sexuais e outros capazes de produzir angústia, dependem da capacidade de abstração do indivíduo. A *intelectualização* é um mecanismo de defesa que se desenvolve nessa fase. Os sentimentos pessoais são tratados de uma maneira geral, aliviando-se assim a tensão por eles provocada. No *ascetismo* ocorre um processo ligeiramente diferente: controlam-se os sentimentos poderosos idealizando a negação dos mesmos.

O hábito que tem o adolescente de generalizar e promover idéias e ideais leva muitas vezes a discussões em torno do certo e do errado. Como a maturação sexual e a intelectual ocorrem mais ou menos na mesma época, a moralidade representa uma fonte de inúmeros questionamentos. Kohlberg achou que a reflexão em torno dos conflitos morais está relacionada com o nível de pensamento operacional descrito por Piaget. Kohlberg sugeriu que existem três níveis de desenvolvimento moral, cada um deles compreendendo dois estágios. Cada um desses estágios decorre do anterior e é mais desenvolvido tanto cognitiva como moralmente. Os dois primeiros estágios ocorrem no início da segunda infância. Durante esse nível *pré-convencional* a moralidade é externamente controlada pelas recompensas (satisfação das necessidades) e pelas punições. O terceiro e o quarto estágios ocorrem no final da segunda infância e fazem parte do nível *convencional* da moralidade. O comportamento moral é agora adotado para agradar às pessoas que são importantes para a criança e a fim de conformar-se com as idéias de autoridade. Na adolescência, começa o período de moralidade *pós-convencional*. Nesta fase, o desenvolvimento das operações formais capacita o indivíduo a entregar-se ao raciocínio sobre os sistemas legais e os princípios sociais. A preocupação com a obediência às regras se transforma em esforço para compreender a razão das mesmas. O discernimento das bases das regras e das leis, muitas vezes arbitrárias ou convencionais, permite que o adolescente analise de uma maneira diferente os conflitos morais.

O nível pós-convencional da moralidade tem dois estágios. No quinto estágio, a moralidade é ainda orientada por regras ou leis. Os motivos para a obediência à lei incluem referências ao objetivo das mesmas, como por exemplo, a de que é preciso defender e proteger as pessoas que vivem na sociedade. Enquanto estão neste estágio, os adolescentes reconhecem que as leis ou regras são convencionais ou arbitrárias. Percebem que o bem maior para o maior número vem da obediência à lei.

No sexto estágio, o certo e o errado são definidos de acordo com princípios que ultrapassam as leis da sociedade e que são verdadeiros para a consciência do indivíduo. A pessoa não se sente em conflito ao olhar para as leis ou regras, acreditando, pelo contrário, que cada indivíduo pode agir de acordo com princípios éticos decorrentes de suas próprias convicções e que são, ao mesmo tempo, universais. Universais no sentido de que ninguém viria a sofrer pelo fato de alguém adotar essa linha de ação, e de que todo indivíduo na mesma situação poderia agir exatamente da mesma maneira.

Uma ilustração do dilema típico usado por Kohlberg para investigar o raciocínio moral é o caso do homem cuja mãe necessitava de um remédio que salvaria sua vida. O farmacêutico ao vender o remédio cobrou muito mais caro do que deveria e não o venderia por menos. No quinto estágio, a solução para esse problema se basearia na ilegalidade da ação. O homem não roubaria o medicamento porque os direitos de propriedade dos cidadãos devem ser protegidos ou poder-se-ia dizer que o farmacêutico está infringindo a lei ao cobrar tão caro o remédio. O maior valor da vida humana seria o princípio que nortearia o pensamento no sexto estágio. Desconsiderando a lei, esse universal é tido como mais importante.

Variam, muitas vezes, imensamente os níveis de julgamento moral dos adolescentes. Uma mesma pessoa pode funcionar no segundo estágio, no quinto ou no sexto. Essa discrepância ocorre, ou pode ocorrer, com relação ao mesmo conflito, considerado em momentos diferentes, ou a respeito de conflitos diferentes considerados em diferentes momentos, ou ainda com referência a conflitos diferentes considerados na mesma situação. Trata-se provavelmente de uma conseqüência do questionamento e da reavaliação constantes do pensamento do adolescente. Embora a maioria das pessoas de nossa sociedade atinja o nível das operações formais, nem todas elas chegam a se tornar capazes de resolver os dilemas morais num nível pós-convencional. Somente uma pequena percentagem das pessoas chega a funcionar sempre no nível do sexto estágio de julgamento moral. Ainda que nem todos consigam raciocinar no nível pós-convencional, a maioria das pessoas reconhece que é ele o melhor.

Antes de passar adiante...

1. Qual o nome dado por Piaget à nova capacidade cognitiva que se desenvolve na adolescência?
2. Quais são as três capacidades de solução de problemas características das operações formais?
3. As operações concretas lidam com o certo ou o errado. Certo ou errado?
4. O raciocínio hipotético-dedutivo implica pensar em hipóteses e agir tomando-as como base. Certo ou errado?
5. De que maneira a maturação e a experiência afetam o desenvolvimento das operações formais?
6. A __________________ tem origem na capacidade de pensar nas possibilidades.
7. O sexto estágio de moralidade pós-convencional sustenta que as leis sempre determinam o certo e o errado. Certo ou errado?

Respostas:

1. Representação de segunda ordem.
2. A capacidade de pensar em todas as alternativas, de refletir sobre a atividade mental e de abstrair.
3. Errado. As operações concretas dependem de se lidar com fatos.
4. Errado. Esse raciocínio implica que se pense em hipóteses e se deduza a validade das mesmas.
5. O sistema nervoso precisa atingir a maturidade e o indivíduo deve ter uma interação suficiente com os objetos para que se desenvolvam as operações formais.
6. Capacidade de resolver problemas.
7. Errado. O sexto estágio define o certo e o errado em termos de universais, que são verdadeiros para a consciência individual.

Revisão de Capítulo

ADOLESCÊNCIA: DESENVOLVIMENTO FÍSICO E COGNITIVO

1. A glândula que estimula os testículos e os ovários para que eles produzam os hormônios sexuais é a ________.
2. Os hormônios masculinos são produzidos somente pelos homens enquanto os hormônios femininos são produzidos tanto pelos homens como pelas mulheres. Certo ou errado?
3. A que se deve atribuir o fluxo sangüíneo durante a menstruação?
4. A menstruação é uma doença que as mulheres aprendem a aceitar durante a adolescência. Certo ou errado?
5. A mudança de voz nos homens se deve (a) ao desenvolvimento das características sexuais primárias; (b) ao surto de crescimento; (c) ao desenvolvimento da laringe e das cordas vocais; (d) nenhuma dessas alternativas.
6. As características sexuais primárias (isto é, os órgãos de reprodução) se desenvolvem antes das características sexuais secundárias (pêlos do púbis, seios, etc.). Certo ou errado?
7. A maturação precoce e o maior desenvolvimento das crianças em nossa sociedade contemporânea podem ser melhor explicados (a) pela hereditariedade; (b) por uma alimentação melhor e por melhores condições de vida; (c) por uma tendência para transferir-se para o campo; (d) pela procriação consangüínea.
8. O desenvolvimento cognitivo na adolescência, ou a obtenção do nível de operações formais, não dependem da maturidade física. Certo ou errado?
9. Piaget deu o nome de ________ à aplicação feita pelo adolescente de uma nova maneira de pensar às velhas e às novas experiências.
10. As operações formais envolvem (a) a autoconsciência; (b) o idealismo; (c) lidar com objetos concretos; (d) o pensamento abstrato.
11. Tudo que se segue é característico da adolescência, *salvo* (a) a autocrítica; (b) o egocentrismo; (c) o realismo; (d) a consciência das possibilidades.
12. Piaget acreditava que o egocentrismo e o idealismo resultam da aplicação entusiasta de novas formas de pensamento. Certo ou errado?
13. Os sentimentos egocêntricos têm dois aspectos: ________ e ________.

14. A capacidade de abstrair leva a novas maneiras de enfrentar os sentimentos que provocam angústia. Entre estes estão todos os seguintes, *salvo* (a) a intelectualização; (b) lidar com os sentimentos pessoais de uma uma maneira geral; (c) o raciocínio sistemático; (d) a negação dos sentimentos.
15. Quando definem o certo e o errado de acordo com suas próprias consciências, os adolescentes estão no ____________ estágio de ______________ de moralidade pós-convencional.
16. O sexto nível de desenvolvimento moral inclui um questionamento constante e a reflexão sobre nossos próprios pensamentos. Trata-se de uma característica quase universal da adolescência e do início da idade adulta. Certo ou errado?
17. Os adolescentes tendem a pensar todas as as coisas seguintes, *salvo* (a) o bem e o mal ficam além de qualquer definição legal; (b) todos pensam exatamente como eles a seu respeito; (c) ao fazerem suas experiências, eles estão sozinhos; (d) o mundo que os cerca se ajusta a seus ideais.
18. Os adolescentes não funcionam em todos os momentos no mesmo nível de desenvolvimento ______________.
19. Durante os seis primeiros meses de vida e durante a ______________, o corpo cresce mais rapidamente que em qualquer outra época.
20. O crescimento máximo ocorre durante ______________.
21. Os hormônios liberados pela ______________ estimulam o crescimento do corpo e a maturação dos órgãos sexuais.
22. Na adolescência, a angústia a respeito da aparência física resulta de todas as causas seguintes, *salvo* (a) uma sincronia no desenvolvimento das diferentes partes do corpo; (b) um aumento profundo no ritmo do crescimento; (c) a tensão do desenvolvimento sexual; (d) uma força física crescente.
23. Os meninos e as meninas conservam a mesma força física durante a adolescência enquanto seus tecidos musculares crescem e seu coração e seus pulmões aumentam proporcionalmente ao peso do corpo. Certo ou errado?
24. O desenvolvimento maior no adolescente se faz (a) nas glândulas; (b) no tronco e nos membros; (c) na cabeça e no cérebro; (d) no tecido adiposo.
25. As rápidas modificações produzidas no corpo pela maturação durante a adolescência são conhecidas com o nome de ______________.
26. Para os meninos e para as meninas, o surto de crescimento difere de todas as seguintes maneiras, *salvo* (a) a idade no início do surto de crescimento; (b) o número de anos de sua duração; (c) os aspectos cognitivos do surto de crescimento; (d) as proporções do aumento de tamanho.
27. A "representação de segunda ordem" diz respeito (a) à maturação dos órgãos sexuais; (b) ao desenvolvimento das características sexuais secundárias; (c) à capacidade que distingue as operações formais das concretas; (d) ao estágio de desenvolvimento moral da adolescência.
28. Por que alguns meninos e meninas diferem fisicamente de seus pares durante a adolescência?
29. Explique em algumas frases como se relacionam durante a adolescência o desenvolvimento cognitivo e o moral.
30. Analise sucintamente por que a adolescência é considerada um período tão crítico do desenvolvimento.

Para encontrar as respostas, consulte a página 202.

Capítulo X

ADOLESCÊNCIA: DESENVOLVIMENTO SOCIAL

Idéias diretrizes:

- *Em todas as sociedades, a adolescência constitui uma época de enormes transformações e de transição.*
- *Em nossa sociedade, ela é também um período de grande tensão, de conflito, experiência e rebeldia.*
- *O adolescente passa muitas vezes por uma crise de identidade, quando se está preparando para assumir a maior liberdade e as responsabilidades da vida adulta.*
- *Cabe agora aos pais a difícil tarefa de controlar o comportamento freqüentemente hostil do adolescente, ajudando ao mesmo tempo a aplainar o caminho para a maturidade e a independência.*
- *O adolescente é freqüentemente absorvido por seu próprio grupo social, dotado de uma subcultura e de normas sexuais "particulares".*

Módulo 42. O QUE É ADOLESCÊNCIA?

As teorias referentes à adolescência só se põem de acordo quanto ao fato de ser ela uma fase de transformação física e intelectual, e de assinalar o fim da infância. Elas discordam quanto às causas, à extensão e à importância dessa transformação. Em todas as culturas, toma-se conhecimento da passagem da infância para a idade adulta. Por vezes, há uma cerimônia isolada; outras vezes, existe um período mais prolongado de transição. Na maioria das culturas, considera-se a adolescência como uma época de preparo para os privilégios e responsabilidades da idade adulta.

Em nossa cultura, a adolescência é hoje mais longa do que foi para os pais da atual geração. É possível que a complexidade de nossa cultura tenha influído sobre essa alteração. Durante a adolescência, espera-se que os jovens se tornem independentes dos pais, escolham uma vocação e para ela se preparem e se ajustem convenientemente à sua maturidade sexual. Implicada nestas tarefas está a articulação de uma identidade e de uma filosofia de vida pessoais. A maturação intelectual a transforma numa época ideal para examinar as oportunidades existentes, mas o estabelecimento das opções e compromissos é dificultado pela instabilidade característica deste período.

São muitos os indícios que distinguem a idade adulta em nossa cultura. A idade em que se chega a cada um deles varia de uma parte do país para outra. Mesmo num único local, difere a idade para que sejam conferidos os privilégios típicos da idade adulta. Por exemplo: variam as idades em que é legalmente permitido guiar automóveis, ingerir bebidas alcoólicas, casar-se, trabalhar, ou obter crédito. Cada um desses direitos legais representa um sinal da idade adulta, mas nenhum deles isoladamente ou seu conjunto garante claramente que a pessoa já é adulta. Sendo ambígua a nossa definição de um adulto, é natural que seja também ambíguo o caminho para se chegar a isto.

A adolescência foi descrita por muitos teóricos. Eles divergem quanto a considerá-la como um estágio definido antes de tudo por influências internas ou externas. George Stanley Hall, por exemplo, criou a imagem do "Sturm und Drang" ("Tempestade e Tensão") para descrever a adolescência. Para ele, tratava-se de uma época difícil e traumática da vida para todo o ser humano. Tendo compreendido que as transformações físicas da adolescência eram geneticamente determinadas, ele supôs que a conseqüente reação psicológica era universal e não sujeita a modificar-se. As alterações abrutas e extremadas de sentimentos e humor no adolescente foram atribuídas principalmente às modificações internas. Ele não considerou importantes os efeitos ambientais. Todavia, muitos teóricos julgam bastante exagerada a ênfase atribuída por Hall à tensão do adolescente.

O significado da transformação interna foi também enfatizado por Freud, assim como por sua filha Anna Freud, importante psicóloga da infância. Ambos vêem na maturação dos órgãos sexuais e no aumento do impulso instintivo a força energética e organizadora deste estágio. Assim, Freud descreve a emergência do estágio genital na adolescência. Reaparecem as necessidades sexuais instintivas que haviam ficado reprimidas durante o período de latência da segunda infância. Como a maturação física torna essas necessidades mais prementes do que no estágio fálico da primeira infância, a repressão é mais difícil. Em lugar de dirigir esses sentimentos para a mãe ou para o pai como acontecia durante o período edipiano quando eles apareceram pela primeira vez, os tabus e os costumes sociais dirigem as solicitações sexuais para os relacionamentos sexuais adequados. Freud achava que os primeiros amores do adolescente tinham freqüentemente como objeto membros mais velhos do sexo oposto. Através desses indivíduos, os desejos edipianos eram aliviados e recebiam uma forma de expressão mais aceitável. Achava também que os jovens adolescentes freqüentemente se fixavam em objetos amorosos homossexuais, dando como exemplo o culto do herói e os relacionamentos exclusivistas com o "melhor amigo". Quando descobria que isso era pouco gratificante, a criança passava para um relacionamento heterossexual.

Anna Freud ampliou esta teoria, descrevendo o desenvolvimento do adolescente em termos de estruturas de personalidade, definidas pelo próprio Freud. Ela achava que o ego servia de intermediário entre o id e o superego na tentativa de encontrar canais aceitáveis para a descarga da energia sexual. As exigências deste processo levavam ao desenvolvimento dos novos mecanismos de defesa da intelectualização e do ascetismo. Essas defesas são versões mais complexas dos mecanismos anteriores de deslocamento e negação. A *intelectualização* remove a angústia imediata referente aos impulsos sexuais, canalizando a energia para discussões e considerações abstratas. O *ascetismo* representa uma declaração universalizada de negação, o que representa o controle extremo exercido pelo ego sobre os impulsos do id. Para Anna Freud, o ego responde às exigências sociais que foram interiorizadas pelo superego e pelos elementos instintivos do id. A fonte de conflito nesta teoria está na transformação maturacional interna.

Piaget e Erikson sustentavam posições intermediárias com referência aos determinantes do desenvolvimento do adolescente. Ambos reconheciam a influência da natureza, isto é, a maturação física e a educação, isto é, as expectativas sociais. Afirma Piaget que os conflitos da adolescência decorrem da capacidade intelectual de criar realidades potenciais perfeitas, que contrastam com a realidade muito menos perfeita do mundo. Na opinião de Erikson, o conflito surge entre a busca da *identidade* e a confusão dos papéis. A maturação física indica o início da idade adulta, mas sob outros aspectos o adolescente age ou é tratado como criança. A ambigüidade do papel do adolescente na sociedade provoca confusão.

Os indivíduos se juntam muitas vezes em bando, clubes ou outros grupos de pares com códigos de comportamento e de vestuário estritamente definidos, a fim de poder enfrentar essa confusão. O grupo oferece uma resposta fácil para a pergunta "Quem sou eu?"; ele é estável e protetor enquanto seus membros buscam respostas pessoais para essa pergunta. Ele também lhes fornece informações sobre quem são, permitindo-lhes olhar para os pares que com eles se assemelham. Erikson considera que a tarefa essencial da adolescência é o estabelecimento da identidade sexual e ocupacional. Nessa tarefa são utilizadas não somente as relações entre os pares mas também as relações amorosas. O relacionamento amoroso oferece aos adolescentes a possibilidade de desenvolver suficientemente sua confiança, de modo a poder se revelar e aprender a se conhecer melhor observando as reações das pessoas amadas. As impressões do ser amado podem ser aceitas mesmo quando diferem das nossas.

Provas fornecidas por outras culturas indicam que a adolescência não constitui necessariamente um período tão cheio de tensões. Essas provas confirmaram os teóricos do *aprendizado social*, como Bandura, que salientaram a importância do ambiente ao se decidir o curso do desenvolvimento. Num de seus estudos, ele verificou que os pais dos adolescentes do sexo masculino concedem-lhe a independência e os consideram independentes. Em sua opinião, as expectativas sociais são comunicadas e levam a um comportamento condizente com essas expectativas. O comportamento é então reforçado por novas afirmações de que se trata de um comportamento típico.

A explicação do aprendizado social nos ajuda a compreender as sociedades estudadas por Margaret Mead, nas quais a adolescência constitui uma passagem suave da infância para a idade adulta. Nessas sociedades, a preparação para assumir o papel de adulto prossegue ao longo de toda a infância. As crianças observam o comportamento dos adultos, inclusive as práticas sociais, sendo-lhes permitido praticar jogos sexuais. Como a sociedade trata o ciclo vital como uma continuidade, não existe nenhuma tormenta durante a adolescência, como acontece em nossa cultura.

Em algumas culturas, cabe à criança decidir quando está preparada para a iniciação à condição adulta. Em outras, a sociedade estabelece uma determinada idade para essa iniciação. Existem também sociedades não-ocidentais que negam à criança o conhecimento dos direitos do adulto. Nessas sociedades, as cerimônias iniciáticas se realizam na puberdade. O adolescente deve submeter-se a uma prova qualquer e em troca disso a sociedade lhe confere o *status* de adulto. Todavia, embora nas sociedades não-ocidentais varie a maneira de tratar a adolescência, quase todas parecem defini-la segundo critérios específicos. Esses critérios indicam que a infância terminou e que está começando a idade adulta. São mais explícitos que os nossos, tanto em termos do que se espera quanto nos do que se oferece. As comparações com essas sociedades demonstram que muitos comportamentos, que consideramos típicos dos adolescentes, são na realidade culturalmente determinados.

Antes de passar adiante...

1. De que maneira a maioria das culturas considera a adolescência?
2. Stanley Hall sustentava que a adolescência era um período de paz e tranqüilidade. Certo ou errado?
3. Nas culturas mais complexas, a adolescência difere do que é nas sociedades mais simples porque ________________.
4. Quais são alguns dos sinais da idade adulta em nossa sociedade?
5. Erikson sustentava que as transformações sofridas pelo adolescente são devidas unicamente aos fatores psicológicos. Certo ou errado?

6. Para Freud, a força principal da transformação do adolescente está na luta entre o id e o ego. Certo ou errado?

7. Nós acreditamos que a adolescência não constitui necessariamente um período traumático porque, em algumas culturas, ela não é um estágio difícil. Certo ou errado?

Respostas:

1. Como uma época de preparação para as responsabilidades adultas.
2. Errado. Hall a considerava como uma época traumática da vida.
3. É mais prolongada e não existem critérios uniformes para a passagem para a condição de adulto.
4. O direito legal de votar, de guiar automóveis, de trabalhar, de ingerir bebidas alcoólicas e de obter crédito.
5. Errado. Tanto ele como Piaget sustentavam que as influências internas e as ambientais também são importantes.
6. Errado. É a reemergência dos impulsos sexuais.
7. Certo.

Módulo 43. IDENTIDADE

A adolescência é freqüentemente considerada em nossa cultura como uma época de *crise de identidade*. O adolescente precisa responder à pergunta "Quem sou eu?" ao tempo em que se está defrontando com outra pergunta: "O que virei a ser?" A identidade de uma pessoa tem de ficar estabelecida em relação aos pais, aos pares e à própria sociedade. Dentro dessas áreas, o estabelecimento da independência e dos valores faz parte da crise de identidade.

O desenvolvimento físico e cognitivo que já descrevemos deixa claro que a infância está terminada quando chega a adolescência. Embora a pessoa já não tenha direito à proteção e aos privilégios da infância e ainda não tenha adquirido os direitos e responsabilidades do adulto, são poucos os critérios fixos a que pode recorrer para identificar-se a si mesma. Conseqüentemente, o adolescente muitas vezes experimenta e depois rejeita algumas idéias, certos papéis e valores, como se estivesse escolhendo um novo guarda-roupa. É preciso lembrar que isto faz parte do processo normal de desenvolvimento. Assim como a criancinha procede ativamente a experiências, a fim de traçar o seu próprio eu em relação ao mundo concreto, também o adolescente deve fazê-lo para encontrar seu lugar na complexa trama da realidade abstrata.

Em vista desta tarefa de desenvolvimento, é natural que os adolescentes alimentem um egocentrismo semelhante ao da primeira infância. Na busca de uma identidade, eles passam a se preocupar com todo e qualquer aspecto de si mesmos. Tendo perdido de vista a realidade, existe neles pouca objetividade com referência a uma auto-avaliação. Quanto maior o egocentrismo, mais difícil é a tarefa de estabelecer uma identidade. O compromisso que se faz necessário para assumir um papel adulto é quase impossível sem um sentimento estável do próprio eu.

Os estereótipos dos papéis sexuais se tornam mais rígidos na adolescência. Eram muitos e variados os comportamentos adequados para os meninos e para as meninas durante a infância. Na adolescência, entretanto, torna-se menos aceitável que meninas e meninos saiam dos estereótipos fortes masculino e feminino. Esta rigidez pode representar uma tentativa visando a controlar e canalizar os instintos sexuais, assim como uma maneira de oferecer estabilidade.

Como os papéis disponíveis são definidos ou por uma outra pessoa, ou pela sociedade, pode-se esperar que o adolescente assuma um certo número de papéis e se ajuste a cada um deles durante um breve lapso de tempo. É uma maneira de descobrir em que comportamentos "adultos" ele se sentirá à vontade. Serve também para testar a capacidade que tem o indivíduo de se realizar e ajustar-se.

Enquanto o adolescente experimenta suas diferentes identidades com seus familiares, as reações dos mesmos irão ajudando-o a adquirir um sentimento de continuidade e a reter os aspectos desses novos papéis que se harmonizam com sua pessoa. Erikson, que descreve o conflito do adolescente qualificando-o de *formação da identidade*, acredita que somente se conseguirem chegar a um sentimento de continuidade interior que, acreditam eles, tem uma contrapartida nas outras pessoas, poderão os adolescentes tornar-se capazes de estabelecer uma intimidade com outra pessoa. Para Erikson, a conquista da intimidade é a tarefa de desenvolvimento que vem depois da adolescência.

Os valores de um adolescente em qualquer época em particular podem depender do papel por ele assumido. Os valores flutuam tanto quanto a identidade. É preciso que os adolescentes não somente decidam quais os valores que irão respeitar, mas também que aprendam a enfrentar os conflitos que inevitavelmente ocorrerão entre seus valores e os dos outros. Além do mais, eles terão de aprender que, em suas interações sociais, é inevitável algum compromisso dos valores pessoais. Essas duas tarefas, a de estabelecer os valores e a de reconhecer e enfrentar o compromisso, colidem entre si. Em geral, tal como acontece com outras formas de acomodação, o compromisso só se torna possível quando já vai adiantada a adolescência.

Os valores idealistas ou clínicos adotados por muitos adolescentes os ajudam a evitar que seus valores sejam afetados por seus impulsos. Contribuem também para o processo de formação da identidade pois eles distinguem os adolescentes da maioria dos adultos. Ser um cínico ou um idealista inflexível também proporciona ao adolescente um sistema de convicções a que se agarrar até ficarem estabelecidos os seus valores pessoais. Como vimos anteriormente, isto representa igualmente uma maneira de fugir à realidade que parece muito dura quando se perdem as ilusões da infância. A dedicação à religião, que ocorre em alguns adolescentes, atende às mesmas funções. Ela fornece um conjunto definido de valores suscetíveis de serem defendidos e utilizados para responder às perguntas até serem formulados os valores pessoais. Os valores idealistas também podem ser considerados como um derradeiro esforço para preservar as ilusões da infância.

Algumas vezes, o idealismo e a energia da adolescência são dedicados a esforços construtivos visando a melhorar ou reformar a sociedade. Desta maneira, os adolescentes se entregam a muitos trabalhos voluntários que estejam em harmonia com seus valores idealistas. O fato de freqüentemente não verem objetivamente a realidade lhes dá a coragem de tentar e de fazer modificações.

A definição dos valores pessoais é uma das maneiras através das quais os adolescentes procuram afirmar sua independência. As sociedades tecnológicas tornam-lhes difícil atuar independentemente no mundo real. Por esse motivo, poderão ser mais numerosas as formas revolucionárias ou de outro tipo qualquer de atividades contraculturais que sirvam de válvulas para sua luta pela independência. Essa luta é dificultada pela sensação que tem o adolescente de estar fora de controle com referência às transformações emocionais e da maturidade. Há uma incompatibilidade entre comportar-se de maneira responsável e sentir-se fora de controle. Como freqüentemente não se sentem controlados, os adolescentes muitas vezes não são capazes de assumir a responsabilidade por seus atos. Eles lançam habitualmente a culpa sobre fatores externos.

A necessidade de conquistar sua independência pode fazer com que os adolescentes rejeitem os valores e relacionamentos com os quais foram educados. Isto provoca sentimentos de *alienação*, que constituem outra característica normal do desenvolvimento do adolescente em nossa sociedade. A alienação é mais grave quando vai além das questões ou situações específicas. Torna-se ainda pior pela falta de uma identidade estável. Quando um adolescente tem a impressão de que ninguém o compreende e se sente incapaz de efetuar modificações positivas, sua sensação de alienação e desamparo podem ter como resultado um comportamento suicida. As tentativas de suicídio dos adolescentes são mais comuns nas meninas porque lhes são concedidas menos oportunidades ativas de descarregar suas tensões. Seu papel sexual as leva a adotar um comportamento passivo, o que também aumenta sua sensação de desamparo.

A estabilidade da identidade e dos valores no fim da adolescência prepara a pessoa para proceder aos ajustes necessários para assumir as responsabilidades de adulto. O conhecimento das próprias capacidades deve ser conciliado com as ambições, e os valores devem ser examinados à luz da necessidade de sustentar-se a si mesmo. De modo que, o trabalho que finalmente deve ser feito é preservar a própria identidade juntamente com o compromisso de enfrentar a realidade.

Antes de passar adiante...

1. Em nossa sociedade, considera-se a adolescência como um período de ________.
2. Por que os adolescentes assumem e rejeitam papéis e valores com tanta facilidade?

3. Para adquirir um senso de identidade, o adolescente deve aprender a amar os outros. Certo ou errado?
4. Erikson sustenta que o estabelecimento de uma intimidade com outra pessoa vem depois da formação da identidade. Certo ou errado?
5. A tarefa de determinar os valores pessoais é difícil porque o idealismo muitas vezes interfere. Certo ou errado?
6. A que função atende o idealismo?
7. A causa primordial da alienação nos adolescentes é sua freqüente resistência diante dos compromissos. Certo ou errado?

Respostas:

1. Crise de identidade.
2. Isto faz parte do desenvolvimento normal de um senso de identidade.
3. Errado. A pessoa precisa sentir o quão diferente ela é dos demais, precisa sentir que suas fraquezas e suas forças fazem parte de um eu-integrado, e sentir-se como um eu-estável ao longo do tempo.
4. Certo.
5. Errado. Porque buscar estabelecer valores colide com a compreensão da necessidade de comprometer os valores pessoais para viver em sociedade.
6. Ele protege o adolescente que perdeu as ilusões da infância, impedindo-o de ver as agruras do mundo.
7. Errado. Em sua luta pela independência, os adolescentes rejeitam os valores dos pais e do mundo adulto.

Módulo 44. A FAMÍLIA

A família constitui um foro no qual podem ser levadas a cabo as tarefas do desenvolvimento do adolescente. Contudo, a tentativa de estabelecer valores de identidade e independência no seio de uma unidade social onde os pais possuem valores definidos e onde a identidade da pessoa sempre foi a de uma criança dependente constitui, nas melhores circunstâncias, uma tarefa penosa. Os adolescentes precisam de espantalhos aos quais possam opor seu idealismo, de refletores que os informem com relação aos papéis que estão experimentando, e de alguém de quem possam conquistar a independência mas que também lhes dê apoio quando malograrem.

Os familiares, sobretudo os pais, são as pessoas mais indicadas para atender a essas necessidades. Eles conhecem o adolescente há mais tempo e podem proporcionar uma sensação de continuidade pessoal quando ele sente uma disparidade. Deram-lhe os cuidados necessários e determinaram as regras durante a infância, de modo que serão eles as pessoas desafiadas, mas com cuja presença se conta. Evidentemente, nem todas as famílias proporcionam essa atmosfera e não se pode esperar que os pais suportem insultos sem reagir negativamente. Além disso, as crises, assim como o desenvolvimento normal dos adolescentes trarão muito provavelmente à tona conflitos não resolvidos que os pais haviam sepultado. A revivescência de velhos problemas, tanto pelos pais como pelo adolescente, significa que a tensão vem de ambos os lados da relação pais-filho.

A luta do adolescente para estabelecer um sentimento estável de identidade provavelmente contribui menos para a tensão no seio da família que sua busca de valores e de uma identidade. É um processo mais unilateral que o da determinação de novos valores ou de tornar-se independente. Embora os pais possam ser mantidos num estado de contínuo desnorteamento pelos papéis que seus filhos adolescentes assumem e rejeitam a criança conserva sua identidade com relação aos pais. Nem esses papéis exigem que os pais mudem sua identidade. Devem, entretanto, aprender a desenvolver um relacionamento adulto com seus filhos crescidos. Embora eles continuem sempre a ser pais para o filho ou a filha, estes nem sempre serão crianças. Para os pais, é muito difícil deixar de tratar os filhos como crianças, e muitas vezes só o conseguem depois de terminada a adolescência.

Enquanto os filhos estão-se desenvolvendo para chegar à maturidade e ainda permanecem no seio da família, cria-se uma tensão porque esse aspecto da mudança de identidade suscita sentimentos complexos de ambos os lados. Os filhos e as filhas se identificam com o progenitor do mesmo sexo, mas em nossa sociedade isso acarreta sentimentos de competição. Tendo o adolescente atingido a maturidade física e sexual, agir tomando como base esses sentimentos constituiria uma grave ameaça para a estrutura da família. Os pais não somente percebem a ameaça contida nessa situação mas também podem sentir ciúmes da identidade do jovem adulto. Em algumas sociedades, evita-se esta difícil situação expulsando de casa os filhos quando estes atingem a maturidade sexual.

Conferindo-lhes a independência, os pais demonstram evidentemente que aceitam as lutas adultas de seus filhos e filhas adolescentes. Ficam, entretanto, freqüentemente confusos pois o mesmo filho que reivindica veementemente um direito critica os pais que o concedem com excessiva facilidade. O impulso para a independência é natural, mas a perspectiva de uma independência completa é assustadora. Quando o adolescente está avançando vitoriosamente nessa direção, o medo pode fazê-lo agredir os pais. Além disso, o adolescente experimenta uma contínua necessidade de se sentir protegido enquanto vai ensaiando sua independência. Todas as vezes que os pais cedem, pode parecer que está sendo retirada a segurança decorrente da possibilidade de depender deles. Não é de admirar que isto seja uma causa de preocupação. Pode também provocar uma hesitação entre um comportamento infantil ou mais refletido. O ideal seria que os pais estivessem presentes quando necessário sem, no entanto, interferir. Isto pode representar uma tarefa muito pouco satisfatória quando se trata de um adolescente que se julga muito certo do que é preciso fazer e considera interferência tudo que os pais fazem.

Do ponto de vista dos pais não parece sensato conceder os privilégios da independência a alguém que se comporta de maneira indecisa. Fazem também restrições porque conhecem as limitações de seus filhos. Além dessas preocupações, em nossa sociedade os pais precisam inventar maneiras expressivas de preparar os filhos para a independência quando não existem facilidades de opção por um trabalho remunerativo. Os pais podem se sentir justificadamente preocupados ao enviar seus filhos para um mundo que eles sabem ser muito complexo, providos apenas da simbólica preparação que eles lhes puderam dar em casa.

O conflito a respeito dos valores suscita profundos sentimentos tanto nos filhos como nos pais. O adolescente não deseja adotar os valores paternos porque isto confundiria seu senso de identidade. Assemelhar-se demais aos pais limita também os sentimentos de independência. Conseqüentemente, o adolescente questiona todos os valores paternos e critica exageradamente toda e qualquer falha de sua parte quando eles não correspondem aos valores que defendem. Durante esse estágio, as críticas feitas aos pais são severas, tanto porque as fraquezas paternas estão sendo vistas pela primeira vez como também porque os adolescentes estão-se defrontando com problemas para viver de acordo com seus próprios valores. Criticar os pais alivia até certo ponto a necessidade de criticar-se a si mesmo.

Nas classes sociais em ascensão, são freqüentemente menos numerosos os atritos entre pais e adolescentes. Todos têm como meta conseguir um melhor padrão de vida, e os pais são mais propensos a conceder a independência a seus filhos como um meio de atingir essa meta. A identificação com ideais mais elevados que os atingidos pelos pais faz parte do processo de elevação e conta também com a aprovação tanto dos pais como dos filhos.

A despeito do conflito com os pais, que surge durante a adolescência, as pesquisas têm demonstrado que existem bem poucas diferenças entre os valores aceitos pelos pais e pelos filhos. Isto constitui mais um indício de que o conflito entre as gerações é um fator normal nesse estágio do desenvolvimento. Faz parte do processo de "abrir mão" que deve ocorrer entre pais e filhos.

Quando os pais reagem com autoritarismo ou indiferença ao comportamento do adolescente esta disfunção familiar pode levar a um comportamento delinqüente. Os pais podem achar tão perigoso o comportamento do adolescente que se tornam punitivos. Podem então romper os elos que os filhos estavam apenas testando. Por esse motivo, são comuns as crises domésticas durante este estágio. A despeito de suas afirmações contrárias, o adolescente precisa e depende de seus pais considerados ao mesmo tempo como antagonistas e como sustentáculo, em sua luta para se fazer adulto.

Antes de passar adiante...

1. Um dos motivos que fazem da família um centro de conflitos na adolescência é a certeza de que é mais garantido rebelar-se num relacionamento seguro. Certo ou errado?
2. Por que os pais acham difícil tratar os filhos como adultos em desenvolvimento?
3. A maturidade sexual do adolescente aumenta os sentimentos de competição entre pais e filhos. Certo ou errado?

4. Que conflito suscita a luta pela independência do adolescente?
5. Os adolescentes evitam os valores paternos porque assemelhar-se excessivamente aos pais diminui o sentimento de independência. Certo ou errado?
6. Os pais se preocupam ao conceder a independência porque temem que os filhos os abandonem e os esqueçam. Certo ou errado?
7. Poder-se-ia esperar que, na adolescência, fosse harmonioso o relacionamento entre pais e filhos. Certo ou errado?

Respostas:

1. Certo. Outro motivo é o fato de ser a família a unidade social da qual o adolescente precisa separar-se.
2. É difícil lidar com a mudança de papel do filho quando o papel de filho ou filha permanece inalterado.
3. Certo. A possibilidade de expor os impulsos sexuais no seio da família representa uma ameaça para sua estrutura.
4. Quando os pais cedem às exigência, isso pode diminuir no filho a sensação de segurança; quando não cedem, podem se tornar excessivamente restritivos.
5. Certo.
6. Errado. Porque não lhes é possível preparar inteiramente os filhos adolescentes para atender às solicitações da sociedade adulta.
7. Errado. Nessa idade, o conflito entre as gerações constitui um aspecto normal do desenvolvimento.

Módulo 45. CULTURA ADOLESCENTE

O grupo de pares é a sociedade em escala reduzida que os adolescentes utilizam como fonte de apoio para a realização das tarefas do desenvolvimento e para fugir dessas mesmas tarefas. Apesar de repudiá-la e de agir contrariamente ao grupo familiar, os adolescentes adotam e agem da mesma forma no seio do grupo de pares. Existem dois motivos aparentes para a crescente influência do grupo de pares. Em primeiro lugar, ele ajuda o indivíduo a separar-se da família. Em segundo lugar, ele oferece um laço com outros indivíduos que estão lutando com os mesmos problemas. Quando o adolescente se sente alienado da sociedade, dispor de um grupo com o qual possa se identificar representa para ele uma fonte de conforto.

Não existe talvez nenhuma época do desenvolvimento em que a pessoa esteja tão sensível a seus pares ou tão consciente deles quanto na adolescência. A especificação dos valores, idéias, aparência e comportamento aceitáveis que ocorre em todo grupo reduz o senso de inadequação do indivíduo.

Os grupos de adolescentes passaram a constituir uma subcultura em nossa sociedade. Trata-se de um desenvolvimento destes últimos 25 ou 30 anos. As viagens e os meios de comunicação promoveram de tal forma os estilos adolescentes que eles agora constituem uma cultura distinta em nossa sociedade. Dentro dessa subcultura, os adolescentes se aceitam uns aos outros porque estão unidos contra o mundo adulto. Não podendo participar integralmente da sociedade adulta, uma subcultura representa uma maneira de alcançar um *status* comparável. As oportunidades mais numerosas de viajar contribuíram para difundir as subculturas da adolescência por todos os Estados Unidos, assim como por outras partes do mundo. As técnicas de propaganda e de comunicação têm também difundido informações referentes à cultura jovem e estimulado seu desenvolvimento. Na verdade, essas técnicas contribuíram para que se criasse um mercado consumidor da adolescência. Como parte da luta pela identidade implica na diferenciação, as tendências começam bem depressa a fazer parte do passado e são substituídas por outras diferentes.

O nome particular, a maneira de vestir e os costumes que cada grupo desenvolve conferem a seus membros uma identidade coletiva. Em geral, essa identidade é rigidamente definida e não se modifica muito com o correr do tempo. Dá aos membros uma uniformidade numa época em que as aparências físicas estão longe de ser uniformes e a individualidade é muitas vezes incômoda. Observando os outros membros do grupo, o adolescente consegue ter uma visão de sua própria aparência e de seu comportamento. Os outros membros do grupo são suficientemente semelhantes a ele para não constituírem ameaça. Mas também oferecem uma objetividade maior que a que se consegue obter olhando para um espelho.

As excentricidades no vestuário e nos costumes fazem com que se pareça diferente dos membros de outros grupos. Fazendo da diversidade uma virtude, o grupo realiza uma parte do trabalho de diferenciação, tão difícil para o indivíduo. Embora como membro de um grupo o adolescente possa exercitar-se para ser diferente, o problema de distinguir-se do grupo continua sendo uma questão individual.

O grupo assume também uma parte da responsabilidade pela definição dos valores. Cada grupo possui geralmente o seu conjunto particular de valores, que pode refletir-se em suas vestimentas ou em suas atividades, não sendo permitidas as grandes discrepâncias. Também neste caso, a redução dessa responsabilidade só traz um alívio temporário. O indivíduo terá finalmente de definir seu código pessoal de valores.

Em geral, os grupos de pares adolescentes se organizam na escola. O adolescente faz parte, tipicamente, de um grupo mais amplo definido pela similaridade de classe social, de realização acadêmica ou por uma atividade comum. Dentro desse grupo existem "panelinhas" menores de pessoas ligadas por laços mais fortes. Enquanto o grupo mais amplo pode ser heterossexual e incluir, por exemplo, todos os "crânios", ou todos os "gozadores", as "panelinhas" em geral são formadas apenas por indivíduos de um mesmo sexo. As "panelinhas" masculinas e femininas se juntam com freqüência para ir a festas, cinemas, ou simplesmente para "badalar". Dentro da "panelinha", a pessoa pode formar uma ou duas amizades mais íntimas. Os padrões de namoro são geralmente definidos pelo grupo mais amplo. Em alguns grupos só ocorrem muito poucos encontros dessa natureza, ou apenas ocasionalmente, isto é, ou o grupo faz quase tudo coletivamente ou os encontros assumem um feitio de namoro firme. Não é de praxe travar amizades nem namoros fora do grupo. Quando isto acontece, o implicado fica propenso a mudar de grupo para continuar o relacionamento pessoal.

As regras que governam os indivíduos e sua classificação pelo grupo são tão rígidas na subcultura adolescente quanto na sociedade de classes. A obediência às regras é recompensada pela participação contínua no grupo. Esta aceitação pelo grupo constitui uma forma de popularidade. Sendo esta aceitação ou popularidade altamente valorizada pelos adolescentes, é natural que eles se submetam para poder consegui-la. Além disso, os adolescentes sabem que uma das maneiras de se tornar apreciado por alguém é assemelhar-se a esse alguém. Como vimos, as opiniões dos pares adquirem importância porque o adolescente se sente diferente dos pais assim como de outros segmentos da sociedade.

Para o adolescente, a relação popularidade-conformismo constitui um círculo vicioso. É difícil conquistar a popularidade sem o conformismo. O adolescente que se retrai do grupo de pares devido à angústia ou ao desejo de agir independentemente será provavelmente excluído. A exclusão tornará ainda mais incômodos os contatos com os pares. Os adolescentes excluídos podem se sentir ainda mais infelizes e encontrar dificuldades maiores para enfrentar as tarefas do desenvolvimento.

Existe também um pequeno número de adolescentes que jamais se associa a nenhum grupo em particular por já haver escolhido seu próprio caminho. Essas pessoas se envolvem muitas vezes em inúmeras atividades, ou dão prioridade a algum interesse ou meta pessoal. Sua adolescência parece transcorrer mais facilmente porque eles não se colocam tanto à mercê de seus pares.

A cultura da adolescência e o significado dos grupos de pares constituem um fenômeno que ocorre na maioria das sociedades industriais. Nas culturas não-industriais, onde a adolescência não representa um estágio tão traumatizante, os grupos de pares não são nem tão organizados nem tão influentes.

Antes de passar adiante. . .

1. Durante a adolescência, aumenta a importância do grupo de pares porque ele ajuda o indivíduo a separar-se da família. Certo ou errado?
2. Uma das causas do desenvolvimento de uma subcultura de adolescência em nossa sociedade está nos meios de comunicação. Certo ou errado?
3. De que maneira o grupo de pares contribui para o desenvolvimento da identidade?
4. A utilização do grupo de pares para definir a identidade e os valores faz muitas vezes com que o adolescente demore a assumir a responsabilidade pela definição dessas coisas. Certo ou errado?
5. Os adolescentes se submetem às regras do grupo porque sentem que esse conformismo os ajudará a preparar-se para acomodar-se a uma sociedade mais vasta. Certo ou errado?
6. Qual é a relação entre o conformismo e a popularidade?
7. Como se organizam os grupos de pares?

Respostas:

1. Certo. Outro motivo é que os adolescentes se sentem alienados de outros setores da sociedade.
2. Certo.
3. Ele define os códigos aceitáveis de vestuário, de comportamento e de valores compartilhados por seus membros.
4. Certo.
5. Errado. Eles se submetem para conquistar uma popularidade.
6. Quando uma pessoa se submete e é semelhante às demais, torna-se capaz de ser por elas apreciada.
7. O grupo heterossexual mais amplo se divide em "panelinhas" menores e compostas de indivíduos do mesmo sexo, entre os quais surgem as relações de namoro e de amizade.

Módulo 46. SEXUALIDADE: PRÁTICAS E ATITUDES

As atitudes e as práticas sexuais entre os adolescentes parecem ter mudado drasticamente nestes últimos 30 anos. Os inquéritos de Kinsey em 1948 e 1953 constituíram as primeiras fontes de informação ampla sobre as práticas sexuais. Desde aquela época, as informações referentes à sexualidade têm sido divulgadas mais livremente em todos os setores da sociedade. A revolução sexual não afetou apenas os jovens. Os adolescentes são entretanto mais suscetíveis de serem atingidos pelas alterações nos costumes sexuais, visto como o esforço psicológico para chegar a um acordo com a própria identidade sexual aumenta a ênfase que o adolescente atribui ao sexo.

Na sociedade americana existe uma diversidade de atitudes e comportamentos sexuais. Entre os adolescentes, por exemplo, as diferenças entre meninos e meninas são fontes de conflitos. Como as outras diferenças de comportamento já aqui analisadas, esta possui uma base fisiológica, além da cultural.

Os estudos de outras culturas indicam que existe uma gama muito ampla de atitudes com referência à sexualidade, e que os valores sociais se refletem nos relacionamentos sexuais. Refletindo sobre as práticas correntes neste país, é possível perceber a influência da estrutura patriarcal de nossa sociedade. Embora os comportamentos dos papéis sexuais tenham sido diferentes para os meninos e para as meninas durante a infância, a enorme importância das diferenças entre esses papéis só se torna visível na adolescência. Nessa fase, os indivíduos se defrontam com o duplo padrão de comportamento sexual aceitável. O comportamento permitido e até encorajado para os homens fica terminantemente proibido para as mulheres.

As regras que haviam sido estabelecidas em nossa sociedade para sancionar o comportamento sexual foram rompidas. Outrora, condenava-se o sexo fora do casamento; hoje, não somente os adolescentes como também muitos pais modificaram seus pontos de vista sobre esta questão. Outras sociedades menos complexas mantiveram regras mais rígidas com referência ao sexo. Ou este fica claramente proibido até a realização dos ritos sociais como a iniciação da puberdade, o noivado ou as cerimônias do casamento. Ou é desculpado e os jovens se entregam à masturbação heterossexual e à prática do coito.

As pesquisas sobre a sexualidade em nossa sociedade indicam que as reações masculinas e femininas diferem a partir da época em que tem início a maturação sexual. Essa diferença é provavelmente influenciada pelo duplo padrão, mas é possível que também tenha uma origem fisiológica. As diferenças se manifestam no aparecimento e na direção dos sentimentos sexuais. Os meninos parecem mais facilmente despertados e mais vulneráveis a uma grande variedade de estímulos, inclusive aos que não são admitidos por seu sistema de valores, como a pornografia. Os meninos ficam comumente excitados quando esbarram numa menina casualmente. A excitação se centraliza na área genital e quando isto acontece os meninos são mais propensos a buscar uma descarga no orgasmo. A masturbação é uma fonte de alívio mais comum que o coito. O nível de impulso sexual, avaliado pela excitabilidade e pela busca da descarga direta, chega ao ápice nos meninos um ou dois anos depois da puberdade. Nessa fase, relatam as pesquisas, os meninos têm orgasmos três ou quatro vezes por semana. Esse nível de atividade geralmente perdura durante toda a adolescência e até chegarem aos 30 anos de idade.

Contrastando com a facilidade do despertar e com a atenção atribuída à tensão sexual, as meninas são menos rapidamente e menos facilmente excitadas e mais propensas a deixar dissipar-se a tensão que a ter orgasmos. Além disso, as meninas se masturbam menos que os meninos durante a adolescência. Elas só chegam ao ápice da atividade sexual por volta dos 30 ou dos 40 anos de idade. É possível que as meninas tenham menos consciência de seu nível de excitabilidade sexual porque seus órgãos genitais não são facilmente visíveis e porque a tensão sexual pode ser mais difusa em seu corpo que no dos meninos.

O duplo padrão consagrado em nossa sociedade resulta da ignorância a respeito da resposta sexual feminina. Devido às diferenças que acabamos de descrever, as meninas são consideradas mais frígidas ou indiferentes ao sexo e julga-se que elas usam a sexualidade para manipular os meninos. Atualmente, pesquisas como as de Masters e Johnson estão fornecendo informações sobre as reações femininas e assim nossa sociedade está começando a reconhecer a normalidade do impulso sexual nas moças. Embora para estas seja diferente o padrão de excitação, as pesquisas indicam que as mulheres têm uma maior capacidade de orgasmo que os homens. Será interessante observar se a redução das atitudes repressivas e a maior consciência da sexualidade modificará a vulnerabilidade da menina adolescente à estimulação sexual.

É verdade ainda hoje que nossa sociedade tem sempre imposto restrições maiores ao comportamento das mulheres que ao dos homens. Espera-se que os meninos se entreguem mais que as meninas às atividades sexuais. Dirige-se mais a eles que a elas a estimulação erótica. Sempre se considerou o sexo antes do casamento mais aceitável para os rapazes que para as moças. Não se imagina que moças "decentes" se entreguem à atividade sexual por prazer nem pelo alívio que ela proporciona, mas somente por estarem apaixonadas ou pelo desejo de entrar num relacionamento sério. As restrições maiores impostas às moças resultam da determinação da paternidade dos filhos em nossa cultura. A sociedade condena o nascimento de filhos fora do matrimônio, e para evitá-lo atribui à moça as responsabilidades. É ela quem fica estigmatizada por uma gravidez sem os laços conjugais. Esse estigma permanece, muito embora se esteja tornando mais aceitável para as moças a atividade sexual.

Numa pesquisa recente, verificou-se que cerca de 50% dos adolescentes de ambos os sexos tiveram sua primeira experiência de relação sexual aos 19 anos de idade. Hoje em dia, rapazes e moças são mais abertos e aceitam mais francamente um comportamento sexual que os adolescentes das gerações anteriores. No entanto, muitas vezes eles não conseguem obter dos pais a informação de que necessitam e esperam. Os cursos de educação sexual representam uma resposta para esse desejo de melhor informação. O desejo de esclarecimentos sobre a experiência sexual, juntamente com a atitude predominante segundo a qual só se deveria buscar prazer sexual no coito quando num relacionamento sério, dão a entender que a atividade sexual precoce leva a um confronto também precoce com o problema da intimidade.

Embora toda a nossa cultura esteja caminhando para a permissividade, há muito tempo que os adolescentes das classes sócio-econômicas mais baixas se entregam com menos idade a uma atividade sexual mais freqüente. A mudança mais acentuada de atitude e de comportamento parece ter ocorrido na classe média, particularmente entre as moças da classe média. As moças que nesse grupo se interessam por uma carreira são menos propensas a ligar o sexo ao casamento que as outras adolescentes. A masturbação se tornou mais freqüente entre os rapazes da classe média e diminuíram acentuadamente as experiências com prostitutas.

O relaxamento das sanções sexuais não teve como resultado a promiscuidade entre os adolescentes, como acreditavam geralmente os adultos. O grupo de pares sanciona fraqüentemente a promiscuidade. Imagina-se que as atitudes mais liberais com relação ao sexo trarão para os jovens a possibilidade de obter as informações e a experiência necessárias para compreender o desenvolvimento sexual como um dos aspectos da maturidade a que se está chegando.

Antes de passar adiante...

1. A revolução sexual não afetou particularmente os adolescentes. Certo ou errado?
2. Em termos de resposta sexual, as moças são mais facilmente excitadas que os rapazes. Certo ou errado?
3. As moças se masturbam mais que os rapazes. Certo ou errado?
4. Em geral, é receosa a atitude dos adolescentes diante do sexo. Certo ou errado?

5. De que maneira a atividade sexual precoce afetou os conflitos do desenvolvimento?
6. Um dos problemas referentes à satisfação na experiência sexual na adolescência decorre da falta de preparo dos adolescentes para a intimidade. Certo ou errado?
7. Os meninos das classes sociais mais baixas têm sido extremamente afetados pelas transformações nos costumes sexuais. Certo ou errado?

Respostas:

1. Errado. A maturação os torna mais preocupados com os impulsos sexuais e eles estão sendo menos orientados pelos adultos que estão modificando os seus próprios valores.
2. Errado. Entretanto, é maior a capacidade das moças para o orgasmo.
3. Errado. Durante a adolescência, as moças se masturbam menos que os rapazes.
4. Errado. Eles geralmente mantêm uma atitude aberta e aceitam os comportamentos sexuais tanto para os rapazes como para as moças.
5. Ela levou a antecipar também o confronto com os problemas da intimidade.
6. Certo. Muitas vezes também, suas expectativas com referência ao sexo, criadas pelos meios de comunicação, não chegam a ser realizadas.
7. Errado. As meninas da classe média têm sido muito afetadas. Elas hoje deixaram de subordinar o sexo ao casamento.

REVISÃO DE CAPÍTULO

ADOLESCÊNCIA: DESENVOLVIMENTO SOCIAL

1. Freud deu ao estágio de desenvolvimento humano que ocorre durante a adolescência o nome de estágio ____________.
2. Segundo Freud, os adolescentes começam por amar tudo que vem a seguir, *salvo* (a) os membros mais velhos do sexo oposto; (b) objetos amorosos homossexuais; (c) o progenitor do sexo contrário; (d) nenhuma dessas alternativas.
3. Os dois mecanismos de defesa desenvolvidos durante a adolescência são ________ e ________.
4. Que parte da personalidade — o id, o ego ou o superego — responde às exigências sociais?
5. Segundo Freud, qual é a fonte de conflito durante a adolescência?
6. Quais são os dois teóricos que adotam posições intermediárias com referência aos determinantes do desenvolvimento do adolescente, admitindo em suas explicações tanto os fatores internos (físicos) como os externos (sociais) ?
7. Qual dos seguintes teóricos sustenta que as tarefas da adolescência são a determinação da identidade sexual e da ocupacional? (a) Hall; (b) Erikson; (c) Bandura; (d) Freud.
8. Todos os itens seguintes fazem parte da crise de identidade do adolescente, *salvo* (a) o egocentrismo; (b) a busca de uma identidade; (c) o estabelecimento dos valores; (d) a atitude flexível com referência aos papéis sexuais.
9. Um sentimento estável do *eu* está relacionado com a capacidade de ajustar-se. Certo ou errado?
10. Os adolescentes são freqüentemente incapazes de assumir a responsabilidade por seus atos; lançam-na conseqüentemente sobre os fatores externos devido à sua ________.
11. O idealismo atua para fornecer ao adolescente um sistema de convicções a que se agarrar até ficarem estabelecidos os seus valores pessoais, ao passo que o cinismo constitui uma manifestação de um desenvolvimento anormal do adolescente. Certo ou errado?

12. A tecnologia moderna torna fácil agir psicologicamente no mundo real. Certo ou errado?
13. Embora os adolescentes critiquem os valores paternos e se defrontem com a tarefa de desenvolver os seus próprios valores, estes não serão muito diferentes dos valores dos pais. Certo ou errado?
14. Pode aparecer um comportamento delinqüente quando (a) os pais concedem a independência aos filhos; (b) a criança se identifica com os ideais mais elevados que os realizados pelos pais; (c) as fraquezas dos pais são vistas pela primeira vez; (d) os pais reagem ao comportamento do adolescente tornando-se autoritários ou indiferentes.
15. Os adolescentes suscitam problemas para seus pais por todos os motivos seguintes, *salvo* (a) eles criticam excessivamente os pais; (b) eles interpretam algumas ações dos pais como sendo interferências; (c) sua maturidade sexual cria tensões; (d) nenhuma dessas alternativas.
16. Uma das diferenças entre o grupo de pares da segunda infância e o da adolescência é que o primeiro proporciona à criança uma oportunidade de aprender as regras sociais, enquanto o segundo (a) oferece um recurso perfeitamente realista para avaliar as capacidades; (b) caracteriza-se pela atribuição de apelidos a seus membros; (c) facilita o desligamento da família; (d) nenhuma dessas alternativas.
17. Alguns adolescentes que se vêem excluídos dos seus grupos de pares acham difícil enfrentar as tarefas do desenvolvimento, enquanto outros encontram mais facilidade, pois eles se colocaram menos à mercê de seus pares. Certo ou errado?
18. Considera-se que as atitudes e as práticas sexuais entre os adolescentes mudaram drasticamente nos últimos ________ anos.
19. Os impulsos sexuais dos meninos são mais fortes durante a adolescência ao passo que as meninas só atingem o ápice de sua atividade sexual por volta dos________ anos de idade.
20. O duplo padrão existente em nossa sociedade resulta, em parte, da ignorância relativa a ________________________.
21. O relaxamento das sanções sexuais teve como resultado tudo que vem a seguir, *salvo* (a) a maior possibilidade de obter informações referentes ao sexo; (b) a promiscuidade entre os adolescentes; (c) a maior aceitação do comportamento sexual; (d) as mudanças de atitudes, sobretudo no seio da classe média.
22. O grupo de pares heterossexual subdivide-se geralmente em "panelinhas" do mesmo sexo nas quais se travam relacionamentos de amizade. Certo ou errado?
23. As diferenças de comportamento de meninos e meninas mais tarde na vida são culturalmente determinadas. Certo ou errado?
24. Os membros dos grupos de pares valorizam acima de tudo (a) a comunicação; (b) o conformismo; (c) a moralidade sexual; (d) nenhuma dessas alternativas.
25. George Stanley Hall viu na adolescência um período de ________________.
26. ________________________ descobriu que em outras sociedades é suave a passagem da infância para a idade adulta.
27. O objetivo do grupo de pares ao adotar excentricidades de vestuário e de costumes é (a) ir fazer compras; (b) buscar maneiras de parecerem adultos; (c) distinguir-se dos outros grupos; (d) promover a indústria da moda.
28. Explique em algumas frases como se refletem os valores de nossa sociedade nos relacionamentos sexuais.
29. Quais são os motivos principais que levam os grupos de pares adolescentes a manter sua individualidade, enquanto seus membros se acomodam aos padrões do grupo?
30. Explique por que motivo a adolescência, tal como a conhecemos, não constitui um fenômeno universal.

Para encontrar as respostas, consulte a página 203

REVISÃO GERAL

CAPÍTULOS VII A X

1. Qual dos itens seguintes diz respeito ao estágio operacional concreto? (a) capacidade de refletir sobre os símbolos. (b) Esforços para comprender a razão existente por trás das regras. (c) O surto de crescimento. (d) Capacidade de visualizar os objetos sob diferentes aspectos e formas.
2. O estágio operacional concreto corresponde cronologicamente ao (a) quarto, quinto e sexto estágios ao nível de julgamento moral; (b) período edipiano; (c) moralidade pré-convencional e convencional; (d) moralidade pós-convencional.
3. Na coluna A estão arroladas as características da segunda infância; na coluna B, as da adolescência. Quais dos seguintes pares (a, b, c, d) foram erradamente formados?

A	B
(a) aptidão para aprender	egocentrismo
(b) idealismo	conservação
(c) descentralização	estabelecimento dos valores
(d) moralidade da "lei e da ordem"	crise de identidade

4. Engenhosidade *vs* inferioridade e intimidade vs isolamento são crises do desenvolvimento, associadas a qual dos seguintes teóricos? (a) Kohlberg; (b) Piaget; (c) Erikson; (d) Freud.
5. Alguns teóricos criticaram os testes de inteligência porque seus resultados podem ser influenciados pelos antecedentes culturais das crianças. Certo ou errado?
6. Pode-se definir simplesmente a inteligência como a capacidade geneticamente determinada de se sair bem numa grande variedade de atividades não-relacionadas entre si. Certo ou errado?
7. À medida que o superego vai-se desenvolvendo, a ______________ passa a ser controlada por forças internas.
8. Quando está em perigo a auto-estima de uma criança, e esta se sente angustiada, podem se revelar os seus ______________.
9. Durante a segunda infância, a criança vai tomando cada vez mais consciência das outras crianças e se deixando envolver por elas, transferindo sua atenção para as atividades adultas. Entre os seguintes itens qual o mais estreitamente ligado a essas modificações? (a) aumento do desenvolvimento motor; (b) aspecto físico atraente; (c) capacidade de perceber as relações entre causa e efeito; (d) o desenvolvimento da auto-estima.
10. Qual dos teóricos seguintes **não** foi corretamente associado a um de seus estágios de desenvolvimento? (a) Erikson, latência; (b) Piaget, operações concretas; (c) Freud, Édipo: (d) Kohlberg, moralidade pós-convencional.
11. As operações concretas tomam como centro o raciocínio, enquanto as operações formais se voltam para a realidade factual. Certo ou errado?
12. Qual dos seguintes mecanismos de defesa se desenvolve durante a adolescência? (a) formação de reação; (b) intelectualização; (c) hostilidade; (d) regressão a urinar na cama.
13. O surto de crescimento implica tudo que vem a seguir, **salvo** (a) o desenvolvimento do tronco e dos membros; (b) a atividade das glândulas pituitária e supra-renal; (c) ajustamento aceitável à maturidade sexual; (d) a assincronia, ou desenvolvimento irregular do corpo.
14. George Stanley Hall acreditava que, sendo geneticamente determinadas as alterações físicas da adolescência, a reação psicológica delas resultante era universal e não sujeita a modificações. Provas contrárias à concepção de uma única reação psicológica univer-

sal à adolescência foram apresentadas por (a) Anna Freud; (b) Piaget; (c) Margaret Mead; (d) Simon e Binet.

15. Segundo Freud, a repressão das necessidades sexuais ocorre durante o estágio _______________, ao passo que a maturação física torna essas necessidades mais prementes durante o estágio __________.

16. Agir ou ser tratado como criança, estando no entanto fisicamente amadurecido, provoca confusão no adolescente. Para enfrentar essa confusão e esse conflito, e para descobrir sua identidade, os adolescentes muitas vezes (a) se tornam alienados; (b) fazem experiências com relações sexuais; (c) reúnem-se em grupos de pares; (d) buscam modelos nos pais.

17. Para Erikson, uma parte fundamental da adolescência é a formação da identidade; para Freud, é (a) o reforço dos impulsos instintivos; (b) os conflitos que surgem entre as imagens ideais e a realidade imperfeita; (c) as expectativas sociais conflitantes; (d) uma passagem suave da infância para a idade adulta.

18. Todas as características seguintes podem ser atribuídas aos grupos de pares adolescentes, *salvo* (a) eles facilitam o afastamento da família; (b) cada grupo tem seu conjunto particular de valores; (c) para ser popular, o indivíduo precisa ajustar-se; (d) as regras são em parte imitadas das dos adultos e, em parte, decorrentes de processos internos.

19. As respostas sexuais masculinas e femininas diferem a partir do momento em que começa a maturação sexual. Os dois fatores que podem explicar essa diferença são _______________ e _______________.

20. Espera-se que os pais de um adolescente desempenhem dois tipos de papéis: aceitar os desafios lançados por um adolescente que está conquistando sua independência e sua identidade, e proporcionar-lhe um ambiente que o apóie para que ele aí se sinta a salvo e seguro. Certo ou errado?

21. Explique em poucas palavras quais são os conflitos mais importantes que surgem durante a segunda infância e a adolescência.

22. Compare os padrões de crescimento da segunda infância e da adolescência. Como eles se relacionam com o desenvolvimento social?

23. Explique em poucas palavras de que maneira a cognição durante a segunda infância se assemelha à de um adulto.

24. Compare os estágios de Piaget e Kohlberg de desenvolvimento moral durante a segunda infância.

25. Sobre que aspectos Freud e Erikson concordam com relação ao desenvolvimento dos adolescentes?

Para encontrar as respostas, consulte a página 204.

RESPOSTAS AOS TESTES DE REVISÃO

Se não puder responder a uma pergunta, volte atrás e torne a estudar o tópico. Os números dos módulos se encontram entre parênteses.

Capítulo I: Desenvolvimento pré-natal e nascimento

1. Errado. O esperma masculino e o óvulo feminino contêm 23 cromossomos. (1)
2. b (1)
3. c
4. Poligênico. (1)
5. Errado. O óvulo materno sempre transporta um cromossomo X. Se o esperma do pai transportar um

X, a criança será do sexo feminino; se transportar um Y, a criança será do sexo masculino (1)
6. d (1)
7. Errado. Os gêmeos fraternos se desenvolvem a partir de dois zigotos separados (2)
8. d (2)
9. b (2)
10. Hereditário. (2)
11. Certo. (4)
12. XYY (2)
13. a e b (6)
14. Errado. Esses partos são freqüentemente muito difíceis tanto para a mãe como para o bebê. (5)
15. Errado. Os teratogênicos são substâncias que podem provocar anomalias físicas ou mentais no feto ainda não-nascido (4)
16. c (3)
17. d (3, 4)
18. Errado. Essas contrações são indolores e ajudam a fortalecer os músculos pélvicos. (5)
19. Cesariana. (5)
20. Certo. Essa expressão também se aplica aos bebês nascidos a termo pesando menos de dois quilos e meio (peso baixo ao nascer). (5)
21. c (5)
22. Hormônios. (6)
23. d (6)
24. Certo. Muitos reflexos presentes no recém-nascido começam a se desenvolver logo a partir do quinto mês após a concepção. (6)
25. d (6)
26. Arraigamento. (6)
27. c (6)
28. O filho nascido de uma mãe deficientemente alimentada pode sofrer de anemia logo ao nascer. À medida que cresce, seu índice de crescimento tende a ser inferior ao normal. Essa criança poderá revelar uma capacidade intelectual subnormal, ou apresentar problemas de aprendizado. Só a anemia poderá ser corrigida após o nascimento por uma alimentação adequada (4)
29. Os medicamentos ministrados à mãe atravessam a barreira da placenta e penetram na corrente sangüínea do bebê. O bebê cuja mãe tenha sido pesadamente sedada durante o parto apresenta com freqüência reflexos enfraquecidos e respostas lentas aos estímulos. Pode permanecer sonolento ou semi-acordado durante vários dias depois de nascido. (5)
30. As fontanelas, ou pontos moles, permitem que a cabeça da criança seja levemente comprimida quando se insinua pelo canal do parto. Se elas não existissem, a pressão sobre ela exercida durante a expulsão poderia ferir a cabeça. Depois do nascimento, as fontanelas permitem que o cérebro do bebê cresça sem ser limitado por um crânio completamente inflexível. (6)

Se não puder responder a uma pergunta, volte atrás e torne a estudar o tópico. Os números dos módulos se encontram entre parênteses.

Capítulo II: Os anos da primeira infância/desenvolvimento físico

1. Errado. Embora o crescimento humano seja mais rápido nesse estágio, o peso pode variar consideravelmente de uma criança para outra. (7)
2. Errado. Entram no quadro outros fatores além da hereditariedade. Por exemplo, os filhos de famílias abonadas tendem a ser mais altos que os de famílias com pequenos rendimentos. (7)
3. Cinco. (7)
4. Gordura (ou adiposidade). (7)
5. d (7)

6. C; S (7)
7. Errado. Os "dentes de leite" começam a se formar nas gengivas durante o segundo mês de gravidez (7)
8. b
9. Proximodistal. (7, 8)
10. c (8)
11. Certo. Os bebês aprendem mais rapidamente a transferir um objeto de uma mão para a outra e a apanhar objetos pequenos quando existem a seu alcance muitos objetos. (8)
12. Seis. (8)
13. Errado. Esse é o padrão habitual mas alguns bebês começam a andar sem ter antes engatinhado. (8)
14. Um ano. (8)
15. d (6, 9)
16. Anticorpos. (4, 9)
17. Errado. Os intervalos entre as amamentações por solicitação dos bebês vão gradualmente aumentando à medida que seus estômagos se tornam maiores. (9)
18. Desmama. (9)
19. Certo. As reações alérgicas a quantidades grandes de um alimento novo podem ser perigosas. (9)
20. c (9)
21. Errado. As crianças que são pouco manipuladas começam a estender os braços para alcançar objetos e a engatinhar muito tardiamente (10)
22. d (4, 10)
23. Errado. A nutrição deficente nos primeiros tempos de vida acarreta efeitos mutiladores praticamente irreversíveis. (10)
24. Primeiro. (10)
25. b (10)
26. Certo. (10)
27. Certo. Esta estimulação tem como resultado o andar mais cedo. (10)
28. O corpo se desenvolve obedecendo a uma seqüência da cabeça para os pés. Os bebês aprendem primeiro a usar os músculos mais próximos da cabeça; aprendem a erguer e virar a cabeça, e a erguer a parte superior do corpo. Aprendem, a seguir, a controlar os braços, sendo que o controle das pernas surge no final da seqüência. (7)
29. Na alimentação por solicitação, o bebê é amamentado sempre que está com fome. Em geral, ele desenvolve bem depressa o seu padrão pessoal e previsível, podendo aumentar os intervalos entre as mamadas. A alimentação de acordo com um horário impõe que ele seja amamentado com intervalos determinados, esteja ou não com fome. (9)
30. As crianças alimentadas inadequadamente durante a primeira infância geralmente se atardam abaixo de seu nível de idade, com relação ao tamanho, ao desenvolvimento motor e ao desenvolvimento intelectual. Esses efeitos são irreversíveis e a criança não poderá recuperar o atraso mesmo que seja bem alimentada posteriormente. A deficiência proteínica constitui a forma mais prejudicial de má nutrição. (4, 9)

Se não puder responder a uma pergunta, volte atrás e torne a estudar o tópico. Os números dos módulos se encontram entre parênteses.

Capítulo III: Os anos da primeira infância/desenvolvimento cognitivo

1. Certo. (11)
2. Operante. (11)
3. Errado. No condicionamento clássico, a resposta é um reflexo não aprendido; no condicionamento operante, não se trata de um reflexo. (11)
4. Positivo; negativo. (11)
5. b (11)
6. c (11)
7. O comportamento autogratificante é satisfatório por si mesmo; para que ele continue, não é preciso nenhum reforço. (11)

8. Primários; secundários ou condicionados. (11)
9. Jean Piaget. (12)
10. c (12)
11. Esquemas. (12)
12. Período sensório-motor. (12)
13. Dos cinco aos oito meses. (12)
14. Estabelecer conexões entre os objetos ou os acontecimentos e o propósito dos mesmos. (12)
15. Errado. Embora as atividades sensório-motoras não cessem após os dois anos de idade, os pensamentos e idéias adquirem uma importância maior no processo de aprendizado. (12, 13)
16. b (13)
17. Holófrases; telegráfico. (13)
18. Errado. Nesses estágios de desenvolvimento da linguagem, as crianças ainda não começaram a assimilar as regras gramaticais da linguagem. (13)
19. a (13)
20. Muitas vezes não se faz o reforço das frases corretas; não obstante, as crianças aprendem a linguagem. Outra falha é que as crianças não precisam recorrer necessariamente à linguagem falada para comunicar as suas necessidades. (13)
21. b (13)
22. Certo. (13)
23. O fato de que, aos três anos de idade, os pré-escolares já são muito diferentes. (14)
24. a (14)
25. Errado. A **maneira** com que a mãe interage com seu bebê influencia (mas não determina), mais do que a soma do tempo a ele consagrado, o desenvolvimento cognitivo da criança. Torne a ler o texto para encontrar os exemplos. (14)
26. b (14)
27. Errado. Uma criança aprende a linguagem mesmo que, quando bebê, não lhe apresentem sentenças completas. As crianças não aprendem a linguagem exclusivamente por imitação. (13)
28. Os racionalistas apontaram as regras básicas comuns a todas as linguagens. Mostraram também que todas as crianças aprendem as regras gramaticais, e a falar mais ou menos da mesma maneira, seja qual for a sua língua. Isto tudo torna provável que a capacidade de falar uma língua seja controlada pela estrutura do cérebro. (13)
29. Skinner e Chomsky não estariam de acordo. (11)
Skinner é um behaviorista e acha que se aprende a linguagem devido ao reforço positivo da linguagem correta. Chomsky é um racionalista. Para ele, as crianças estão predestinadas a aprender a linguagem devido aos mecanismos neurológicos de que estão dotadas ao nascer. (13)
30. Piaget denominou período sensório-motor os dois primeiros anos de desenvolvimento intelectual. Durante esse período, as crianças são governadas sobretudo pelos sentidos e por seu crescente controle sobre as suas respostas motoras. Elas lidam somente com fatos concretos e tudo precisa ser experimentado para poder ser compreendido. No fim do segundo ano de vida, elas começam a pensar mais abstratamente. (12)

Se não puder responder a uma pergunta, volte atrás e torne a estudar o tópico. Os números dos módulos se encontram entre parênteses.

Capítulo IV: Os anos da primeira infância/desenvolvimento social

1. d (15)
2. d; ego; superego. (15)
3. Errado. O superego ainda não começou a desenvolver-se. (15)

4. Durante o estágio oral, quando as necessidades do id entram em conflito com o ambiente. (15)
5. Desenvolve-se um conflito entre o progenitor (que encarece a importância da higiene) e a criança (que não quer ajustar-se às regras). (15)
6. d (15)
7. b (15)
8. Não merecedora de amor. (15)
9. b (15)
10. Certo. É o que se chama confiança básica. (15, 16)
11. c (16)
12. Período crítico. (16)
13. Sete meses. (16)
14. Apego a mais de uma pessoa; ou experiências agradáveis com estranhos. (16)
15. a (16)
16. Certo. (16, 17)
17. Expectativas. (17)
18. Errado. Nos bebês, variam desde o nascimento o nível de atividade e a maneira como eles respondem à estimulação. (17)
19. a (17)
20. d (15, 17)
21. Angústia ou tensão. (15, 18)
22. b (18)
23. Hostilidade. (18)
24. c (18)
25. d (18)
26. b (18)
27. d (15, 18)
28. Freud descreveu os estágios oral e anal. São os dois primeiros estágios psicossexuais e cada um deles envolve um conflito. Os estágios de desenvolvimento de Erikson, o da confiança e o da autonomia, também implicam num conflito, mas esses estágios não são psicossexuais. Erikson se interessa mais do que Freud pelas influências sociais sobre o desenvolvimento de uma criança. (15)
29. Segundo Erikson, a satisfação das necessidades de uma criança é essencial para o desenvolvimento de uma confiança básica. Essa confiança faz parte do relacionamento afetivo entre mãe e filho; permite que a criança se desenvolva até se tornar uma pessoa autoconfiante. Uma mãe muito rígida pode constituir um obstáculo para a autoconfiança e afirmação do filho e despertar no íntimo do mesmo dúvidas a respeito de suas próprias capacidades. (15, 16)
30. Os bebês que vivem em lares para crianças abandonadas não se desenvolvem normalmente devido à falta de um relacionamento individualizado. Não lhes é possível desenvolver ligações particulares com as pessoas que deles cuidam e com as quais pudessem se sentir em segurança. Isto parece prejudicar gravemente o desenvolvimento normal dos bebês à medida que eles vão avançando em idade. (16)

Se não puder responder a uma pergunta, volte atrás e torne a estudar o tópico. Os números dos módulos se encontram entre parênteses.

Revisão Geral: Capítulos I a IV

1. Hereditariedade; ambiente. (1, 15)
2. Zigoto é um ovo unicelular fertilizado (1)
3. b (3)
4. d (4)
5. a (6)
6. Tronco cerebral; medula espinhal. (3, 6, **7**, 8)
7. Certo. (8)
8. d (9, **10**)
9. Células adiposas. (9)
10. Composição genética. (1, 2)

11. c (11)
12. c (11, 12)
13. Esquemas. (12)
14. Certo. (13)
15. c (11, 13)
16. Errado. O estudo focalizou a influência das experiências das crianças no lar sobre a capacidade de aprendizado. Os fatores biológicos ou genéticos não foram de maneira alguma considerados na explicação. (14)
17. b (15)
18. Certo. (18)
19. Angústia da separação. (16)
20. Errado. Para poder disciplinar as crianças, é preciso que elas estejam prontas para compreender o que delas se espera. (18)
21. Cada progenitor dispõe de dois genes para cada traço. Quando dois progenitores procriam, somente um gene de cada um deles, para cada traço, é transmitido ao filho. Sendo os olhos castanhos dominantes, e os azuis recessivos, existe alguma probabilidade de que pais de olhos castanhos, ambos possuidores no entanto de um gene para olhos azuis, transmitam ao filho o gene dos olhos azuis. O bebê, tendo recebido dois genes para olhos azuis, terá olhos dessa cor. (1)
22. As mamadas excessivamente espaçadas e a falta de um contato humano carinhoso, íntimo e relaxado durante a amamentação podem trazer um desconforto, falta de apetite, pouco desenvolvimento e angústia no bebê. Desenvolvendo-se um elo social estreito durante a amamentação, a saúde física da criança será entretanto afetada positivamente. Ela desenvolverá também um maior senso de confiança e segurança. (9)
23. Durante esse período, amplia-se o conceito de objeto permanente do bebê, juntamente com sua capacidade de distinguir seu próprio comportamento do de outras pessoas, assim como a de explorar ativamente o ambiente. Os estudos de White revelam que as mães podem ajudar os filhos a desenvolver suas capacidades intelectuais, permitindo que eles explorem, iniciem atividades, e resolvam problemas por conta própria. (12, 13)
24. Na teoria freudiana, os estágios "psicossexuais" dizem respeito aos períodos de desenvolvimento humano. Em cada estágio, enfatizam-se funções e conflitos particulares do corpo. Os estágios "psicossociais" de Erikson mostram a ênfase que ele atribui às influências sociais e conflitos em cada estágio de desenvolvimento. Erikson não salienta, entretanto, as funções corporais como critérios para seus estágios. (15)
25. Piaget interessou-se especialmente pelo desenvolvimento cognitivo e propôs uma série de estágios no aprendizado. Para Piaget, o aprendizado é uma função da interação do nível de maturidade de uma criança e do ambiente. Erikson também enfatizou as influências ambientais mas interessou-se sobretudo pelo desenvolvimento da personalidade. Ambos — o desenvolvimento cognitivo e o da personalidade — estão estreitamente associados. (12, 15)

Se não puder responder a uma pergunta, volte atrás e torne a estudar o tópico. Os números dos módulos se encontram entre parênteses.

Capítulo V: Os Anos Pré-Escolares/Desenvolvimento Físico e Cognitivo

1. c (19, 20, 21)
2. Errado. Isso acontece por volta dos seis anos de idade. (19)
3. Eles têm os "dentes de leite". (19)
4. d (19, 20)
5. Seus filhos podem aprender a comportar-se de acordo com o que deles se espera. (19)

6. Espacial. (20)
7. Intervalo de atenção. (20)
8. c (19, 20)
9. Experiência; aprendizado dos "rótulos" das coisas. (20)
10. Resolução simbólica de problemas. (21)
11. São incapazes de classificar as coisas em termos de qualidades abstratas. (21)
12. d (21)
13. Todos percebem as coisas da mesma maneira que ela. (21, 22)
14. Descentralizar. (21)
15. b (21)
16. Errado. Eles acreditam que tudo que vêem existe realmente. (21)
17. Errado. Essas coisas geralmente correm paralelas. (22)
18. c (22)
19. Certo. (21, 22)
20. Distinguir-se. (22)
21. d (22)
22. Código elaborado. (22)
23. Certo. (22, 23)
24. Eles geralmente empregam os padrões de linguagem da classe média branca, o que pode não ser muito justo para crianças de outros grupos. (23)
25. Certo. (23)
26. Autonomia. (23)
27. Errado. Os escores de Qi podem ser modificados, pelo treinamento, por exemplo, ou por aulas particulares. (23)
28. O retardamento no crescimento pode ser provocado pela falta de uma alimentação adequada. A má nutrição pode ter como resultado um desenvolvimento anormal dos ossos, cáries dentárias, suscetibilidade a infecções e fadiga, e falta de atenção. A inexistência de uma ambientação suficientemente emocional também pode causar um retardamento. (19, 21)
29. No estágio pré-operacional, uma criança pode pensar simbolicamente, utilizando a linguagem e formando uma imagem mental de um objeto ou de uma experiência. A capacidade lingüística aumenta rapidamente e os processos mentais se tornam mais complexos. A criança começa a compreender os relacionamentos em toda a sua extensão, as relações espaciais e a seriação. (21)
30. Seria preciso ser capaz de atender às necessidades emocionais dos pré-escolares admitindo seus sentimentos de cólera, prazer ou afeição, e orientá-los para que demonstrassem essas emoções de uma maneira aceitável. Seria necessária também a capacidade de encaminhar as crianças num processo de tomada de decisões e de ajudá-las a se tornarem motivadas e autoconfiantes em suas atividades. (23)

Se não puder responder a uma pergunta, volte atrás e torne a estudar o tópico. Os números dos módulos se encontram entre parênteses.

Capítulo VI: Os Anos Pré-Escolares/Desenvolvimento Social

1. Superego. (24)
2. Iniciativa; culpa. (24)
3. c (24)
4. Fálico; órgãos genitais.
5. Certo. O ódio faz parte do sentimento de competição pelo amor da mãe. (24)
6. Certo. Ela se sente mais merecedora de amor quando imita seus traços positivos. (24, 25)
7. Certo. As crianças são encorajadas a imitar os papéis e modelos de seu próprio sexo. (25)
8. Assemelha-se. (25)
9. Certo. Os filmes, os esportes e as leituras podem fornecer poderosos modelos masculinos. (25, 26)

10. Auto-imagem. (25, 26)
11. Certo. A incapacidade de a criança prever o que será punido leva-a a fugir à tomada de decisões. **(26)**
12. Elevado; reforço positivo. **(26)**
13. c **(26)**
14. c **(26)**
15. Permissivos. **(26**, 27)
16. Errado. Ele aumenta devido ao rápido crescimento das capacidades imaginativas da criança. **(27)**
17. Menos. **(27)**
18. Família. (27, **28)**
19. Errado. O termo é "superego". **(28)**
20. Identificação. (25, **28)**
21. c **(28)**
22. Errado. Incapaz. **(28)**
23. Aprendizado. **(29)**
24. Errado. Essa criança pode acreditar que os personagens das histórias são pessoas vivas. **(29)**
25. Dramático. **(29)**
26. Errado. Nessa idade, o conceito de tempo é dificilmente compreendido. **(29)**
27. a **(29)**
28. A identificação com o progenitor do mesmo sexo constitui a base para o superego em desenvolvimento. A identificação leva à internalização das atitudes adultas de uma maneira moralmente rígida e culposa. Só mais tarde as crianças passam a agir moralmente devido a outras necessidades e não mais por causa do sentimento de culpa, por medo ou por imitação. **(26, 28)**
29. As atitudes paternais se revelam no emprego da autoridade e do carinho. Isto, por sua vez, desempenha um papel importante, favorecendo a independência e a auto-identidade. A independência e uma identidade própria ficam prejudicadas quando não se equilibram a autoridade e o carinho. **(26,** 28)
30. No brinquedo cooperativo, as crianças podem experimentar diferentes papéis. As situações lúdicas permitem que a criança desenvolva amizades com seus pares e revele suas crescentes habilidades. No brinquedo, pode haver emulação com referência às qualidades desejáveis dos amigos. **(29)**

Se não puder responder a uma pergunta, volte atrás e torne a estudar o tópico. Os números dos módulos se encontram entre parênteses.

Revisão Geral: Capítulos V e VI

1. Endomorfo; mesomorfo; ectomorfo. **(19)**
2. Certo. **(19)**
3. b **(20**, 21)
4. Intervalo de atenção. **(20)**
5. Pré-operacional. **(21)**
6. a **(21)**
7. Errado. Denomina-se realismo. **(21)**
8. Seriação. **(21)**
9. Certo. **(22)**
10. Autonomia. **(23)**
11. a **(28)**
12. Certo. **(24)**
13. Traços de personalidade. **(25)**
14. b (25, **27)**
15. Agressivo. **(27)**
16. a **(28)**
17. Errado. Quando há controvérsia sobre esse ponto. **(28)**
18. Associativo. **(29)**
19. Certo. **(29)**
20. Egocentricidade. **(25**, 28)
21. Logo que a criança se torna capaz de organização, a informação obtida através dos sentidos, as expectativas sociais começam a dirigir esse processo. As expectativas sociais de uma cultura se expressam muitas vezes em sua linguagem. A língua esquimó dispõe de dezoito palavras para designar a "neve" e espera-se que a criança esquimó aprenda o significado de cada uma delas. **(28)**
22. Durante o estágio pré-operacional, a criança começa a pensar simbolicamente. Toda língua é

simbólica, exigindo portanto, essa habilidade. Através da linguagem, a sociedade transmite as primeiras idéias que a criança deverá organizar por meio da cognição. **(21)**

23. Segundo Freud, o pré-escolar adquire consciência através da identificação com os pais. A criança interioriza os seus valores e atitudes e se ajusta a seus padrões porque deseja assemelhar-se a eles. Em seguida, ela começa a punir seu próprio comportamento errado, sentindo-se culpada sempre que faz algo que discrepe dos padrões paternos de comportamento. Freud considerava o superego aproximadamente equivalente ao que denominamos "consciência". É a parte da mente que incorpora as regras e as expectativas sociais.

    Afirma Piaget que as crianças a princípio obedecem às regras apenas para não serem castigadas. Ele atribui menos importância que Freud ao fato de que a criança interioriza ou não os valores que lhe são ensinados. De acordo com a teoria de Piaget, os pré-escolares ainda não são capazes de julgamentos morais amadurecidos; eles continuam a ser apenas "realistas morais". **(24)**

24. No brinquedo dramático, as crianças assumem papéis imaginários. O lapso de tempo consagrado por um menino ao desempenho do papel de homem depende do grau de sua identificação com o pai. Freud afirma que identificar-se com o pai é resolver o complexo de Édipo. **(29)**

25. Erikson quer dizer que a criança oscila entre o desejo de desempenhar papéis infantis e papéis adultos. O papel infantil traz mais segurança e menos autonomia, acontecendo justamente o contrário com relação ao papel de adulto. A criança fisicamente pequena pode ser estimulada por seus pares a agir como bebê. **(24)**

Se não puder responder a uma pergunta, volte atrás e torne a estudar o tópico. Os números dos módulos se encontram entre parênteses.

Capítulo VII: Segunda Infância/Desenvolvimento Físico e Cognitivo

1. Certo. (30)
2. As maneiras diferentes com que eles se socializam. (30)
3. Mesomorfo; ectomorfo; endomorfo. (30)
4. d (30)
5. Clínico. (32)
6. d (31)
7. Descentralização. (31)
8. b (31, 32)
9. Errado. Piaget acreditava que o desenvolvimento cognitivo era muito pouco afetado pelo treinamento formal. (31)
10. Errado. É preciso que a criança seja capaz de assumir um ponto de vista diferente do seu, para desenvolver um comportamento social e moral. Isto ocorre durante a segunda infância. (32)
11. c (32)
12. Por volta dos cinco anos de idade. (32)
13. b (32)
14. Errado. Esta era uma das idéias de Lawrence Kohlberg. (32)
15. Pré-convencional. (32)
16. a (32)
17. Convencional. (32)
18. c (33)
19. Memória, raciocínio, conceitos dos números, rapidez de percepção, espaço, compreensão verbal, fluência verbal. (33)
20. Errado. Spearman afirmou que as crianças podem ser muito capazes em algumas áreas e em outras não. (33)
21. Errado. Essa é uma definição obsoleta de inteligência. (33)
22. Certo. (33)
23. b (33)

24. c (**31**, 32, 33)

25. Os antecedentes culturais da pessoa; pode haver mais de uma resposta certa. **(33)**

26. Errado. A inteligência começa a desenvolver-se durante a primeira infância. **(33)**

27. Errado. Não existe nada que confirme essa afirmação. **(33)**

28. Esse termo foi inventado por Piaget para descrever a maneira como as crianças pensam durante a segunda infância. É nessa época que as crianças aprendem a ver as relações de causa e efeito, e as conseqüências de suas ações. Aprendem a encarar mais de um aspecto de uma situação ao mesmo tempo, assim como a classificar e armazenar os fatos para utilizá-los futuramente. **(31)**

29. Piaget viu dois estágios no desenvolvimento moral: a moralidade da coerção e a moralidade da cooperação. Kohlberg viu dois níveis de desenvolvimento moral durante a segunda infância: o da moralidade pré-convencional e o da moralidade convencional. Os dois sistemas são semelhantes. Ambos envolvem regras de moralidade que são adequadas, durante um breve lapso de tempo, para lidar com os problemas éticos. **(32)**

30. O crescimento é mais constante e mais gradativo que durante os anos pré-escolares. As meninas são mais pesadas que os meninos, mas se tornam mais altas e mais delgadas. O desenvolvimento do cérebro está quase completo, os dentes permanentes aparecem, o tórax se alarga, e a cabeça ficar maior. Como algumas partes do corpo crescem desproporcionalmente em relação a outras, a criança pode se tornar um pouco desajeitada. **(30)**

Se não puder responder a uma pergunta, volte atrás e torne a estudar o tópico. Os números dos módulos se encontram entre parênteses.

Capítulo VIII: Segunda Infância/Desenvolvimento Social

1. Sublimação (ou latência). **(34)**
2. Angústias. **(34)**
3. a (**34**, 36)
4. Hostilidade. **(34, 35)**
5. c **(34)**
6. Inferioridade; edipiano. **(34)**
7. d **(34)**
8. Certo. (**34**, 35)
9. c (34, **35**, 36)
10. Errado. Eles estabelecem padrões muito mais elevados de conduta e comportamento. **(35)**
11. c **(35)**
12. Errado. O ambiente familiar é o fator mais crucial no desenvolvimento da auto-estima. **(35)**
13. Média; auto-estima. **(35)**
14. Certo. **(35)**
15. a **(36)**
16. Sociograma. **(36)**
17. Lar. (36, **37**)
18. Certo. **(37)**
19. Culpa e responsabilidade pelo divórcio. **(37)**
20. c **(37)**
21. c **(38)**
22. Formal ou informal; rígidos ou relaxados; abertos ou estruturados. **(38)**
23. Certo. **(38)**
24. Incapacidades específicas de aprendizado. **(38)**
25. Breve intervalo de atenção, agitação, excesso de energia, excitabilidade extrema, e falta generalizada de controle. **(38)**
26. Errado. Os meninos são duas vezes mais propensos a esse síndrome que as meninas. **(38)**
27. d **(38)**
28. Freud vê na segunda infância um período de latência sexual, no

qual a criança pode dirigir suas energias psíquicas para outras direções. Erikson considera esse estágio como a época em que a criança domina os instrumentos de sua sociedade, e ele enfatiza a importância desse estágio. Ambos se preocupam com o desenvolvimento da auto-estima mas, para Freud, esta está ligada ao desenvolvimento dos mecanismos de defesa, enquanto que, para Erikson, ela se prende à idéia de engenhosidade **vs** inferioridade. **(34)**

29. O ambiente doméstico é fundamental para o desenvolvimento da auto-estima numa criança. O grupo de pares lhe ensina o seu papel e sua identidade na sociedade. Não obstante, durante a segunda infância, as crianças oscilam entre os modelos propostos pela família e os fornecidos pelo grupo de pares. **(37)**

30. A auto-estima nas crianças corresponde à de seus pais. Os pais que se têm em alta conta são capazes de amar, de aceitar e de se mostrar justos para com seus filhos. São razoáveis quando os disciplinam e recorrem mais freqüentemente às recompensas que aos castigos. O sexo e a classe sócio-econômica exercem uma influência secundária sobre a auto-estima das crianças. **(35)**

Se não puder responder a uma pergunta, volte atrás e torne a estudar o tópico. Os números dos módulos se encontram entre parênteses.

Capítulo IX: Adolescência/Desenvolvimento Físico e Cognitivo

1. Glândula pituitária. **(39)**
2. Errado. Tanto os homens como as mulheres produzem os dois tipos de hormônios. **(40)**
3. A ruptura e desprendimento do revestimento do útero. **(40)**
4. Errado. Menstruação não é doença; é um processo normal. **(40)**
5. c **(40)**
6. Errado. As características sexuais secundárias aparecem primeiro, mas continuam a se desenvolver até a idade adulta. **(40)**
7. b **(40)**
8. Errado. É preciso que o sistema nervoso tenha chegado à maturidade para atingir o nível de operações formais. **(41)**
9. Assimilação. **(41)**
10. d **(41)**
11. c **(41)**
12. Certo. **(41)**
13. Autoconsciência; sentimentos de ser único. **(41)**
14. c **(41)**
15. Seis; Kohlberg. **(41)**
16. Errado. Muitas pessoas não atingem o sexto nível de desenvolvimento moral. **(41)**
17. d (40, **41**)
18. Moral. **(41)**
19. Adolescência; rapidamente. (**39**, 40)
20. O ano que precede a puberdade. **(40)**
21. Supra-renal. **(39)**
22. d (**39**, 40)
23. Errado. Os meninos se tornam mais fortes que as meninas na adolescência. **(39)**
24. b **(39)**
25. Surto de crescimento. **(39)**
26. c **(39)**
27. c **(41)**
28. O surto de crescimento e a puberdade ocorrem em épocas diferentes e obedecem a ritmos diferentes em cada indivíduo. Devido à maturação precoce ou tardia, os adolescentes diferem de seus pares. As meninas precocemente amadurecidas e os meninos tardiamente amadurecidos são provavelmente os que mais sofrem. (**39**, 40)
29. A moralidade passa a ser importante para os adolescentes devi-

do à sua maturação sexual e à capacidade intelectual de raciocinar sobre os conflitos morais. Seu nível cognitivo de desenvolvimento, o nível operacional formal os capacita a refletir sobre a razão ou os princípios que estão por trás das leis. Esta busca de uma moralidade mais elevada corresponde ao nível pós-convencional de moralidade. (41)

30. A adolescência é um período particularmente crítico devido às rápidas alterações maturacionais que então ocorrem. As transformações físicas, sexuais, cognitivas e morais fazem parte do estágio adolescente do desenvolvimento. Ao cabo de um estágio de rápido crescimento nessas áreas, o adolescente surge transformado em adulto. (39, 40, 41)

Se não puder responder a uma pergunta, volte atrás e torne a estudar o tópico. Os números dos módulos se encontram entre parênteses.

Capítulo X: Adolescência/Desenvolvimento Social

1. Genital (42)
2. c (42)
3. Intelectualização; ascetismo. (42)
4. Ego. (42)
5. Alteração maturacional interna. (42)
6. Piaget; Erikson. (42)
7. b (42)
8. d (42, 43)
9. Certo. (43)
10. Falta de controle. (43)
11. Errado. Tanto o idealismo com o cinismo atendem à mesma função e fazem parte do desenvolvimento normal do adolescente. (43)
12. Errado. É muitas vezes mais difícil em virtude de nossa falta de controle sobre nosso ambiente. (43)
13. Certo. (43, 44)
14. d (44)
15. d (44)
16. c (45)
17. Certo. (45)
18. 30 (46)
19. 30-40 (46)
20. Resposta sexual feminina. (46)
21. b (46)
22. Certo. (46)
23. Errado. Nos primeiros tempos dos anos pré-escolares, não existem diferenças entre as capacidades dos meninos e as das meninas. (46)
24. b (45)
25. Tempestade e tensão. (42)
26. Margaret Mead. (42)
27. c (45)
28. Os valores patriarcais, assim como a ênfase atribuída à competição individual influem sobre as relações sexuais das pessoas. Por exemplo: o duplo padrão condena nas mulheres um comportamento sexual considerado aceitável para os homens. À medida que se modificam nossas atitudes frente ao comportamento sexual das mulheres, pode ir-se desenvolvendo uma crescente compreensão de sua sexualidade. (46)
29. Tomados individualmente, os adolescentes relutam em expressar sua individualidade, e se empenham em fazer-se aceitar e em conquistar uma popularidade entre seus pares. A popularidade impõe uma conformidade, e a maioria dos adolescentes se acomoda aos padrões estabelecidos por seus grupos de pares individuais. É mais fácil pertencer a um grupo que mantém sua própria identidade coletiva que permanecer inteiramente isolado. Desta maneira, fica enfatizada a individualidade do grupo em contraposição à de outros grupos. (45)
30. A adolescência constitui um estágio entre a infância e a idade adulta, mas seu caráter varia de acordo com os contextos tecnológicos, econômicos e sociais, e

segundo os valores de cada sociedade. Em outras sociedades, as crianças passam para a condição adulta depois de uma cerimônia iniciática. E em outras ainda a passagem da infância para a condição adulta constitui um processo suave no qual não existe nenhum estágio separado de "crise de identidade". **(42)**

Se não puder responder a uma pergunta, volte atrás e torne a estudar o tópico. Os números dos módulos se encontram entre parênteses.

Revisão Geral: Capítulos VII a X

1. d **(31)**
2. c **(31**, 32)
3. b **(31**, 32, 34)
4. c **(34)**
5. Certo. **(33)**
6. Errado. Não se pode considerar a inteligência como sendo exclusivamente determinada pela genética. **(33)**
7. Moralidade. **(33, 41)**
8. Mecanismos de defesa. (35, 43)
9. d **(30, 34)**
10. a **(31, 32, 34)**
11. Errado. As operações concretas focalizam a realidade factual; as operações formais têm como centro o raciocínio. **(41)**
12. b **(41**, 43)
13. c **(39**, 40)
14. c **(42**, 43)
15. Latência; genital. **(34, 46)**
16. c **(36, 43, 44)**
17. a **(42, 43)**
18. d **(45)**
19. Culturais (nosso duplo padrão de comportamento); fisiológicos. , **(40, 46)**
20. Certo. **(44)**
21. Os conflitos durante a segunda infância não são tão graves quanto os da adolescência. Eles podem, não obstante, desenvolver-se quando a criança tem dificuldades para desenvolver novas habilidades sociais e no trabalho, começando desta maneira a experimentar sentimentos de malogro e inferioridade. Os conflitos dos adolescentes surgem de sua tentativa de alcançar sua independência e um sistema de valores, assim como do confronto com sua nova maturidade sexual. Os conflitos internos referentes à identidade associam-se aos conflitos entre eles próprios e seus pais — o abismo das gerações — quando os adolescentes tentam livrar-se da autoridade paterna. **(35, 43)**
22. Durante a segunda infância, o desenvolvimento físico é gradativo, e o desenvolvimento motor aumenta enormemente. Há um período relativamente livre de traumas, quando as crianças descobrem sua primeira posição social entre seus pares, continuando porém a depender da orientação dos adultos. O crescimento é rápido e atinge-se a puberdade durante a adolescência. Essas alterações estão relacionadas com a posição ambígua do adolescente entre a infância e a condição adulta. Ao tentar conquistar a própria identidade, os adolescentes muitas vezes se ligam a uma "subcultura" e rejeitam os modelos adultos. **(30, 39, 40, 43)**
23. As crianças não podem efetuar operações formais na segunda infância, mas elas adquirem consciência dos fatos e das idéias que não lhes dizem imediatamente respeito. Podem classificar e armazenar fatos, e compreender relacionamentos complexos. É o chamado estágio operacional concreto, porque as crianças são então capazes de proceder a operações mentais sobre objetos físicos. **(41)**
24. Piaget dividiu a moralidade durante a segunda infância em moralidade da coerção, na qual a criança é um realista moral, e moralidade da cooperação, na

qual a criança compreende que as regras podem ser alteradas desde que isso se faça necessário. Kohlberg dividiu a moralidade em três níveis: moralidade pré-convencional, moralidade convencional e moralidade dos princípios morais pessoalmente aceitos. **(32)**

25. Freud acreditava que os impulsos sexuais representavam a força primordial durante esse estágio; os adolescentes aprendem a desenvolver os relacionamentos heterossexuais. Erikson também admitia que a maturação física constituia uma parte importante da adolescência e que a capacidade de ter um relacionamento amoroso era um passo muito significativo no desenvolvimento de uma pessoa. Mas Erikson salientou os fatores sociais durante a adolescência: a busca de uma identidade sexual e ocupacional, as expectativas sociais e a influência dos pares. **(42)**

LEITURAS SUGERIDAS

Capítulo I: Desenvolvimento Pré-natal

Flanagan, G. L. *The First Nine Months of Life.* Nova York, Simon and Schuster, 1962.

Uma explanação clara do desenvolvimento pré-natal, com muitas fotos de esperma, ovos, zigotos e fetos em todos os estágios de desenvolvimento.

Galinsky, E. *Beginnings: A Young Mother's Account of Two Premature Births.* Boston: Houghton Mifflin, 1976.

Relato verídico e revelador, feito por uma mãe, de suas experiências com duas gravidezes, do período de incubação da primeira criança e da morte da segunda.

Hetherington, E. M., e R.D. Parke. *Child Psychology: A Contemporary Viewpoint.* Nova York, McGraw-Hill, 1975.

Este livro contém uma boa e detalhada apresentação dos mecanismos biológicos da hereditariedade.

Leboyer, F. *Birth Without Violence.* Nova York, Alfred A. Knopf, 1976.

Livro em que Leboyer apresenta suas novas e radicais idéias a respeito do parto. Através de seu método, as crianças vêm ao mundo em condições que eliminam o trauma e que enfatizam a tranqüilidade e o amor.

Montagu, A. *Human Heredity.* Cleveland, Ohio. World Publishing Co., 1963.

Este volume sucinto inicia o leitor nos princípios da hereditariedade humana. O autor, renomado antropólogo, descreve como a nossa herança genética influencia nossa atividade e comportamento. Examina também a importância relativa da dupla hereditariedade x meio ambiente.

Capítulos 2, 3 e 4: Os Anos da Primeira Infância

Beadle, M. *A Child's Mind: How Children Learn During the Critical Years from Birth to Age Five.* Nova York, Anchor Books, 1971.

As teses deste livro mostram que as crianças aprendem muito nos primeiros dias de vida e que são bem menos suscetíveis a modificações tardias do que em geral se supõe.

Brazelton, T. B., M.D. *Infants and Mothers: Differences in Development.* Nova York, Delta, 1969.

Enriquecido por fotografias, este livro trata dos diferentes modos de desenvolvimento da criança. Descrevem-se bebês ativos, passivos e moderadamente ativos.

Carew, J., I. Chan, e C. Halfar. *Observing Intelligence in Young Children: Eight Case Studies.* Englewood Cliffs, Nova Jérsei, Prentice-Hall, 1976.

Com uma amostra de relatos de casos individuais, este livro procura suprir a falta de uma descrição detalhada de crianças procedentes de variadas classes sociais e com variados antecedentes étnicos. Os relatos apontam as ligações existentes entre as experiências das crianças, o meio ambiente e o desenvolvimento intelectual. As ilustrações realçam o vigor da apresentação.

Chess, S., A. Thomas, e H. G. Birch. *Your Child is a Person.* Nova York, Viking, 1972.

Em linguagem compreensível, mostram os autores como a personalidade é modelada pela interação contínua entre o temperamento da criança e o meio ambiente que lhe é próprio.

Church, J. *Three Babies: Biographies of Cognitive Development*. Nova York, Random House, 1968.

Encontram-se nesse livro os relatos que duas mães fizeram a respeito da vida de seus bebês do nascimento até os dois anos de idade.

Frank, L. K. *On the Importance of Infancy*. Nova York, Random House, 1966.

Frank fala da infância como um espaço importante, complexo e mulitdimensional, e o trata como um problema básico do desenvolvimento humano. Discute também os processos básicos dos organismos, dos filhotes de animais, dos cuidados com a criança e a falta deles.

Mussen, P. H., J. J. Conger, e J. Kagan (orgs.). *Readings in Child Development and Personality*. Nova York, Harper & Row, 1965.

Leituras variadas que compreendem tópicos como os fatores biológicos no desenvolvimento, a angústia da separação, o papel do sexo nas escolhas e as mudanças do QI. Piaget, Erikson e Bowlby são alguns dos autores representados no volume.

Pines, M. *Revolution in Learning. The Years from Birth to Six*. Nova York, Harper & Row, 1967.

Os autores chamam a atenção para a falta de reconhecimento da necessidade de estímulo intelectual nos primeiros tempos de vida, e apresentam os métodos para se tirar proveito das mutáveis habilidades das crianças. A discussão inclui o método Montessori, o cuidado diário e a leitura precoce.

Smart, M. S., e R. C. Smart (orgs.). *Infants: Development and Relationships*. Nova York, Macmillan, 1973.

Entre os autores incluídos neste livro de leituras, aparecem renomados especialistas como Erikson e Lenneberg. No volume, estão incluídos tópicos como o desenvolvimento pré-natal e o nascimento, a primeira infância, o surgimento de recursos para enfrentar o mundo, e o relacionamento humano.

Spock, B. *Baby and Child Care* (5.ª ed.). Nova York, Simon & Schuster, 1976.

Trata-se de uma edição completamente revista e atualizada do livro clássico de Spock, que orienta quanto aos cuidados que devemos dispensar às crianças e o que devemos esperar delas nas várias etapas do desenvolvimento.

Capítulos 5 e 6: Os anos pré-escolares

Beard, R. M. *An Outline of Piaget's Developmental Psychology for Students and Teachers*. Nova York, Mentor, 1969.

Este lúcido resumo é um subsídio para o entendimento das complexas idéias de Piaget.

Bettelheim, B. *Children of the Dream*. Nova York, Avon Books, 1970.

Estudo de uma criança educada num ambiente comunal um *kibbutz* de Israel. Entre os achados fundamentais do autor estão a importância dos companheiros e a ausência de distúrbios emocionais.

Edge, D. (org.). *The Formative Years: How Children Become Members of Their Society*. Nova York, Schocken, 1970.

Este pequeno livro inclui ensaios de eminentes especialistas em desenvolvimento infantil acerca dos tópicos de socialização, segurança e ansiedade, criança rígida, capacidade e classe social, papel da linguagem, e mito do bando.

Ferguson, C. A., e D. I. Slobin. *Studies of Child Language Development*. Nova York: Holt Rinehart and Winston, 1973.

O desenvolvimento da competência lingüística da criança — o uso dos sons característicos de sua própria língua e a aquisição da gramática — é o assunto destas leituras baseadas no estudo de várias culturas.

Fraiberg, S. H. *The Magic Years*. Nova York: Charles Scribner's Sons, 1968.

Este livro, muito popular, leva o leitor à mente da criança pré-escolar, mostrando como ela enfrenta o mundo e aprende a haver-se com ele.

Frost, J. L. (org.). *Early Childhood Education Rediscovered: Readings*. Nova York: Holt Rinehart and Winston, 1968.

Pontos controversos acerca dos primórdios da infância e da educação nesse período são discutidos numa coletânea de artigos instigantes. Eles incluem a abordagem Montessori, as teorias de Piaget e o "Project Head Start".

Lewis, M. M. *Language, Thought and Personality in Infancy and Childhood.* Nova York, Basic Books, 1964.

Descreve-se aqui o desenvolvimento lingüístico, social, emocional e cognitivo de crianças normais e retardadas. Mediante o estudo do desenvolvimento lingüístico de crianças retardadas, é possível alcançar-se melhor compreensão da linguagem da criança normal.

Sidel, R. *Women and Child Care in China: A Firshand Report.* Nova York, Penguin Books, 1976.

Sidel relata a mudança total de atitude em relação à educação da mulher e da criança na China contemporânea. Métodos de educação em jardins de infância são descritos e comparados com os da URSS e dos *kibbutz* de Israel. Fotografias estão incluídas no volume.

Smart, M. S., e R. C. Smart (orgs.). *Preschool Children: Development and Relationships.* Nova York: Macmillan, 1973.

Este volume de leituras está devotado à exploração de vários temas acerca do desenvolvimento da criança em idade pré-escolar, tais como personalidade e corpo, desenvolvimento intelectual, papel do jogo, socialização e desenvolvimento humano em geral.

Zaporozhets, A. V., e D. B. Elkonin (orgs.). *The Psychology of Preschool Children.* Cambridge, Mass.: MIT Press, 1971.

Esta tradução de uma importante publicação em russo revela os muitos e interessantes contrastes entre as abordagens psicológicas nos Estados Unidos e na União Soviética.

Capítulos 7 e 8: Segunda Infância

Bronfenbrenner, U. *Two Worlds of Childhood: U.S. and U.S.S.R.* Nova York: Russell Sage Foundation, 1970.

Numa comparação entre os cuidados maternais e à infância dispensados nos Estados Unidos e na União Soviética, mostra Bronfenbrenner que os centros de cuidados diários na URSS atendem às necessidades das crianças pequenas, ao passo que nos Estados Unidos estas são treinadas para serem individualistas e competitivas.

Coles, R. *Children in Crisis: A Study of Courage and Fear.* Nova York: Delta, 1967.

O estudo, por um psiquiatra, da integração no Sul e dos sentimentos e reações das crianças, bem como dos adultos implicados no processo.

Elkind, D. *Children and Adolescents: Interpretative Essays on Piaget (2nd Ed.).* Nova York: Oxford University Press, 1974.

O autor explica os conceitos piagetianos básicos, faz um esboço dos estágios de desenvolvimento estabelecidos por Piaget e mostra as implicações de suas idéias para a prática clínico-educacional e para a educação da criança.

Golding, W. *Lord of the Flies.* Nova York: Coward-McCann, 1962.

Este absorvente romance tem por tema a pressão em prol da conformidade nos grupos de pré-adolescentes. Quando escolares ingleses vêem-se perdidos numa ilha desabitada, um chefe arrogante e cruel é capaz de dominá-los, ficando um único dissidente como herói trágico do romance.

Holt, J. *How Children Fail.* Nova York: Pitman, 1968.

O autor discute como as crianças tentam proteger-se do fracasso e, nessa tentativa, isolam-se da aprendizagem e do desenvolvimento.

Neill, A. S. *Summerhill.* Nova York: Hart, 1960.

Esta é a história da mundialmente famosa escola da Inglaterra· cujos princípios são baseados na dignidade e na liberdade das crianças.

Lidz, T. *The Person.* Nova York: Basic Books, 1968.

Muitas questões importantes dos meados da infância são discutidas aqui, inclusive o desenvolvimento de um senso de responsabilidade, o juízo moral e as relações com o sexo oposto.

Middleton, J. (org.). *From Child to Adult: Studies in the Anthropology of Education.* Garden City, Nova York: Natural History Press, 1970.

De interesse para quem esteja interessado no processo de socialização, esta coletânea de artigos escritos por conhecidos antropólogos focaliza os padrões de socialização em diferentes sociedades da África, da Ásia, da América Latina e do Pacífico.

Mussen, P. *The Psychological Development of the Child* (2nd ed.). Englewood Cliffs, N.J.: Prentice-Hall, 1973.

Uma resenha atualizada do desenvolvimento da criança, abrangendo as teorias importantes no campo da psicologia do desenvolvimento, as pesquisas recentes, os métodos de estudo dos psicólogos do desenvolvimento e as aplicações de suas descobertas. A discussão abrange desde o recém-nascido até o adolescente.

Stone, L. J. e J. Church. *Childhood and Adolescence: A Psychology of the Growing Person.* (3.ª ed.). Nova York: Random House, 1973.

Este texto tão útil oferece um completo tratamento da criança, desde o desenvolvimento pré-natal até a adolescência. Um capítulo é dedicado às perturbações que podem ocorrer durante o desenvolvimento da criança.

Capítulos 9 e 10: Adolescência

Erikson, E. (org.). *The Challenge of Youth.* Nova York: Anchor Books, 1965

Esta coleção de ensaios por eminentes pensadores, tais como Erik Erikson, S. N. Eisenstadt, Bruno Bettelheim e Talcott Parsons (entre outros) focaliza a adolescência nos Estados Unidos e em outros países.

Gesell, A., F. L. Ilg., e L. B. Ames. *Youth: The Years from Ten to Sixteen.*

Baseando seu estudo numa amostra selecionada de adolescentes, o autor considera a adolescência como parte do ciclo de vida normal. Incluem-se no volume perfis detalhados de cada estágio de desenvolvimento.

Goodman, P. *Growing Up Absurd.* Nova York: Vintage Books, 1960.

Este livro relaciona a juventude americana com a sociedade americana. Delinqüentes juvenis bem como "homens organizacionais" são analisados como sintomáticos de perturbações da cultura americana.

Grinder, R. E. (org.). *Studies in Adolescence: A Book of Readings in Adolescent Development (3rd ed.).* Nova York: Macmillan, 1975.

Os textos para leitura incluídos nesta coletânea focalizam a atenção (de há muito necessária) em questões atuais, tais como a participação adolescente na força de trabalho, o papel dos sexos, a vida em família, e o pai ausente. A abordagem adotada é a interdisciplinar.

Kagan, J., e R. Coles (orgs.). *Twelve to Sixteen: Early Adolescence.* Nova York: W. W. Norton, 1972.

Os textos para leitura deste volume abrangem novas perspectivas sobre a adolescência. Estas incluem abordagens psicoanalítica, política, filosófica e histórica.

Mead, M. *Coming of Age in Samoa.* Nova York: William Morrow, 1971.

Este estudo clássico compara a adolescência na cultura ocidental e na cultura samoana. Demonstra que as dificuldades e conflitos experimentados pelos jovens do Ocidente não são fenômenos universais, mas sim um resultado de padrões culturais especificamente ocidentais.

Muuss, R. E. *Theories of Adolescence (2nd ed.).* Nova York: Random House, 1968.

Este livro muito útil oferece uma visão abrangente de diferentes posições teóricas acerca da adolescência e mostra as relações existentes entre elas. Nos autores resenhados incluem-se, entre outros, Anna Freud, Erikson, Gesell, e Piaget.

Rogers, D. *The Psychology of Adolescence (2nd ed.).* Nova York: Appleton-Century Crofts, 1972.

Este é um bom manual geral para uma visão mais completa da adolescência. Os capítulos estão organizados em três partes: a natureza da adolescência; desenvolvimento físico e psicológico; e os papéis sociais do adolescente.

Rubin, I., e L.A. Kirdendall (orgs.). *Sex in the Adolescent Years.* Nova York: Association Press, 1968 (Trad. bras.: *Sexo e Adolescência.* São Paulo. Editora Cultrix, 1970).

Leituras selecionadas que cobrem aspectos do sexo na adolescência normal bem como nos adultos e nos portadores de defeitos. Outros tópicos abrangidos incluem gravidez, homossexualidade, drogas e alcoolismo.

Rubin, T.I. *Jordi: Lisa & David.* Nova York: Ballantine, 1975.

Lisa e David é a história de dois adolescentes com perturbações que se ajudam entre si. Jordi revela a vida interior de uma criança perturbada.

Tanner, J. M., G. R. Taylor, e os editores de Time-Life Books. *Growth.* Nova York, Time-Life, 1965.

Este livro oferece uma explicação clara das mudanças físicas que ocorrem na adolescência. O papel dos hormônios e os aspectos psicológicos da adolescência são também tratados. Úteis ilustrações foram incluídas no volume.